生命在于运动·更在于科学运动

# 健身理论与方法（第2版）

代毅 赖广益 邹姮婧 李军汉◎编著

四川大学出版社
SICHUAN UNIVERSITY PRESS

项目策划：王　玮　张　晶
责任编辑：王　玮
责任校对：谢　瑞
封面设计：阿　林
责任印制：王　炜

**图书在版编目（CIP）数据**

健身理论与方法 / 代毅等编著. — 2版. — 成都 :
四川大学出版社, 2020.12
ISBN 978-7-5690-3157-7

Ⅰ. ①健… Ⅱ. ①代… Ⅲ. ①健身运动 Ⅳ.
① G883

中国版本图书馆 CIP 数据核字 (2019) 第 246292 号

**书名　健身理论与方法（第 2 版）**
Jianshen Lilun yu Fangfa (di-er ban)

| | |
|---|---|
| 编　　著 | 代　毅　赖广益　邹姮婧　李军汉 |
| 出　　版 | 四川大学出版社 |
| 地　　址 | 成都市一环路南一段 24 号（610065） |
| 发　　行 | 四川大学出版社 |
| 书　　号 | ISBN 978-7-5690-3157-7 |
| 印前制作 | 跨克创意 |
| 印　　刷 | 四川盛图彩色印刷有限公司 |
| 成品尺寸 | 170mm×240mm |
| 印　　张 | 20 |
| 字　　数 | 345 千字 |
| 版　　次 | 2021 年 1 月第 2 版 |
| 印　　次 | 2021 年 1 月第 1 次印刷 |
| 定　　价 | 59.00 元 |




◆ 读者邮购本书，请与本社发行科联系。
电话：(028)85408408/(028)85401670/
(028)86408023　邮政编码：610065
◆ 本社图书如有印装质量问题，请寄回出版社调换。
◆ 网址：http://press.scu.edu.cn

四川大学出版社
微信公众号

# 内容简介

当今社会，人们在尽情地享受现代文明成果的同时，不良的生活方式也在无情地蚕食着人们的健康，而缺乏运动的静态生活方式是众多个体处于不良健康状况的主要原因之一。

健康，是一个具有强烈时代感的综合概念，它随着社会和医学科学的发展而逐渐深化。现代人的生活观念已经发生了很大的变化，身心健康成了人们生活的目标之一，于是，越来越多的人加入健身运动的行列。然而，选择什么样的健身方式，在什么时段健身，健身前后有何注意事项，如何提高健身的效率是众多健身运动者迫切需要了解的。

本书共分绪论、健身运动与健康、健身运动与解剖生理学基础、健身运动与膳食营养、健身运动的科学性、健身运动的安全与损伤防治、健身运动的恢复方法、健身运动的方法与实践、健身运动的效果测量与评价方法和儿童及青少年健身理论与方法九章。笔者在书中全方位地梳理和总结了近年来国内外健身领域的最新研究成果与实践经验。

全书具有科学性、实用性、可读性等特点。同时，全书理论、案例丰富，分析问题细致入微，应对方法中肯适用，可启发我国广大社会体育指导员以及健身运动者对科学健身的思考。

Jianshen Lilun yu Fangfa

# 前言

随着社会经济的发展，人们的健身意识逐渐增强，加入健身运动的人数日益增多，各种健身场所也如雨后春笋般在城市中涌现。然而，运动带给人们的不一定是健康，缺乏科学指导的健身可能会危及我们的健康。生命在于运动，更在于科学运动。在全民健身运动的大环境下，还有不少人既不了解健身运动，又缺乏科学的指导，甚至社会上还流传着一些错误的健身观念和健身方法，它们将人们带入健身的误区，适得其反。

笔者长期从事运动人体科学的教学和研究工作，工作之余在健身俱乐部担任健身顾问，用运动人体科学理论来指导健身学员，同时又把健身指导案例带入高校课堂，反哺教学。在从理论到实践、再到理论的循环中，笔者对科学健身的理论和实践有了更清楚的认识，并获取了学术研究所需的第一手资料。笔者主持的省部级研究项目、发表在核心期刊的学术论文以及参加的国内外学术研讨会多与健身运动促进健康有关。笔者一直在思考，如何总结自己从事高等教育近四十年和健身指导近三十年的经验，帮助广大健身运动爱好者科学健身，走出健身误区。基于这种思考，笔者在借鉴国内外健身领域的最新科研成果的基础上，以科学性、实用性、可读性和创新性为指导思想，全方位地梳理和总结了笔者多年的教学实践经验，编写了《健身理论与方法》一书。希望本书能为体育院校体育教育训练专业的学生、从事健身指导工作的社会体育指导员和广大的健身运动者提供帮助，为科学地推进全民健身运动尽微薄之力。第一版推出后，社会反响良好，笔者应读者要求对相关内容进行了修订再版。

笔者学术水平和理论功底有限，书中谬误和疏漏在所难免，敬请各位专家和读者不吝赐教。

代 毅

2020年12月

# 目录 CONTENTS

# 绪论

Jianshen Lilun yu Fangfa

当今社会，人们在尽情地享受现代文明成果的同时，不良的生活方式也在无情地蚕食着人们的健康，而缺乏运动的静态生活方式是使得众多个体处于不良健康状况的主要原因之一。联合国教科文组织发布的《体育运动与健康》报告指出："缺乏运动是当今世界性的严重社会问题。"以运动来提高国民的健康早已受到世界各国的重视，如日本制定了《迈向21世纪的体育振兴策略》、澳大利亚制定了《生命在于运动》、我国1995年颁布实施了《全民健身计划纲要》等。

"发展体育运动，增强人民体质"是我国体育工作的根本宗旨。我国实施的全民健身计划，是一项宏大的社会系统工程，但要使每一位参与者都收到良好的健身效果，必须掌握一定的科学健身方法。因此，掌握人体在健身过程中的一般生物学规律，可使健身爱好者明确健身目标，确定运动项目，设定运动强度，把握运动时间，控制运动频率，使健身运动合理化、科学化。否则会降低体育锻炼的效果，甚至会对人们的身体和健康造成伤害。

健身运动渐渐成为人们生活的日常。然而，运动不等于健身，"生命在于科学运动"。目前，还有不少人对科学健身的认识较为模糊，不了解健身运动的特点和规律，在健身运动中也缺乏科学的指导，往往走入误区，适得其反。

因此，为了帮助广大健身爱好者科学健身，走出健身误区，本书全方位地梳理、总结了健身领域最新研究成果与实践经验。

全书共分九章，按照绪论、健身运动与健康、健身运动与解剖生理学应用、健身运动与膳食营养、健身运动的科学性、健身运动的安全与损伤防治、健身运动的恢复方法、健身运动的方法与实践、健身运动的效果测量与评价方法以及儿童及青少年健身理论与方法这一顺序展开。

在高度发达的现代社会，生存压力增加，人们的生活观念也发生了很大的转变，更加注重身体的健康、内心的安宁以及与周围环境的和谐相处。健身与健康状况的关系十分密切。健身运动无疑是促进健康的重要手段，而缺乏运动的静态生活方式是众多个体处于不良健康状况的主要原因之一。本书第一章从健康概念的内涵、影响健康的因素、健身运动对健康的作用三个方面，阐释了健身与健康的内在关系。

健身运动的理论依据是解剖生理学知识，科学健身离不开基础理论知识的指导。第二章从健身运动与骨骼肌、健身运动的能量供应系统、健身运动对身体形态和机能的影响三个方面，深入浅出地介绍了解剖生理学在健身运动中的应用。

规律的健身运动及合理的营养是健康最重要的保证。因此，第三章从健身运动与营养、健身运动的营养特点、健身运动与合理膳食营养、健身运动合理营养的基本要求、健身运动与营养膳食平衡五个方面探讨了健身运动的膳食营养问题。

事实上，在大众健身运动中，将相同的运动方式、运动时间、运动强度应用于所有人群，是不切合实际的。因为每个人的身体条件及客观条件是不尽相同的，所以，健身的个体、健身计划都具有阶段性特征，需要为每个人开具运动处方。运动处方的制订应充分考虑每位健身运动者的身体状况、健身目的和其适用的健身方法。健身指导者应给予健身运动者科学的指导，保证运动的安全性，避免出现运动伤害事故。第四章从科学健身的重要性、健身运动处方概述、运动处方的基本要素、运动处方的制订与实施过程、儿童与青少年运动处方指南以及老年人运动处方指南六个方面阐述了科学健身运动的基本要素和制订运动处方的方法。

了解健身运动的安全性是预防运动损伤和运动猝死、减少慢性疾病发生危险因素的重要环节。为了保证健身过程的安全性，应该对参加健身运动的人群在健身前进行必要的测试和评估，以确定健身运动者是否存在与运动风险相关的危险因素，及时发现运动的禁忌证，认真采取预防措施以降低运动风险，达到运动促进健康的目的。第五章从健身运动的相关安全问题、健身运动中常见的生理反应与处理、健身运动中常见的危险动作及修正方法、健身运动损伤、健身运动中常见损伤及疾病五个方面详细阐述了确保健身运动安全与损伤防治的具体方法与手段。

健身运动是一个调动身体机能、提高新陈代谢、促进能量代谢的过程，身体的机能水平和运动能力在“恢复–消耗–恢复”的循环过程中不断提高。因此，有效地消除疲劳、及时恢复显得格外重要。第六章从消除疲劳的途径、消除疲劳的方法、按摩恢复方法三个方面具体介绍了健身运动的恢复方法。

在全社会提倡科学的健身观念，推广科学的健身方法，有助于健身人群在参加健身活动的时候获得具有针对性的指导，从而在现实生活中找到适合自己的体育健身项目和健身方法。第七章从健身运动的分类、健身运动的方法与实践、身体功能训练三个方面，重点介绍了目前与国际接轨且简单实用的健身方法，为健身运动者以及健身指导员提供具体的健身方法与措施。

此外，科学的健身不仅要求健身行为要具有科学性，而且强调健身效果对健身行为的信息反馈。健身效果的好坏直接影响到健身运动者健身观念和健身行为的持久性，它是实现全民健身计划的“全民性”与“终身性”的突破口。因此，健身效果的评价是健身运动的一个重要环节。第八章从身体姿势评价方法、循环呼吸机能测量与评价方法、运动系统机能测量与评价方法、身体成分测量与评价方法、身体平衡能力测量与评价方法、感觉机能测量与评价方法六个方面，全方位地介绍了健身运动效果的测量、评价的理论与方法。

儿童与青少年是祖国的未来，国家在“十三五”《全民健身计划纲要》中指出，儿童青少年是全民健身计划的重点人群，儿童与青少年正处于生长发育期，通过运动促进其发育，但他们的运动不同于成年人的运动，他们有自身发育的特点和规律。因此，第九章从儿童及青少年生长发育与运动、儿童及青少年体适能训练两个方面介绍了儿童与青少年的发育特点、规律以及训练方法。

基于科学性、实用性和可读性，本书理论、案例丰富，分析问题细致入微，解决方案中肯适用，有利于引导和启发我国广大社会体育指导员以及健身爱好者对科学健身的思考。

生命在于运动，更在于科学运动！

# 第一章

# 健身运动与健康

Jianshen Lilun yu Fangfa

在高度发达的现代社会，人们的生活观念发生了很大的变化，愈加注重身体的健康、内心的安宁、人与自然的和谐。健身与健康的关系十分密切，健身运动无疑是促进健康的重要手段之一。对于大多数人来说，如果缺乏有规律的健身运动，那么，拥有健康而充满活力的身体将无从谈起。健身运动是让人们的身体和心理达到理想健康状态的必要途径之一。所以，对于缺乏运动的人来说，只要在生活中增加有规律的、科学的健身运动，就能使其健康状况得到实质性的改善。

## 一、健康概念的内涵

健康是一个具有强烈时代感的综合概念，并随着社会和医学科学的发展而逐渐深化。在生产力水平低下、生活贫困的时期，人们认为没有疾病就是健康。人类社会早期，由于缺乏有效的医疗手段，许多疾病严重威胁着人类的健康和生命，尤其是在不能有效地对由病原微生物引起的感染性疾病和流行性疾病加以治疗和控制的时期，人们对于健康的理解和期望一般局限在远离疾病、延年益寿的层面上。在这种情况下，免除疾病和早夭的威胁自然就成了人们的基本要求。长久以来，人们把健康仅仅理解为一种没有疾病的生存状态。

一直到20世纪中叶，以青霉素为代表的抗生素成为人类对付致病菌的有效武器后，人类对疾病的预防和控制的水平大大提高，疫苗的发明以及在人群中的广泛使用，使得许多感染性疾病已经能够被人类有效地预防和治疗，其发病率和致死率显著降低，人类平均寿命得以大幅度延长。于是，随着社会的发展和对疾病与健康认识的深入，人们提出了健康的生物医学模式：健康是生物学上的适应，是指没有疾病和无伤残等，而疾病是由生物学因素（包括理化因素）引起的、能产生生物学变化和要用生物学手段加以干预（治疗）的现象，由此建立了以生物机体和机体的生物性为研究重点的生物医学模式。这一模式在确定生物的致病因素、阐明疾病的病理机制和对其形成规律认识方面起到了重要作用，在指导、促进和保护人类健康的历史进程中做出了重大贡献。

到了20世纪后期，社会现代化程度日益提高，社会竞争日趋激烈，脑力劳动等静态生活方式所占的比例增加，体力活动成分则相对减少，人们在精神和心理方面承受了更多的压力，结果是感染性疾病对人类健康和生存的威胁大幅度消退，现代文明病的危害却日渐突出。同时，随着社会发展和医学研究的深入，健康的生物医学模式的局限性和消极影响也日渐突出，主要表现在将人的自然属性和社会属性人为分隔开来，忽视了社会因素，如政治、经济、战争、教育，以及冲动、孤独、紧张、恐惧、悲伤、失落、忧患和不良行为方式等社会、心理因素对健康的影响。1977年，美国罗彻斯特大学医学院精神病学和内科学教授恩格尔（G. L. Engel）在《科学》（*Science*）杂志上发表了题为《需要一种新的医学模式——对生物医学的挑战》的文章，提出了著名的生物–心理–社会医学模式。

随着医学模式由单纯的生物医学向生物–心理–社会医学演变，健康的内涵也不断更新和扩展。

1946年，世界卫生组织在《世界卫生组织宪章》中提出了“健康不仅是没有疾病或虚弱，而是指躯体的、心理的和社会的良好状态”的三维健康概念。1986年，世界卫生组织在《渥太华宪章》中重申：“应将健康看作是日常生活的资源，而不是生活的目标。健康是一个积极的概念，它不仅仅是个人身体素质的体现，也是社会和个人的资源……为了达到身心健康和能较好地适应社会的完美状态，每一个人都必须有能力去认识和实现这些愿望，努力满足需求和改善环境。”1989年，世界卫生组织对健康又给出了最新定义，明确将道德健康列入健康的基本构成要素，提出“一个人在躯体健康、心理健康、社会适应良好和道德健康四个方面皆健全”才算得上是健康。

2000年，大卫·J. 安斯堡夫（David J. Anspaough）等在其所著的《全人健康：概念与应用》一书中，系统地阐述了“全人健康”的概念，把它看作是对传统健康概念的发展和补充。“全人健康”涉及与当今健康概念相同或者相似的基本内涵（如图1–1所示）。但与其不同的是，一方面，“全人健康”更加注重不同健康构成要素之间的关系，认为健康的各个要素平衡发展才是健康追求的真正目标。另一方面，“全人健康”特别强调健康的实践性，认为“全人健康”是一种能够不断地、主动地知晓个人存在的健康问题，选择并采取适当措施以达到最佳健康状态的过程，而不只是一个理想中的目标。很明显，与以往的健康概念相比，“全人健康”的理念对于我们深入理解健康概念的内涵、指导健康科学研究与改善个人健康水平都具有更加现实的意义。

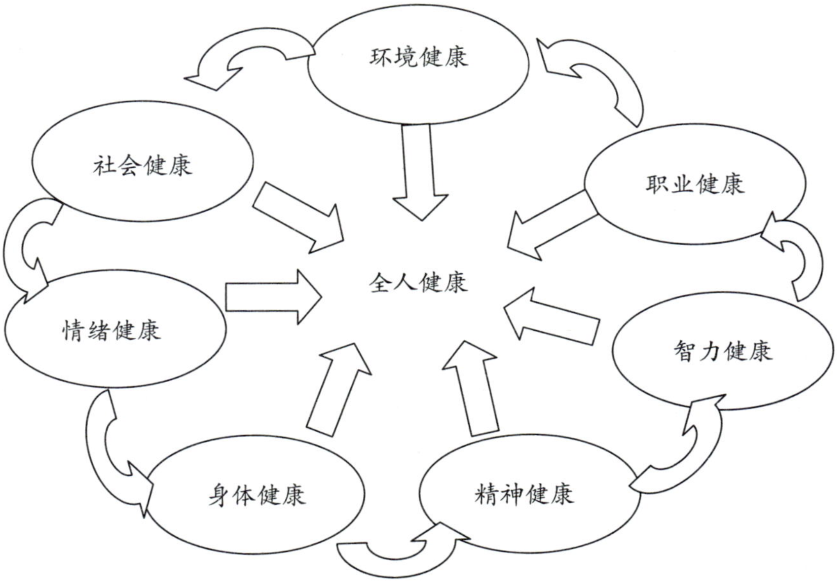


图1-1 “全人健康”构成成分示意图

## 二、影响健康的因素

影响健康的因素，又称健康决定因素，是指影响和决定个人与人群健康状态的各种条件，它们种类繁多，构成复杂。影响人类健康的主要因素包括人类生物学、环境、医疗卫生服务和生活方式四个方面。除此以外，个人收入和社会地位等在内的社会经济条件、婴儿早期生长发育状态、个人卫生习惯、个人健康生活能力和技能等也都被看作是影响健康的因素。任何旨在改善人类健康的行为和措施都应全面考虑这些因素的作用。

### （一）人类生物学因素

人类生物学因素包括遗传、病原微生物和个人生物学特征等。

遗传因素是人类健康的基本决定因素之一。目前已知由遗传因素直接引起的人类遗传性缺陷和遗传疾病近3000种，占人类各种疾病的1/5以上。此外，遗传因素还与高血压、糖尿病和肿瘤等疾病的发病有关。

病原微生物因素包括细菌、病毒、支原体、螺旋体和真菌等，它们在人体内生长繁殖，并通过其代谢产物干扰和破坏人体组织细胞的正常活动，或引起变态反应（过敏反应）对组织、器官造成损害，或使人体产生生理功能障碍、引起组织细胞损伤等，这些病原微生物是从古代到20世纪中期造成人类非正常死亡的主要原因。

年龄、性别、形体特征等个人生物学特征也在一定程度上影响着个人的健康状况。

### （二）环境因素

环境因素包括自然环境和社会环境，其变化对人类健康的影响极大。

自然环境，包括水土、地域、气候等，对人类的健康有着直接的影响。因此，爱护自然环境，对于维护和促进人类健康事业的发展具有十分重要的意义。

社会环境，又称文化社会环境，包括社会制度、法律、经济、文化、教育等。其中，社会制度确定了与人们健康相关的政策和资源保障；法律、法规保证了对健康人权的维护；经济决定着与人们健康密切相关的衣、食、住、行；文化决定着人们的风俗、习惯、道德等；教育促使人们树立科学的健康观念，养成良好的生活方式。

### （三）医疗卫生服务因素

医疗卫生服务是指卫生机构和卫生专业人员为了防治疾病、促进健康，运用卫生资源和各种手段，有计划、有目的地向个人、群体和社会提供必要服务的活动过程。

健全的医疗卫生机构、完备的服务网络、一定的卫生经济投入和合理的卫生资源配置，都对人群的健康有促进作用。相反，如果卫生服务和社会医疗保障体系存在缺陷，就不可能有效地防治疾病、促进健康。

### （四）生活方式因素

生活方式因素又称行为与生活方式因素，特指人类个体或群体长期受一定文化、民族、社会、经济、风俗和习惯等的影响而形成的一系列生活观念、生活态度、生活习惯和生活制度等。它给个人、群体乃至社会的健康带来直接或间接的影响，具有潜袭性、累积性和广泛性的特点。

不良的生活方式是影响个体健康的重要因素之一，良好的生活方式则是保持个体健康的重要保证。现今社会，吸烟、酗酒、暴饮暴食、过多摄入脂肪和糖类等不健康的饮食习惯，无节制地休闲娱乐、熬夜和睡眠不足、长时间看电视和电脑游戏成瘾等不健康的作息方式，缺乏锻炼或不运动等不健康的运动方式，夫妻间情感淡漠、对孩子溺爱和对他人冷漠等不健康的情感生活方式，以自我为中心、孤独、抑郁、嫉妒和自私等不健康的心理活动，以及过多功利化、物质化等不健康的交友方式，都会危害人体健康。

## 三、健身运动对健康的作用

工业革命在给人类社会带来巨大进步的同时，也给人的生理、心理和社会行为等诸多方面带来新的威胁，人的全面发展问题成为亟待解决的社会问题。现代社会，人的片面发展在很大程度上是由不良生活方式造成的，要使人的身心得到全面均衡的发展，必须通过切实可行的途径，改善人的生活方式，从根本上解决问题。健身运动作为一种“人生哲学”正在创造一种使人全面发展的生活方式，它使参加健身运动的人不仅得到发达的肌肉、匀称的肢体，还能使人拥有机敏的头脑、健全的心理和良好的社会公德意识。

作为人体优化和反异化工具，健身运动通过其防形变、病变和心理失调的作用，保持人体内外部的平衡与协调，使参加健身的人身心健康、人格健全和体态健美，从而获得自身的完美、和谐。

公元前4世纪前后，古希腊医师希波克拉底在《养生法》一书中指出：单纯依靠饮食不能给人们带来健康，人们还应进行适当的运动，合理的饮食和适宜的运动相结合才能达到健康的目的。对于不同的运动负荷，无论是日常生活中的自然活动还是刻意为之的体育锻炼，首先应了解其对人体的影响，如了解何种运动可以增加体重、何种运动可以减轻体重，这显然是十分必要的。不仅如此，还应按照不同人群的年龄、健康状况及其饮食习惯等因素合理安排运动量。

对于个体而言，健身是改造“自身自然”的手段，是增强体质和娱乐身心的重要途径，也是陶冶情操、与人交往的方式之一。从这一层次上看，人们从事健身运动具有健康机体、调节情绪、提高机体适应能力和活动能力、满足享受等诸多功能。

# 第二章 健身运动与解剖生理学基础

Jianshen Lilun yu Fangfa

身体的运动都是通过骨骼肌收缩和舒张实现的，骨骼肌是人体运动的动力。骨骼肌在神经系统的支配下，通过收缩和舒张完成动作，维持身体姿势。每一个骨骼肌细胞都是一个独立的功能单位和结构单位。

## 第一节 健身运动与骨骼肌

### 一、肌肉的起止点

肌肉的起止点是指肌肉两端的肌腱在骨骼上的附着点，起点指靠近身体正中线或四肢近侧端的肌肉附着点，止点指远离身体正中线或四肢远侧端的肌肉附着点，肌肉的起止点是固定不变的。

①起点：靠近四肢近侧端的肌肉附着点。

②止点：靠近四肢远侧端的肌肉附着点。

③近固定与远固定：近固定为起点固定，止点运动；远固定则相反。

④上固定与下固定：上固定为身体上身固定，下肢运动；下固定则相反。

对肌肉起止点的了解，能够帮助分析一项特定的肌肉训练是否能够产生预期的效果，也可以预防运动损伤。仰卧起坐训练的是腹直肌，但做直腿仰卧起坐时，腹直肌和髂腰肌都是近端固定，远端收缩参与工作，髂腰肌起于骨盆和脊柱，止于股骨，若髂腰肌在近端固定进行收缩，在肌肉力量增强的同时会引起脊柱腰弯增大而出现下腰部劳损和疼痛，因此髂腰肌是训练时不需要强化的肌肉。正确的动作是屈膝做仰卧起坐，此时髂腰肌将被限制，减少了髂腰肌的参与，而只增加腹直肌的运动。

## 二、肌肉的协作关系

在健身运动中，即使是完成极为简单的动作，只靠单一肌肉工作的情况是罕见的。只有数块或数群肌肉协调参加工作，才能产生各种各样的运动或保持人体的姿势。根据参加工作的肌肉所起的不同作用，肌肉可分为以下四种。

### 1. 原动肌

直接完成动作的肌群叫作原动肌。例如，持哑铃双臂弯举的动作，肱肌、肱二头肌、肱桡肌和旋前圆肌等是“弯举”（屈肘关节）动作的原动肌（如图2-1）。在动作完成中起主要作用的原动肌叫作主动肌，如“弯举”中的肱肌与肱二头肌。帮助完成动作或在动作某个阶段收缩的次要的原动肌叫作副动肌或次动肌，如“弯举”中的肱桡肌、旋前圆肌等。

图2-1　哑铃练习——双臂弯举

### 2. 对抗肌

与原动肌作用相反的肌群叫作对抗肌，在“弯举”动作中，肱三头肌是肱二肌的对抗肌。原动肌和对抗肌不是固定不变的，而是随着关节运动方向的改变而改变。对抗肌除了有拮抗原动肌工作的作用，还有协调原动肌工作的作用。例如，在快速动作的结束阶段，对抗肌适当地收缩紧张，以制动关节的活动范围及延缓运动速度，避免关节周围软组织损伤（如图2-2）。

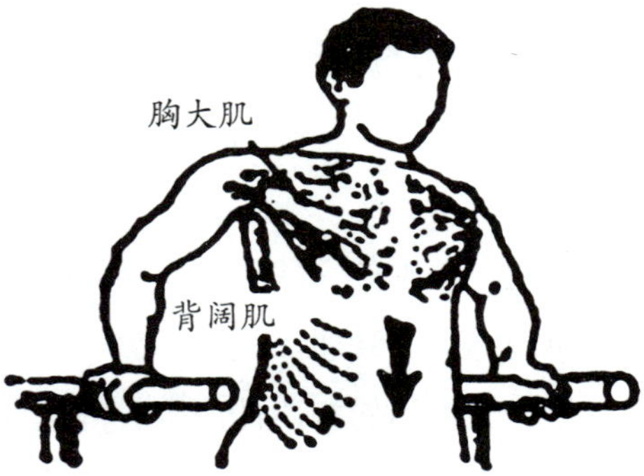


图2-2　双臂直臂支撑慢落下成屈臂支撑时的对抗肌

对抗肌的训练对于保持肌肉平衡和预防运动损伤非常重要，大多数骨骼肌都是成对工作的。如果一块肌肉超负荷运动，而对抗肌缺乏运动，这个部位的肌肉就很容易受伤。例如，健身跑步的人群中，有些人患胫骨骨膜炎，小腿中下段有明显的疼痛感，严重者小腿内侧肿胀、疼痛伴活动受限。胫骨骨膜炎是因腓肠肌过强而胫骨前肌过弱导致的。

3. **固定肌**

固定原动肌一端附着点所在骨骼的肌肉称为固定肌。固定肌使主动肌的拉力方向朝着它们的固定点，其作用是使肌肉的拉力方向保持一定。固定肌的作用有两种。第一种，是作用相反的两群肌肉共同作用，使关节保持固定不动。例如，屈大腿时，腹直肌和腰背肌收缩，从不同方向共同固定躯干和骨盆，使屈大腿时肌肉的起点固定。第二种，是一群肌肉与某些外力的共同作用。例如，做“飞鸟展翅”练习（如图2-3）时，大腿肌肉、腰背肌肉与重力互相作用，固定躯干与骨盆。

图2-3　哑铃练习——俯立侧并举（“飞鸟展翅”）

进行肌肉力量训练时，只有与功能锻炼相结合，才能使健身的力量训练具有现实意义。这就提示我们在进行力量训练时，既要训练原动肌，又要训练固定肌，否则就不能保证原动肌的拉力方向，影响原动肌发挥力量的效果。

**4. 中和肌**

①当原动肌发挥多种功能时，别的一些肌肉参与工作，抵消原动肌的一些功能，使动作更准确，这些肌肉称为中和肌。例如，做“飞鸟展翅”练习时 肩胛提肌、菱形肌等也参加工作，以抵消斜方肌使肩胛骨向上回旋的功能，使斜方肌只能表现出使肩胛骨内收的功能，肩胛提肌和菱形肌等是斜方肌的中和肌。

②有时两块原动肌有一个共同的作用，但其第二个作用是互相对抗的。例如，斜方肌可以使肩胛骨向上回旋和内收，菱形肌则使肩胛骨向下回旋和内收。因此，在“飞鸟展翅”动作中，当肩胛提肌和菱形肌一起收缩的时候，既共同作为肩胛骨内收的原动肌，又互相作为中和肌，它们使肩胛骨回旋的作用被中和。

## 三、肌肉工作的分类

根据肌肉工作性质的不同，肌肉工作可分为动力性工作和静力性工作两类。

- 肌肉工作
  - 动力性工作
    - 向心工作（克制工作）
    - 离心工作（退让工作）
  - 静力性工作
    - 支持工作
    - 加固工作
    - 固定工作

**1. 动力性工作**

肌肉的收缩和舒张交替进行，肌肉的长度和拉力强度、方向及杠杆位置不断改变，这种工作称为动力性工作。肌肉做动力性工作时产生的力量能够引起全身各运动环节位置发生变化，肌肉的长度也发生明显改变。肌肉动力性工作包括向心工作和离心工作。

①向心工作（克制工作）。肌肉向心工作，收缩力大于阻力，使运动环节朝肌肉的拉力方向运动，肌肉缩短，做正的工作，肌肉的这种工作称为向心工作或克制工作。例如，仰卧蜷腹动作中，腹直肌做的就是向心工作。

②离心工作（退让工作）。肌肉在阻力的作用下逐渐被拉长，收缩力小于阻力，使运动环节朝向肌肉拉力相反方向运动的工作称为离心工作；肌肉被拉长，做负的工作，肌肉的这种工作称为离心工作或退让工作。例如，我们下山时，股四头肌做的就是离心工作。

**2. 静力性工作**

肌肉较长时间处于收缩紧张状态，收缩和放松不交替，使运动环节固定，保持一定的身体姿势的肌肉工作称为静力性工作。根据肌肉做静力性工作时平衡阻力的状况，静力性工作可分为以下三种。

①支持工作。肌肉收缩或拉长到一定程度后，长度不再改变，肌拉力矩与阻力矩相等，使运动环节保持一定姿势的工作，肌肉的这种工作称为支持工作。支持工作有两种情况：一是肌肉保持缩短状态的支持工作。例如，前控腿练习时屈大腿的肌肉做的工作属于缩短状态的支持工作，两臂侧平举时三角肌、冈上肌也做这种工作。二是肌肉保持拉长状态的支持工作。例如，半蹲时股四头肌做的工作就属于这种工作。

②加固工作。关节周围的肌肉持续收缩，防止相邻环节由于外力作用而在关节处互相脱离，肌肉的这种工作称为加固工作。例如，悬垂和提重物时，肩关节、肘关节、手关节周围的肌肉收缩做的便是加固工作。

③固定工作。作用相反的两群肌肉同时收缩，使受力作用的环节固定不动，称为固定工作。例如，手倒立和举重物时的屈肘肌、伸肘肌，负重屈肘练习时的屈上臂肌和伸上臂肌做的是固定工作。

## 四、单关节肌、多关节肌及其工作特点

根据肌肉跨过多少关节，肌肉可以分为单关节肌和多关节肌。只跨过一个关节的肌肉称单关节肌，如臀大肌、大收肌、肱肌、三角肌等；跨过两个或两个以上关节的肌肉叫作多关节肌，如股二头肌、肱二头肌、肱三头肌、前臂的屈指屈腕肌群等。单关节肌只作用于一个关节，作用比较单一；多关节肌作用于多个关节，作用比较复杂。多关节肌的工作有以下三个特点。

**1. 多关节肌工作时有功能性“主动不足”和“被动不足”的现象**

多关节肌作为原动肌工作时，当肌力充分作用于一个关节后，就不能充分

图2-4 股后肌群的“主动不足”

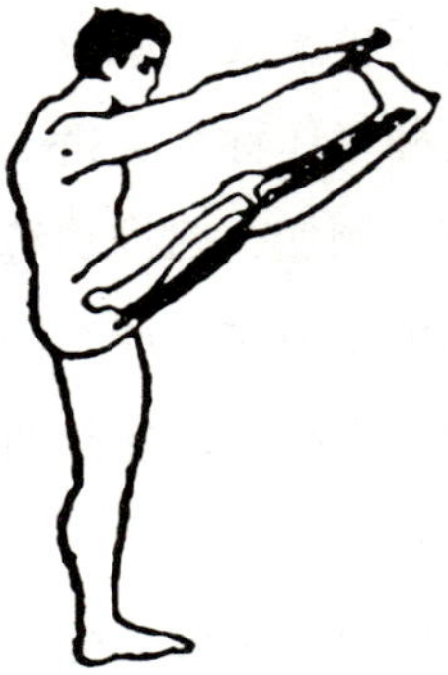

图2-5 股后肌群的“被动不足”

作用于其他关节，这种现象叫作多关节肌“主动不足”。肌肉在一个环节运动时已经缩短，在另一个环节运动时再继续缩短有困难，如伸大腿以后再屈小腿感到费力的原因之一（不是唯一原因）就是股后肌群出现功能性“主动不足”（如图2-4）。在健身运动中，为避免多关节肌出现“主动不足”的现象，应加强肌力训练。

多关节肌作为对抗肌工作时，在一个关节处被拉长后，在其他关节处就很难再被拉长，这种现象称为多关节肌“被动不足”。例如，伸膝后再屈髋，即直腿前摆时大腿感到费力的另一个原因是股后肌群出现功能性“被动不足”（如图2-5），股后肌群在膝关节处已被拉长，再在髋关节处拉长就有困难。

多关节肌的功能性“主动不足”和“被动不足”是影响肌肉力量和柔韧素质的因素之一，在运动实践中，应注意设计、选择一些动作来做针对性练习。

在运动实践中，还应采用合理的技术动作来避免出现多关节肌功能性“主动不足”和“被动不足”的现象，使多关节肌的力量或伸展性集中作用于一个环节上，以取得较好的运动效果。

2. 多关节肌的相反作用

多关节肌收缩使一个环节做屈的运动，同时使相邻环节做伸的运动，称为多关节肌的相反作用。这种作用多表现于下肢多关节肌，如股后肌群收缩时，使小腿在膝关节处屈，大腿在髋关节处伸。因为下肢相邻环节的屈伸方向相反，如大腿向前伸，小腿向后屈，脚向前伸（背屈），所以下肢多关节肌的这种工作特点符合人类下肢直立行走的要求。

3. 多关节肌的相同作用

多关节肌收缩使两个相邻环节做同一方向的运动，称为多关节肌的相同作用。这种作用多表现于上肢的多关节肌，如肱二头肌收缩使前臂、上臂做屈的运动；指深屈肌收缩使手指做屈的运动。因为上肢相邻环节的屈伸方向相同，前臂、上臂向前屈，所以上肢多关节肌的这种特点符合人类上肢做抓、握、拉等动作的要求。

## 五、影响肌肉力量的因素

### （一）肌肉生理横断面

肌肉生理横断面反映肌肉中肌纤维的数量和肌纤维的粗细，肌肉力量训练引起肌纤维横断面面积增加，使肌肉力量和肌肉体积增加，这是激素和神经调节运动后骨骼肌中的收缩蛋白的代谢活动使肌球蛋白的合成增加，同时伴随肌肉胶原物质增多所致。肌肉生理横断面反映肌肉绝对力量（肌肉收缩时产生的最大力量）的大小。肌肉生理横断面愈大，肌肉的绝对力量就愈大。

肌肉生理横断面增大主要与大强度的肌力和肌肉功率的训练有关，如3RM杠铃卧推训练可以使胸大肌的生理横断面面积发生明显变化。

### （二）肌肉的初长度

肌肉收缩前的长度称为肌肉的初长度（初期长度）。在一定的生理范围内，肌肉的初长度越长，肌肉收缩时产生的力量越大。例如，有人对小腿三头肌进行研究时，预先拉长小腿三头肌，使脚背屈60°后再跖屈，这时小腿三头肌的收缩力从384kg增加到598kg。

肌肉初长度对肌力的意义：

①加大了肌肉的作用幅度。肌肉的作用幅度是指肌纤维的最大长度与最小长度之差，又称为肌肉的收缩距。据报道，一根肌纤维能伸长到它静息时（自然长度）的一倍，也能收缩到静息时的一半。在一定生理范围内，肌肉的初长度越长、收缩距越大，肌肉收缩的加速度就越大。根据公式$F=ma$，肌肉收缩的加速度越大，产生的力量就越大。

②肌肉的初长度较长（预先拉长），刺激了肌梭感受器，引起牵张反射，反射性地增加肌肉的收缩力量。

③肌肉是弹性体，预先拉长肌肉，增加了肌肉反抗变形的内聚力，间接增加了肌肉的收缩力量。

### （三）神经系统的机能状态

神经系统的机能状态主要通过协调各肌群活动，提高中枢兴奋程度，增加肌肉同步兴奋收缩的运动单位数量来提高肌肉的最大力量。

**1. 大脑皮质运动中枢兴奋过程的强度**

适宜的运动中枢兴奋过程强度，能增加肌肉收缩力，其原理是动员肌肉中更多的机能单位参加工作。如长期坚持健身运动的人群，其大脑皮质运动中枢兴奋过程的强度得到改善，可动员参加工作的运动机能单位比不经常运动的人群多。

**2. 中枢神经系统调节机能的协调性提高的表现**

①能使参加工作的运动机能单位尽可能多地做到同步收缩。

②能调节更多的原动肌参加工作。

③能调节对抗肌适当地放松。

力量训练能有效地提高中枢神经系统的机能水平，提高运动中枢同步兴奋能力和改善运动中枢机能的协调能力，从而提高肌肉力量。

### （四）肌纤维类型和运动单位

肌纤维类型和运动单位大小、类型直接影响肌肉力量。快肌和快肌运动单位的收缩力量比慢肌和慢肌运动单位的收缩力量大；同样类型的运动单位，神经支配比（一个运动神经元所支配的肌纤维数量）大的运动单位的收缩力量大于神经支配比小的运动单位。

## 六、骨骼肌的收缩形式

骨骼肌的收缩可表现为整块肌肉的长度发生变化，也可不发生变化。依据骨骼肌收缩时肌肉长度是否变化，骨骼肌的收缩形式可分为以下四种。

### （一）向心收缩

肌肉收缩时，长度缩短的收缩称为向心收缩。向心收缩时，肌肉长度缩短，起止点靠近，从而引起身体运动。肌肉张力增加出现在前，长度缩短发生在后。但肌肉张力在肌肉开始缩短后即不再增加，直到收缩结束。故这种收缩形式又称为等张收缩，有时也称为动力性收缩或时相性收缩。肌肉向心收缩时是做功的。

在向心收缩过程中，所谓的等张收缩是相对的。由于肌肉在收缩过程中，往往是通过骨的杠杆作用克服阻力做功，所以在负荷不变的情况下，要使肌肉在整个关节活动范围内以同样的力量收缩是不可能的。例如，当肌肉收缩克服重力垂直举起杠铃时，随着关节角度变化，肌肉做功的力矩也会发生变化。因此，需要肌肉用力的程度也不同。在整个运动范围内，肌肉用力最大的一点称为“顶点”。因为在“顶点”时的关节角度下杠杆效率最差，加上肌肉缩短损失一部分力量，而促成了“顶点”的产生。

如图2–6所示，当肱二头肌收缩使肘关节屈曲举起某一重量时，它产生的张力随着关节角度变化而变化。肱二头肌收缩时所产生的张力，在关节角度为120°时最大，而在30°时最小。因此，在整个关节的运动范围内，只有在“顶点”肌肉才有可能达到最大力量收缩。这是等张训练的不足之处。

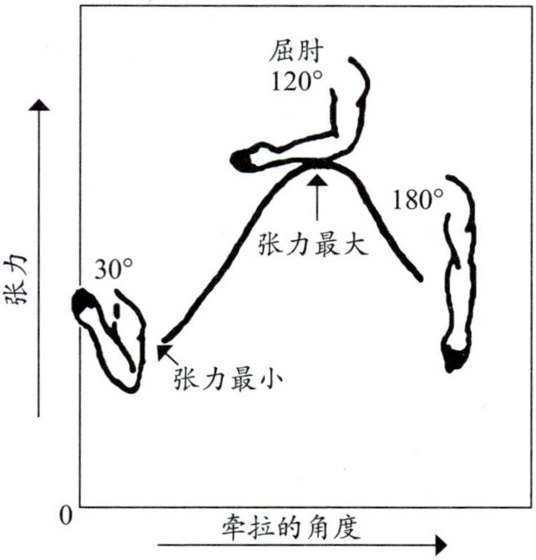


**图2–6　等张收缩时肌肉收缩产生的张力随关节角度而变化**

### （二）等长收缩

肌肉在收缩时，其长度不变，这种收缩称为等长收缩，又称为静力收缩。肌肉等长收缩时，由于其长度不变，因而不能克服阻力做机械功。

等长收缩分两种情况：其一，肌肉收缩时对抗不能克服的负荷，如试图拉起根本不可能拉起的杠铃时，肱二头肌进行的收缩就是等长收缩。其二，当其他关节因肌肉做离心收缩或向心收缩运动时，等长收缩可使某些关节保持在一定的位置，为其他关节的运动创造适宜的条件。要保持一定的体位，某些肌肉就必须做等长收缩。例如，做蹲起动作，当起身时，肩部和躯干的某些肌肉做等长收缩以保证躯干的垂直姿势，同时腿部和臀部的某些肌肉做向心收缩；当蹲下时，肩部和躯干的某些肌肉同样做等长收缩以保证躯干的垂直姿势，但腿部和臀部的某些肌肉做离心收缩。在更复杂的运动中，身体姿势不断发生变化，因此肌肉的收缩形式也在不断发生变化。

### （三）离心收缩

肌肉在收缩产生张力的同时被拉长的收缩称为离心收缩。如下蹲时，股四头肌在收缩的同时被拉长，以平衡重力对人体的作用，使身体缓慢下蹲，起缓冲作用。因此，肌肉做离心工作也称为退让工作。再如搬运重物时，将重物放下，以及下坡、下山、下楼梯时也需要肌肉进行离心收缩。肌肉离心收缩可防止运动损伤。如从高处跳下时，脚先着地，通过反射活动使股四头肌和臀大肌产生离心收缩。由于肌肉离心收缩的制动作用，减缓了身体的下落速度，不至于对身体造成损伤。离心收缩时肌肉做负功。

### （四）等动收缩

在整个关节运动范围内肌肉以恒定的速度收缩，且肌肉收缩时产生的力量始终与阻力相等的肌肉收缩称为等动收缩。由于在整个收缩过程中，肌肉的收缩速度是恒定的，所以等动收缩有时也称为等速收缩。在运动实践中，自由泳的划水动作就具有等动收缩的特点。

等动收缩和等张收缩有本质的不同。肌肉进行等动收缩时在整个运动范围内都能产生最大的肌张力（如图2-7），等张收缩则不能。此外，等动收缩的速度可以根据需要进行调节。理论和实践证明，等动练习是提高肌肉力量的有效手段。

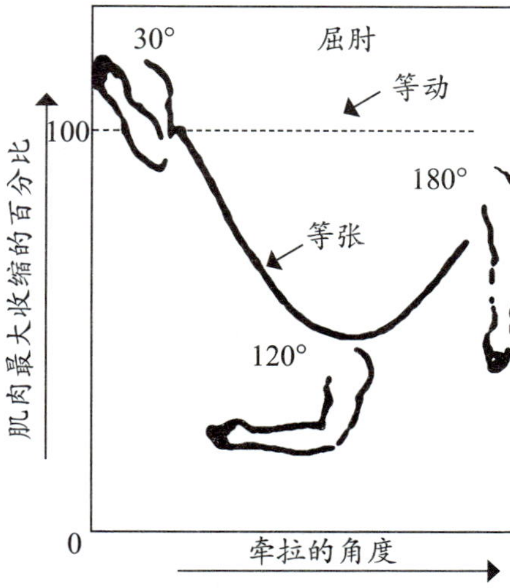


图2-7 等动收缩时在一定运动范围内肌肉能够产生最大张力

要让肌肉做等动收缩，必须有专门的仪器，即等动练习器。仪器的主要部件是速度控制器。速度控制器可以保证无论参与工作的肌肉在收缩时产生多大的张力，其收缩速度不变。人们在练习中可以根据不同的目的和要求设置适当的仪器速度。另外，仪器还有力量的测试和记录装置，用来评估运动时的肌肉力量。

## 七、骨骼肌不同收缩形式的比较

### （一）力量

肌肉最大收缩时产生张力的大小取决于肌肉收缩的类型和收缩速度。离心收缩产生的力量比向心收缩大50%左右，比等长收缩大25%左右。

关于肌肉离心收缩为何能产生较大的张力，一般认为有两个方面的原因：首先是牵张反射，即肌肉受到外力的牵张时会反射性地引起收缩。离心收缩时肌肉受到强烈的牵张，因此会反射性地引起肌肉强烈收缩。其次，离心收缩时肌肉中的弹性成分被拉长而产生阻力，同时肌肉中的可收缩成分也产生最大阻力。而向心收缩时，只有可收缩成分肌纤维在收缩时产生克服阻力的肌肉张力。肌肉向心收缩时，一部分张力在作用于负荷之前，先要拉长肌肉中的弹性成分。一旦肌肉中的弹性成分被充分拉长，肌肉收缩产生的张力才会作用于外界负荷。因此，肌肉收缩产生的张力，有一部分是用来克服弹性阻力的，这就使表现出来的张力小于实际肌肉收缩产生的张力。

**（二）肌电**

在等速向心收缩和离心收缩时，在一定范围内，积分肌电值（IEMG）与肌肉张力成正比。在负荷相同的情况下，离心收缩的积分肌电值较向心收缩低（参见本章第二节）。

**（三）代谢**

在输出功率相同的情况下，肌肉离心收缩时所消耗的能量低于向心收缩，其耗氧量也低于向心收缩。肌肉离心收缩时，其他与代谢有关的生理指标（如心率、心排血量、肺通气量、肺换气效率、肌肉的血流量和肌肉温度等）均低于向心收缩。

**（四）肌肉酸痛**

人们很早就发现，肌肉做退让工作时容易引起肌肉酸痛和损伤。近年的研究表明，大负荷肌肉离心收缩比向心收缩更容易引起肌肉酸痛以及肌纤维超微结构和收缩蛋白代谢的变化。

人们从诱发肌肉酸痛的实验中发现，肌肉酸痛程度与肌肉的收缩形式有关。图2-8显示的是诱发肌肉酸痛的实验结果。男女受试者各用杠铃完成两组力竭的屈肘运动。离心收缩时只是主动地放下杠铃，而向心收缩时只是主动地举起杠铃，在等长收缩时保持杠铃不动。从图2-8中可以看出，无论是何种形式的肌肉收缩，肌肉酸痛均在练习后的1～2天才明显出现。肌肉离心收缩引起的肌肉酸痛最显著，等长收缩次之，向心收缩最不明显。

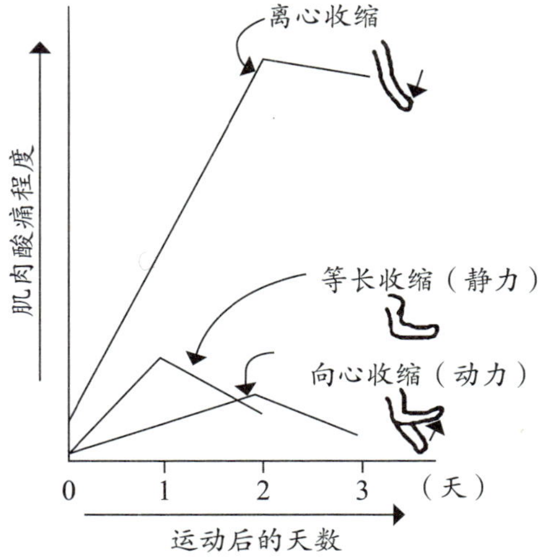


**图2-8　离心收缩、等长收缩和向心收缩后的肌肉酸痛程度比较**

注：肌肉离心收缩导致的肌肉酸痛最显著，向心收缩导致的肌肉酸痛最不明显。

# 第二节　健身运动的能量供应系统

健身运动时的能量供应有一定的生理规律：运动时体内代谢过程加强，能量消耗增加，运动后能量物质恢复更加充分，可达到比运动前更高的水平，各器官、系统功能增强。

## 一、能量的供应与消耗

机体中营养物质不能直接为细胞提供能量，其存储的能量必须经过释放转变成含有高能磷酸键的化合物，后者释放的能量才能被细胞利用。机体内的三磷酸腺苷（ATP）是肌肉收缩的直接能源，ATP分解放能后需要及时补充，补充的途径来自磷酸肌酸（CP）的分解、糖的无氧酵解及糖与脂肪的有氧代谢，这三个过程称为运动的三大供能系统。人体从事各种不同运动项目，三大供能系统提供能量所占的比例不同，而发展这三个供能系统的方法又各不相同。

### （一）骨骼肌收缩的直接能源——三磷酸腺苷（ATP）

人体运动时的直接能源来自体内一种特殊的高能磷酸化合物——三磷酸腺苷（ATP）。在人体内，只有ATP可以作为肌肉收缩的直接能源。肌肉活动时肌肉中的ATP在酶的催化下，迅速分解为二磷酸腺苷（ADP）与磷酸，同时释放能量供肌肉收缩。人体内有两种系统可以合成ATP，即无氧供能系统和有氧供能系统。

### （二）三大供能系统

#### 1. 磷酸原供能系统

人体运动开始时由磷酸原系统（ATP-CP系统，又称非乳酸能系统）供能，即所有的能量都由ATP和CP供给。这一供能过程十分迅速，而且不需要氧气，也不会产生乳酸。人体肌肉中ATP的含量很少，依靠肌肉中的ATP供能做功只能维持1s，需要不停地合成ATP才能满足肌肉收缩的需要。CP是由肌酸合成的高能磷酸化合物，存在于肌浆中，其存量是ATP的数倍，当ATP分解放能后，CP在酶的作用下可以分解产生ADP，又迅速合成ATP。

肌肉中ATP-CP系统供能能力仅能持续6～8s。磷酸原供能系统的强弱，主要和绝对速度有关。健身中要想发展这一系统的供能能力，最好是采用每次持续10s以内的全速跑，并反复练习；或采用3RM的肌肉力量训练强度，中间间隔30s以上。若是间隔少于30s，磷酸原供能系统恢复不足，就会产生乳酸堆积。

#### 2. 乳酸能供能系统

当人体肌肉快速运动持续较长时间（8～10s）后，磷酸原供能系统的供能能力已不能及时提供ATP，于是动用肌糖原通过无氧酵解供能，该能量由ADP接受，合成ATP。这一系统供能不需氧气，但会产生乳酸，乳酸的堆积可导致人体疲劳。

人体乳酸能供能系统供能的最长持续时间约为30s，可维持运动时间2～3min。乳酸能供能系统供能能力的优劣主要与速度耐力有关。中距离跑主要需要速度耐力，球类运动也需要速度耐力。要发展乳酸能供能系统的能力，最适宜的手段是全速（或接近全速）跑30～60s，间歇2～3min。这种手段能使血乳酸达到最高水平，能锻炼和提高人体对血乳酸的耐受力，提高乳酸能供能系统的能力。

### 3. 有氧供能系统

有氧供能是指在氧气供应充分的条件下，人体内的糖（葡萄糖、肌糖原）和脂肪被有氧氧化成二氧化碳和水，并释放出大量的能量，该能量供ADP再合成ATP。

有氧供能能力主要和人体心肺功能有关，有氧供能是耐力运动的基础。长距离的健身跑等耐力运动需要有氧供能系统供能，不少球类运动也需要人体有良好的有氧代谢能力。提高有氧供能系统的供能能力，主要宜采取较长时间的中等强度或较低强度的匀速跑，或较长段落的中速间歇训练等。

人体在从事任何一种健身运动时，几乎不可能仅由一种供能系统供能，多数情况下是三个供能系统均参与供能。在不同的健身运动中，各系统所占的比例不同。例如，持续10s以内的最大强度运动几乎完全依靠无氧供能（主要是磷酸原供能系统和乳酸能供能系统供能）；持续几十分钟甚至几小时的运动，有氧供能占主导地位；在800m跑中，以乳酸供能为主，有氧供能和无氧供能的比例相差不大。

三大供能系统的特征如表2-1所示。

**表2-1 三大供能系统的特征**

| | 磷酸原供能系统 | 乳酸能供能系统 | 有氧供能系统 |
|---|---|---|---|
| 底物 | ATP<br>CP | 肌糖原 | 肌糖原<br>脂肪<br>蛋白质 |
| 底物储量（mmol/kg） | 4～6<br>15～7 | 365 | 365<br>49 |
| 底物可合成ATP量（mmol/kg） | 100 | 250 | 13000<br>不受限制 |
| 底物可供运动时间 | 6～8s（或少于10s） | 2～3min | 1～2h |
| 供给ATP恢复的物质和代谢产物 | CP<br>CP＋ADP→ATP＋C | 肌糖原→乳酸 | 糖类→$CO_2$＋$H_2O$<br>脂肪→$CO_2$＋$H_2O$<br>蛋白质→$CO_2$＋$H_2O$＋尿素 |
| 运动形式 | 极量运动 | 极量运动开始 | 中等量<br>中等量 |
| 供能速度 | 快 | 快 | 慢<br>慢 |

## 二、能量物质的消耗与恢复

人体运动时直接消耗的是ATP，但最终消耗的是糖类、脂肪和蛋白质。

### （一）糖类和脂肪的供能特点

糖类和脂肪是运动中合成ATP的主要来源，但由于机体运动持续时间、强度以及糖类和脂肪的供能特点不同，能量物质消耗的比例也不相同。

糖类可以进行无氧酵解和有氧代谢，而脂肪仅能进行有氧代谢。正是这一特点使不同运动中二者的供能比例不同。如在运动初期或时间短、强度大的运动，主要是消耗糖类，因为这时主要是无氧酵解供能；时间长、强度较小的运动，脂肪的消耗（供能）比例增加（长时间持续运动的后期，约有80%的ATP来源脂肪的氧化），蛋白质也将参与供能。因此，要消耗体内的脂肪，只有进行强度不大但持续时间较长的运动，才能收到效果。

### （二）运动后能量物质的恢复

运动时体内代谢过程加强，以不断满足能量的需要，运动中及运动停止后，能量物质需要不断进行补充与恢复。能量物质的恢复过程大致可分为三个阶段。

第一阶段：在运动进行中，恢复过程就已开始。这时机体一边进行运动消耗，一边进行能量物质的恢复补充。但由于运动中消耗多，此时的恢复跟不上消耗的量，因此能量物质储备逐渐下降。

第二阶段：运动结束后，此时体内能量物质消耗逐渐减少，而恢复过程却不断加强，运动中消耗的能量物质不断得到补充，直至补充到运动前的水平。

第三阶段：超量恢复阶段。即能量物质恢复到原水平时并未停止，而是继续恢复补充，在一段时间内，能量物质的恢复可超过原来储备的水平，比运动前能量物质的储备量还要多。超量恢复是对未来重复较大运动负荷时能源物质再次被耗尽的一种预防性保护机制。一段时间后能量物质的储备又会回到原来水平。

### （三）“超量恢复”原理

能量物质恢复到原来的储备水平时并未停止，而是继续恢复补充，在一段时间里，能量物质的恢复可超过原来储备的水平，比运动前能量物质的储备量还要多，即超量恢复。健身运动中遵循“超量恢复”的原理。从运动过程中能量物质的消耗和恢复的三个阶段特点可以看出，健身运动的效果与运动的负荷、运动的时机、运动的项目三个因素有关。

运动的负荷。在一定范围内（要考虑年龄、性别、身体机能状况和运动能力），运动强度越大、肌肉活动量越大、消耗过程越剧烈，超量恢复就越明显，健身运动的效果越好。运动量过小，效果不明显；运动量过大，易导致消耗过多，不易于恢复。

运动的时机。运动应注意控制下次运动的时间，只有在超量恢复期，才能达到提高体能、增强体质的目的。反之，在机体能量物质尚未恢复到原来储备的水平（如在大量消耗的“下降期”或运动后较短的时间内，机体能量物质尚处于恢复期）就又开始运动，则会导致体能不同程度的下降。

运动的项目。由于不同运动项目能量供应特点不同，其能量消耗后其恢复时间也不同，因此最佳间隔运动时间也不同，应区别对待。力量练习通常隔日训练效果最好；长距离的有氧健身跑若消耗能量太大，需要的恢复期相对较长；球类项目通常可以每日进行。

## 三、健身运动时的供能代谢规律与特点

在一般的日常生活条件下，人体平均日能量消耗为7 527 ~ 12 545kJ，其中以能量物质的有氧氧化为主；从事健身运动时，人体平均日能量消耗可高达41 850kJ，其中有氧供能和无氧供能的比例以及糖和脂肪氧化供能的比例将随运动强度和运动持续时间等因素的变化而呈现出不同的规律和特点。

### （一）运动强度与有氧、无氧供能的比例

有氧、无氧供能的比例与运动强度有关，运动强度越大，无氧代谢供能的比例越大，有氧代谢供能的比例越小；相反，运动强度越小，有氧代谢供能的比例

越大，无氧代谢供能的比例越小。如100m短跑时的无氧代谢供能比例占90%以上，有氧代谢供能不足10%；马拉松跑（42km）时，有氧代谢供能比例占99%以上，无氧代谢供能不足1%。

### （二）运动强度与能量物质分解比例

糖（肌糖原和血糖）分解代谢占运动总能耗率的比例随运动强度的增加而增加，脂肪分解代谢的比例则随运动强度的增加而减少。以20%～50%最大摄氧量（$V_{O_2\max}$）的强度运动时，几乎所有的能量都来自脂肪的分解代谢，其中以血浆自由脂肪酸（FFA）为主，血浆中FFA的浓度每两分钟就更新50%，说明脂肪代谢非常活跃，肌肉内储存脂肪供能仅占7%。以65%$V_{O_2\max}$强度运动时，脂肪分解供能的比例仍占50%以上，其中约有一半来自肌肉储存的甘油三酯；以85%$V_{O_2\max}$强度运动时，以糖分解代谢供能为主，脂肪分解供能不足40%。健身运动的强度基本处于50%～70%$V_{O_2\max}$范围内，其较理想的运动时间应为30～60min。运动时可大量利用脂肪分解提供能量，这是健身运动在增强体质的同时亦能产生减肥效果的原因。

### （三）运动持续时间与能量物质供能比例

运动持续时间也是影响糖和脂肪供能比例的一个重要因素，在长达90min的中等强度运动时，随着运动持续时间的延长，糖分解供能的比例逐渐减小，脂肪分解供能的比例逐渐增大。运动初期糖、脂肪分解供能的比例约为45%和55%，但到第90分钟时，糖分解供能的比例下降到约为20%的水平，脂肪分解供能的比例则提高到80%左右。目前认为，造成这一现象的原因可能与肌肉中可利用能源物质的数量和调节糖、脂肪分解代谢及呼吸链氧化磷酸化的因素等有关。

# 第三节　健身运动对身体形态和机能的影响

## 一、健身运动对肌肉形态结构及代谢的影响

健身运动可引起骨骼肌产生适应性的变化，主要表现在六个方面。

### （一）肌肉体积增大、重量增加

健身运动可使肌肉体积发生明显的变化，不同的健身项目对各部位肌肉体积增大的效果是不同的。以前认为肌肉体积增大、重量增加主要是肌纤维增粗，包含肌原纤维增粗和纵裂增多。近年来也有学者指出，肌肉体积增大的原因还包括肌原纤维增加。另外，对肌纤维的直接研究和肌球蛋白重链（MHC）基因表达的间接研究表明，耐力训练可使快肌纤维向慢肌纤维转化，而速度训练则无法达到这样的要求。

### （二）肌纤维中线粒体数目增多、体积增大

线粒体是细胞的供能中心和能量加工厂。它参与细胞内物质氧化并产生大量ATP。长期进行有氧运动项目如长跑、骑自行车等，慢肌纤维线粒体数量明显增加，能为肌肉提供更多的能量，以适应有氧耐力的需要。

健身运动的性质不同，对线粒体的影响也不同。有氧耐力运动对线粒体的影响最为明显，而力量训练对线粒体的影响甚微。长时间有氧耐力训练后，线粒体绝对数量、外膜面积、膜蛋白和膜磷脂含量显著增加，以适应训练需要。

### （三）肌纤维周围毛细血管增多

运动实验证明，体力活动（动力、静力负荷）可以使骨骼肌内毛细血管不论在数量或形态上都有所改变，肌纤维间的毛细血管平均分配数量在系统训练后增多，其中静力负荷组比动力负荷组毛细血管数量增加要多。静力负荷组毛细血管迂曲的行程明显，分支吻合丰富。动力负荷中的跑步和游泳训练，主要促使毛细血管分支吻合，对毛细血管的形态影响不明显。运动后单位体积肌纤维毛细血管表面积增大。据报道，在力量训练后，毛细血管与肌纤维数量以及毛细血管数量比没有变化。

### （四）肌肉内化学成分的变化

长期坚持健身运动的人，肌肉组织内的化学成分会发生变化，如肌糖原、肌球蛋白、肌动蛋白、肌红蛋白、水分等的含量均会增加。这有利于提高肌肉的收

缩能力，使ATP酶的活性加强，与氧的结合力提高，肌肉内氧化反应状况得以改善。

### （五）代谢酶活性改变

肌肉对运动后的适应性改变还表现为肌肉中的有关代谢酶活性有选择性地增强。长期进行有氧耐力运动的人，肌肉的有氧代谢酶琥珀酸脱氢酶（SDH）活性较高，经常进行无氧运动的人的乳酸脱氢酶（LDH）活性较高。这是骨骼肌对运动的适应性变化。

### （六）肌肉选择性肥大

骨骼肌选择性肥大与运动项目有关。萨尔庭研究发现，耐力运动可引起慢肌纤维选择性肥大，速度、爆发力运动可引起快肌纤维选择性肥大。

## 二、健身运动对循环机能的影响

长期参加健身运动的人，可使循环机能良好地适应形态、机能和调节能力，从而提高人体的有氧工作能力。

### （一）心脏适应性增加

长期进行健身运动，特别是有氧运动，心肌细胞能获得更充足的氧气和营养供应，因而心肌细胞产生营养性增大，心脏重量增加，容积增大，收缩有力。一般人心脏重量为300g左右，容积约为750ml，而长期有氧运动的人心脏的重量和容积可高于普通人。

### （二）静息心率徐缓

安静状态下，成年人正常的心率为每分钟60～80次。普通人心率过低会导致组织器官供血不足，出现头晕、乏力等症状，心率过快，则易导致心脏疲劳。长期进行有氧运动的人，由于心脏的适应性增加，心肌收缩力量增强，每搏排血量明显增大，可使安静状态的心率减慢至每分钟50～60次。人体处于安静状态时心跳减慢，可使心肌获得更多休息时间，以减少心脏活动的能量消耗。

### （三）改善心血管机能

长期进行有氧健身运动，可使心肌微结构产生适应性变化，心肌纤维内三磷酸腺苷酶（ATP酶）活性提高，心肌肌浆网对钙的储存、释放和摄取能力提高，线粒体数量增加和线粒体与细胞膜的功能改善，ATP酶再合成速度增加，心脏容积增大，心肌收缩力量增强，冠状动脉供血良好，提高心肌收缩力和心肌工作能力。

长期参加有氧运动，对预防心血管系统疾病有良好的作用。运动不仅使心脏功能增强，同时还能改善体内物质代谢过程，减少脂质在血管壁的沉积，保持、增进血管壁的良好弹性，提高具有抗动脉粥样硬化作用的高密度脂蛋白的含量，降低致动脉粥样硬化作用的低密度脂蛋白的含量，提高机体的抗氧化能力，这些都对心血管疾病起到积极的预防作用。

## 三、健身运动对呼吸机能的影响

呼吸机能是保证机体在新陈代谢过程中实现气体交换的重要条件。肺的通气与换气机能是影响人体吸氧能力的因素之一，经常进行耐力训练，可提高肺的通气功能和肺的换气功能。

运动时，随着运动强度的增大，机体为适应代谢的要求，需要消耗更多的氧气，排出更多的二氧化碳，此时呼吸加深加快，肺通气量增加，在每分钟通气量得到保证的前提下，肺的换气功能才能使机体得到充足的氧的供应。如安静时一般人的呼吸频率为每分钟12～16次，每次呼吸吸入新鲜空气约500ml，肺通气量（每分钟通气量）为6～8L，而运动时呼吸频率可增至每分钟40～50次，每次吸入空气达到2500ml，为安静时的5倍，肺通气量可高达70～120L。因此，长期参加有氧运动的人运动时的通气机能明显改善。

运动时人体各器官组织的耗氧量增加，使呼吸膜两侧的氧分压（$PO_2$）压差增大，氧在肺部的扩散速率增大；血液中的儿茶酚胺含量增多，使呼吸性细支气管扩张，通气肺泡的数量增多；呼吸膜的表面积增大；通气/血流比值维持在0.84左右。这些因素的变化可使肺的氧扩散容量达到60～80ml/（min·mmHg）。肺泡活动增强，使更多的肺泡参与气体交换，血液含氧量增加，促进了新陈代谢，提高了人体对环境的适应能力和抗病能力。

研究表明，经常参加有氧运动的人，可提高呼吸肌的力量和耐力，最大吸氧量可增加5%～25%，单位体重摄氧量增加18%，改善了心肺功能。运动不足时，肺的换气功能降低，肺脏中的肺泡将有一半左右经常处于相对关闭的状态，使吸入的氧气减少。一旦体内需要增加供氧，会造成氧供给不足，使体内发生一系列代谢障碍，在运动时容易发生气喘。

## 四、不同健身方式对身体成分和骨骼的影响

不同的运动形式、运动强度和运动频度对身体成分的影响不同，在对器械力量组、健身跑步组、普拉提组、高低冲击有氧操组、跑步＋器械力量组、踏板操组、高低冲击有氧操＋器械力量组、瑜伽组、踏板操＋普拉提组等不同健身方式组合的研究表明，瘦体重指标在器械力量运动组、跑步＋器械力量组、高低冲击有氧操＋器械力量组和踏板操＋普拉提组等变化明显，表明力量训练是影响瘦体重的重要因素。力量训练可使肌肉收缩蛋白合成加强，肌肉重量增加，因此瘦体重在力量训练后变化明显。瘦体重/体重指标表示瘦体重的相对值，有氧训练与力量训练相结合对瘦体重/体重指标的影响更有意义，因为有氧训练导致体脂重下降，力量训练导致瘦体重增加，因此体重指标变化不大。肌肉力量的增加与骨量的增加显著相关，且骨量增加部位与肌肉训练部位有关。当肌肉力量增强，肌肉收缩对骨骼产生的应力刺激可有效提高成骨细胞的活性，在青年阶段和老年阶段加强肌肉力量的训练，对骨量储备和延缓骨量丢失具有重要意义。

## 五、身体对运动的适应反应

身体对运动的适应可分为急性反应和慢性适应两种，如表2-2所示。

### （一）急性反应

急性反应指人体因运动而使身体在功能上发生突然和短暂的转变，而这些转变会在运动停止后，很快恢复。

## （二）慢性适应

慢性适应指人体经长期运动或训练后，身体在结构或功能上发生持久的改变，以适应该运动或训练的需要（见表2-2）。

**表2-2 身体各系统对运动所产生的急性反应和慢性适应**

| 系统 | 健身方式 | 急性反应 | 慢性适应 |
| --- | --- | --- | --- |
| 运动系统（骨骼和骨骼肌） | 肌力 | 无明显变化 | 增加肌腱强度<br>增加关节软骨厚度<br>关节表面胶原纤维增多、增厚<br>增加骨密度<br>减少退化性骨质疏松症 |
| | 肌力 | 增加肌细胞ATP生成<br>提高肌肉温度<br>增加运动肌的血流量 | 提高肌肉力量<br>肌肉增粗和体积增加<br>肌细胞无氧代谢酶增加<br>快肌纤维横断面积增加 |
| | 肌耐力 | 无明显变化 | 提高肌耐力<br>肌肉毛细血管增多、增粗<br>肌细胞线粒体数量和体积增加<br>肌细胞有氧代谢酶增加<br>能源物质由糖类为主转化为脂肪为主<br>慢肌纤维横断面积增加 |
| 神经系统 | 有氧运动<br>无氧运动 | 无明显变化 | 运动反应速度提高<br>运动感增强<br>减少交感神经的不随意活动 |
| 心血管系统 | 无氧运动 | 心脏每搏排血量增加<br>内脏血流量减少<br>工作肌血流量增加<br>静脉回心血量增加<br>收缩压上升，舒张压不变或微升 | 睡眠质量提高 |
| | 有氧运动 | 无明显变化 | 静息心率下降<br>静息血压下降或正常<br>心室容量增加<br>总血量增加<br>心肌收缩力增加<br>运动后心率恢复快<br>最大摄氧量增加 |

续表2-2

| 系统 | 健身方式 | 急性反应 | 慢性适应 |
|---|---|---|---|
| 呼吸系统 | 有氧运动<br>无氧运动 | 呼吸深度增加<br>肺泡毛细血管增加<br>通气量增加 | 安静时呼吸深度增加<br>安静时呼吸频率下降<br>运动后呼吸频率恢复快<br>肺泡毛细血管数量增加 |
| 消化系统 | 有氧运动<br>无氧运动 | 消化系统供血量减少 | 内脏机能提高<br>食欲增加 |
| 新陈代谢<br>（脂肪代谢） | 有氧运动 | 无明显变化 | 总胆固醇下降<br>高密度脂蛋白量提高<br>低密度脂蛋白量下降 |

当运动时，身体各系统便立刻产生一些急性反应以满足运动需要，这是很正常的短暂身体变化。一般运动计划坚持6～8周，身体的部分系统便开始出现长期的适应性改变。如：

①静息心率下降。

②血压正常。

③心室容量增加。

④血容量增加。

⑤心肌增厚及收缩力增强。

⑥运动后心率恢复快。

# 第三章

# 健身运动与膳食营养

Jianshen Lilun yu Fangfa

随着社会经济的发展，人们的生活水平不断提高，但不科学的运动和不合理的膳食营养导致的疾病也与日俱增。根据世界卫生组织1991年公布的资料，每个人的健康与长寿60%取决于自己的生活方式，15%取决于遗传因素，10%取决于社会因素，8%取决于医疗保健因素，7%取决于气候因素。大量营养学调查表明，我国居民在不少方面均未达到合理的饮食标准。近年来，世界卫生组织在《世界保健大宪章》中，对健康的概念做出具体阐述的同时，还补充了衡量健康的10条标准。规律的健身运动加合理的膳食营养是达到这些标准最重要的保证。

## 第一节　健身运动与营养

营养是健康的基本构成元素之一，良好的营养来自合理的饮食。人们通过饮食摄取适当的营养素，有益于维持现在和将来的身体健康。反之，营养过剩或不足、营养素不平衡将会增加患病的危险性，如心脏病、癌症等严重疾病。而营养在相当程度上受到生活方式和个人主动选择的影响，因此健身运动者掌握基本的营养知识是非常必要的。

### 一、基本营养素

维持机体正常的机能活动需要很多种物质。营养素是机体维持健康、保证生长发育以及修复组织等所需要的物质。营养素一般分为糖类（碳水化合物）、脂类、蛋白质、维生素、矿物质和水六大类。

#### （一）糖类

**1. 组成与分类**

糖类由碳、氢、氧三种元素组成。

其分类如下：

糖类
- 单糖：葡萄糖、半乳糖、果糖（水果、蜂蜜）
- 双糖：蔗糖（食用糖）、麦芽糖（谷物种子发芽）、乳糖（乳汁）
- 多糖：淀粉（谷类、薯类、豆类）、糖原（肝脏、骨骼肌）、纤维素、果胶

几种糖的应用：谷类、薯类等食物中的淀粉含量较高，是主要食物。淀粉的消化吸收较慢，可维持血糖稳定；蔗糖是最普通的食用糖，研究表明摄入蔗糖过多对身体有许多危害，它与肥胖症、糖尿病、心血管病、龋病、近视等疾病的发生有关。实验证明，蔗糖比淀粉更易促发高脂血症。因此，国外十分重视减少蔗糖的摄入量。果糖是水果和蜂蜜中的天然单糖，蜂蜜中的果糖含量为40%。果糖在人体内的胰岛素效应比葡萄糖小，它作为肌肉运动的能量物质不如葡萄糖及时，但对运动后恢复糖原储备较为有利。

**2. 血糖指数**

血糖指数（GI）是指与摄入参照食物（葡萄糖或白面包）后血糖浓度的变化程度相比，含糖食物使血糖浓度升高的相对能力。具体来讲，血糖指数是指机体在空腹条件下进食一定量的食物后血糖变化量与进食等量的参照食物后血糖变化量的比值。它通常用于判断摄入不同类型含糖食物后血糖浓度的变化情况。一般来说，富含葡萄糖、易水解为葡萄糖的寡糖和容易被消化的淀粉等食物的血糖指数相对较高。相反，富含不易消化、不易水解为葡萄糖的水果等食物的血糖指数较低。所以，人们根据血糖指数将食物分为高血糖指数、适度血糖指数和低血糖指数三类，如表3-1所示。

在相同数量糖的条件下，血糖指数可以用来指导患者通过控制饮食对血糖和胰岛素进行调控。例如，低血糖指数的食物可以作为糖尿病患者和高脂血症患者的推荐饮食，提高他们用餐后的饱腹感；在长时间运动后的恢复期内，高血糖指数的食物对肌糖原的恢复效果较低血糖指数的食物要好。

**表3-1　富含糖类食物的血糖指数列举**

| 分类 | 食物 | 血糖指数（%） |
| --- | --- | --- |
| 高血糖指数（>70） | 葡萄糖 | 100 |
| | 脆玉米片 | 84 |
| | 烤土豆 | 85 |
| | 运动饮料 | 95 |
| | 西瓜 | 72 |
| | 蜂蜜 | 73 |
| 适度血糖指数（55～70） | 白面包 | 70 |
| | 全麦面包 | 69 |
| | 速溶麦片 | 66 |
| | 牛奶什锦早餐 | 68 |
| | 冰激凌 | 61 |
| | 杧果 | 55 |
| | 橙汁 | 57 |
| | 蔗糖 | 65 |
| 低血糖指数（<55） | 成熟香蕉 | 52 |
| | 麦片粥 | 49 |
| | 杂麦面包 | 45 |
| | 牛奶 | 27 |
| | 酸奶 | 33 |
| | 巧克力 | 49 |
| | 苹果 | 36 |
| | 橙子 | 43 |
| | 红扁豆 | 26 |
| | 果糖 | 20 |

部分引自罗纳德·J. 莫恩、帕祆·V. 秋米：《运动营养·快速力量》，杨则宜、马铁、高东明等译。

### 3. 营养功能

（1）供给能量。

糖类是人体运动最主要的能量物质。它在人体内可迅速氧化，及时提供能量，1g糖类可产生16.74kJ（4kcal）的能量。

糖类供能有易吸收、产热快、耗氧少及可无氧分解供能四个优点：

易吸收：糖类比脂肪和蛋白质更易被人体消化吸收。

产热快：糖类一经酶的消化可迅速变成葡萄糖被人体吸收，并立刻产生热量。

耗氧少：氧化1g糖类耗氧0.83L，而氧化1g脂肪和1g蛋白质，耗氧分别为2.03L和0.97L。糖代谢的低耗氧十分有利于人体维持有氧运动。

可无氧分解供能：糖类在无氧情况下也能分解供能，是短时间、高强度运动供能的基础。

（2）维持中枢神经机能。

糖类是大脑的主要能源。脑组织中无能量储备，全靠血糖供给能量，每天需要100～120g葡萄糖。血糖浓度正常才能保证大脑的正常功能。血糖浓度降低，大脑的功能即受影响，可引起低血糖症。此外，心肌和骨骼肌的活动也需要由糖类提供能量。

（3）促进蛋白质的吸收和利用。

糖类与蛋白质一起摄入时能增加体内ATP的形成，有利于氨基酸的活化以及增加体内蛋白质的合成。

（4）构成机体组织细胞的重要物质。

糖类是细胞膜的糖蛋白、神经组织的糖脂以及传递遗传信息的脱氧核糖核酸（DNA）的重要组成部分。

（5）节约蛋白质。

在运动时糖类的贮量充足时，人体首先将糖类作为能量物质，从而避免将宝贵的蛋白质用来提供能量。

（6）抗生酮作用，维持脂肪正常代谢。

脂肪在体内分解代谢的中间产物——酮体——和葡萄糖在体内的代谢产物草酰乙酸结合后继续氧化。缺乏糖类，会导致脂肪代谢不完全，体内酮体堆积，增加体内酸性，影响正常生理功能。

（7）保护肝脏。

糖原有保肝解毒的作用，肝糖原储备充足时，肝细胞对某些有毒的化学物质和各种致病微生物产生的毒素有较强的解毒能力。

**4. 血糖的去向**

①经体内的有氧氧化产生ATP、二氧化碳和水。

②一部分转化为肝糖原、肌糖原储存。

③转化为其他的糖（如核糖）。

④转化为脂肪（过多则导致肥胖症）和氨基酸。

⑤在饥饿的12h内主要由肝糖原分解来维持血糖平衡，当饥饿时间超过12h，

则依靠肌糖原、脂肪等分解来维持血糖平衡。

### 5. 运动与糖类

糖类是运动中的重要能量物质。运动时肌肉的摄糖量可达安静时的20倍以上，运动使体内的糖被大量消耗。机体的糖储备是影响运动耐久力的重要因素，研究证明，体内糖原储量与运动能力成正比关系，肌糖原储量降低与运动性疲劳和运动性损伤的发生有密切关系。糖储备包括肌糖原、肝糖原和血糖。全身肌糖原约250g，肝糖原75～90g，血糖5～6g，糖储备总量300～400g。运动前和运动中合理地补充糖，可以减少糖原消耗，提高血糖浓度，有利于提高运动能力。但不同种类糖的特点有所不同，如葡萄糖、蔗糖较易引起胰岛素反应，而果糖的此种反应较小。

### 6. 每天的糖类需要量

谷物、蔬菜和水果是理想的糖类来源。人体对糖类的需要量与机体能量消耗的多少有关，一般情况下，糖类占每天所摄取食物总热量的60%～70%，成年人每天每千克体重约需4～6g糖。长期摄入糖类不足，易产生低血糖症、消瘦、免疫力低下；摄取糖类过多，易患肥胖症、脂肪肝、胆石症以及糖尿病、冠心病、高血压病等。

### 7. 糖类的主要来源

人体中糖类的主要来源是主食中所含的淀粉以及水果等。食物中糖类的含量如表3-2所示。

表3-2　食物中糖类的含量

| 食　物 | 百分含量（以湿度计算） |
|---|---|
| 蔗糖 | 100% |
| 大米、面粉（主要为淀粉） | 65%～78% |
| 水果 | 5%～14% |
| 蔬菜（主要为不可利用的纤维素） | 2%～3% |
| 牛乳（主要为乳糖） | 2%～5% |
| 猪肝（主要为糖原） | 2%～3% |
| 蛋、肉、鱼类 | 0～1% |

#### 8. 食用糖的建议

2000年，中国营养学会建议进食更多的复合糖类而不是简单糖类，其原因是复合糖类营养密度更高。营养密度是指食物中所包含的基本营养素的数量与其中含有的热量之间的比值。如一块糖果所含基本营养素的种类和数量很少，其营养密度很低，而一块谷物面包的营养密度相对较高。

食物多样化的原因之一是含多糖丰富的食物也含有较多的膳食纤维。膳食纤维存在于植物当中，不能被人的消化系统分解吸收，但是，它对预防消化系统癌症、痔疮等疾病非常重要。因为膳食纤维可以使食物更加快速地通过消化道。每人每天应摄入20～35g的膳食纤维。膳食纤维的理想来源是谷、薯、豆类及蔬菜、水果等植物性食品。

### （二）蛋白质

#### 1. 组成与分类

蛋白质由碳、氢、氧、氮组成，有的还含硫、磷等元素。这些元素按一定结构组成氨基酸，因此氨基酸是构成蛋白质的基本单位。

根据氨基酸是否在体内合成，将氨基酸分为如下两类。

氨基酸
- 必需氨基酸：体内不能合成，必须由食物供给（有赖氨酸、缬氨酸、色氨酸、亮氨酸、异亮氨酸、甲硫氨酸、苯丙氨酸、苏氨酸）
- 非必需氨基酸：可在体内合成满足人体的需要

在动物性食物和植物性食物中都含有蛋白质，动物性蛋白质，如肉、蛋、奶当中一般包含有8种必需氨基酸；植物性蛋白质，如豆类、含淀粉的蔬菜、坚果、谷物等包含的必需氨基酸的种类并不齐全。

每一种蛋白质至少由10种以上氨基酸构成，根据食物蛋白质的氨基酸组成和蛋白质的营养价值，在营养学上将蛋白质分为三类。

蛋白质
- 完全蛋白质
- 半完全蛋白质
- 不完全蛋白质

完全蛋白质，也称为优质蛋白质，是指蛋白质中所含的必需氨基酸种类齐全、数量充足、比例恰当。完全蛋白质，包括动物性食品中的蛋、奶、肉、鱼等以及大豆蛋白。完全蛋白质所含必需氨基酸与人体蛋白质相近，必需氨基酸被机体利用的程度高。含完全蛋白质丰富的食物其营养价值也相对较高。

半完全蛋白质是指蛋白质中所含的必需氨基酸虽然种类齐全，但是其中某一种或几种必需氨基酸的含量相对较低。此种蛋白质的利用率较低，其中含量低的氨基酸称为限制氨基酸。

不完全蛋白质是指蛋白质中所含的必需氨基酸的种类不全。它是一种不能促进人体生长发育，也不能维持生命的蛋白质。如玉米、动物结缔组织和肉皮中的明胶蛋白。

**2. 营养功能**

（1）构成机体组织。

蛋白质是一切细胞和组织结构的重要成分，是生命的物质基础。它既是机体生长、更新和修补组织的材料，也是肌肉、内脏、骨骼、皮肤和红细胞等的主要组成成分，约占人体重量的18%，占人体细胞内固体成分的80%以上。

（2）调节生理机能。

蛋白质在体内构成许多物质，具有多种生理功能。

酶：体内的所有物质代谢都是在酶的作用下完成的，而绝大多数酶是一种具有催化功能的特殊蛋白质。

激素：激素具有调节生理机能的作用，在体内的激素中，有一部分是由氨基酸演变或合成而来的。

结合蛋白：血液运输氧的血红蛋白、肌肉储存氧的肌红蛋白、肌纤维的收缩蛋白、维持渗透压的血浆蛋白，以及制造能量物质（磷酸肌酸）和神经介质（乙酰胆碱）的重要成分等都含有蛋白质。此外，一些氨基酸还是合成体内某些物质的原材料。如酪氨酸是合成皮肤、头发和眼睛中的黑色素的原材料，色氨酸是神经递质5-羟色胺（血清素）的原材料。

合成抗体：在生物体所有蛋白质中，抗体最能够说明蛋白质的生物特异性。抗体由氨基酸组成，能够识别属于自身的蛋白质和入侵人体的外源微粒（通常为蛋白质），而且只会与后者发生作用。外源性蛋白质可能是细菌、病毒或毒素的组成部分，或是食物中引起过敏的某种成分。机体识别出入侵的蛋白质，就会产生专门用来抑制这种蛋白质的抗体，每一种抗体只能用来摧毁一种特定的入侵者。

（3）维持体液和电解质平衡。

蛋白质利用自身生物大分子和蛋白质亲水性的特征来维持细胞内外的水分，细胞膜上的运输蛋白通过不断地将各种物质运出或运进细胞来维持体液的组成。

（4）维持体内酸碱平衡。

存在于红细胞中的蛋白质，是保持血液正常pH值的缓冲物质，能维持体内酸碱平衡。如当机体pH值下降时，蛋白质可以利用其两性电解质的带负电特征接受带正电的氢离子，缓解pH值的进一步下降。但是当pH值变化过大，超出蛋白质的缓冲能力时，过多的酸会造成蛋白质变性，从而使身体和多个生理过程受到破坏。

（5）提供能量。

虽然蛋白质的主要功能不是提供能量，但是当糖类和脂肪供给的热能不足或摄入蛋白质过多，超过体内需要时，蛋白质就可以供给能量。此外，体内蛋白质在更新、分解代谢中也释放出热能，每克蛋白质产生17.15kJ（4.1kcal）能量。蛋白质在运动中供能的比例取决于运动的类型、强度、持续时间及体内肌糖原的状况。体内肌糖原储备充足时，蛋白质供能仅占总消耗的5%左右；肌糖源耗竭时可上升到10%～15%；在一般运动情况下，蛋白质提供6%～7%的能量。蛋白质供能的一般顺序：首先是血液和肝脏中的小蛋白质，其次才是肌肉和其他器官中的蛋白质。骨骼肌可选择性摄取支链氨基酸（缬氨酸、亮氨酸和异亮氨酸）在长时间耐力性运动中进行氧化供能。

**3. 人体每天的需要量**

人体每天所需要的蛋白质因男女性别的不同而有所不同，男性每天75g，女性每天70g。

**4. 长期摄入不足**

人体若长期摄入蛋白质不足易产生低蛋白血症（一种水肿性疾病）。出现机体代谢功能紊乱、影响生长发育、体重下降、精神不振、肌肉萎缩、贫血、免疫力下降等症状。

### 5. 食物蛋白质的营养价值评价

（1）食物中蛋白质含量。

蛋白质包括动物性蛋白质和植物性蛋白两类。动物性蛋白质的营养价值较高，也容易被人体吸收。在植物性食品中，大豆、芝麻、葵花籽所含人体必需氨基酸较全，营养价值也很高。表3-3列出了常见食物蛋白质含量。

**表3-3　每100g常用食物中蛋白质含量**

单位：g

| 食物名称 | 蛋白质含量 | 食物名称 | 蛋白质含量 | 食物名称 | 蛋白质含量 |
|---|---|---|---|---|---|
| 猪肉 | 13.3～18.5 | 牛奶 | 3.3 | 大白菜 | 1.1 |
| 牛肉 | 15.8～21.7 | 稻米 | 8.5 | 花生 | 25.8 |
| 羊肉 | 14.3～18.7 | 小米 | 9.7 | 玉米 | 8.6 |
| 鸡肉 | 21.5 | 面粉 | 11 | 苹果 | 0.2 |
| 鲤鱼 | 18.1 | 大豆 | 39.2 | 黄瓜 | 0.8 |
| 鸡蛋 | 13.4 | 红薯 | 1.3 | 菠菜 | 1.8 |

引自陈吉棣：《运动营养学》，北京医科大学出版社，2002年。

（2）蛋白质消化率。

蛋白质消化率反映的是某种食物蛋白质被机体吸收的程度，消化率越高，被吸收得越多。蛋白质的消化率受食物品种、烹调加工、消化酶的作用等因素的影响。植物蛋白质的消化率（平均为78%）低于动物蛋白质的消化率（平均为92%）。烹调加工可以去除植物纤维或使其软化，加热可破坏抗胰蛋白酶等妨碍消化的物质，从而提高蛋白质的消化率。如整粒大豆的消化率为60%，加工成豆浆或豆腐后，其消化率可提高至90%。

（3）蛋白质生物价。

蛋白质生物价是评定蛋白质营养价值的主要指标，它表示食物蛋白质在机体内真正被利用的程度。生物价越高，营养价值越高。蛋白质的生物价取决于其中氨基酸含量的相互比值。因为构成人体各种组织蛋白质的氨基酸有一定比例，从食物中摄取的各种必需氨基酸与此比例一致，才能被机体充分利用。因此，食物蛋白质所含必需氨基酸的比例越接近人体需要，其生物价越高。

几种蛋白质混合食用时，各种蛋白质所含氨基酸互相配合，取长补短，能改善必需氨基酸含量的比例，从而使混合蛋白质的生物价提高，这种现象称为蛋白质的互补作用。例如，粮食类蛋白质中赖氨酸较少，限制了其生物价，若与含赖氨酸较多的大豆或肉、蛋类搭配食用，生物价就可提高。大豆中甲硫氨酸含量较低，而玉米中的甲硫氨酸含量较高，两者互补，生物价也可提高。总之，食物多样化，粗细粮搭配，动物蛋白合理分配，适量食用豆制品，可以较好地发挥蛋白质的互补作用，提高蛋白质的生物价。

**6. 运动与蛋白质**

运动时体内蛋白质的代谢与运动的类型有关。

耐力性运动：耐力性运动使蛋白质分解加强，合成速度减慢，机体氮排出量增加。

力量性运动：力量性运动使蛋白质分解加强，但同时活动肌群蛋白质的合成也增加，并大于分解的速度，因此力量性运动会使肌肉壮大。

肌肉损伤：大强度和大运动量的运动可造成肌肉组织的损伤，而组织细胞自身修复需要蛋白质。在运动后的休息期，机体蛋白质和氨基酸的合成增强，以利于组织细胞的修复和骨骼肌中支链氨基酸的储备。

排汗量增加：大运动量使体内汗氨和尿氮排出量增多。

因此，以上情况下机体对蛋白质的需要量增加。动物实验表明，运动前后供给蛋白质对改善肌肉的质量和增加肌肉的力量有良好的效果。

## （三）脂类

**1. 组成与分类**

脂类主要由碳、氢、氧等元素组成。其分类如下：

- 脂类
  - 甘油三酯
    - 一分子甘油
    - 三分子脂肪酸
      - 饱和脂肪酸
      - 不饱和脂肪酸
  - 类脂质
    - 磷脂（脑磷脂、卵磷脂等）
    - 固醇（胆固醇等）

人体自身不能合成的、必须由食物供给的脂肪酸，称为必需脂肪酸，其中最主要的是亚油酸。

**2. 营养功能**

（1）供给能量。

脂肪是高能量物质，1g脂肪可产生37.66kJ（9kcal）能量。脂肪供能具有能量密度高、发热量大、需氧的特点。脂肪供能的前提是有氧参与，而且运动中脂肪供能动员较慢，因此长时间、低强度的健身运动才可以消耗体内的脂肪，达到减脂的目的。

（2）构成体内生理物质。

磷脂、糖蛋白和胆固醇构成细胞膜的类脂层，胆固醇又是合成胆汁酸、维生素$D_3$和类固醇激素的原料。

（3）促进脂溶性维生素的吸收利用。

脂溶性维生素A、维生素D、维生素E、维生素K要溶解在脂肪中，才能被人体吸收。因此，脂肪是膳食中脂溶性维生素的溶剂，脂肪刺激胆汁分泌，有助于脂溶性维生素的吸收和利用。因此，减肥者仍要保证摄入一定的脂肪量以避免缺乏脂溶性维生素。

（4）保持体温，保护内脏。

脂肪不易导热，有保温的作用。人体内脏都有脂肪层包裹，有减震作用。

（5）增加饱腹感，防止饥饿。

脂肪在胃肠道停留时间长，不易产生饥饿感。

**3. 脂肪的来源与需要量**

脂肪的来源如下：

来源
- 动物性食物：猪油、奶油、鸡油、牛油等，主要提供饱和脂肪酸
- 植物性食物：豆油、花生油、芝麻油、橄榄油等，主要提供不饱和脂肪酸

由于饱和脂肪酸可由食物提供，还可以由体内的糖和蛋白质转化，而不饱和脂肪酸，特别是必需脂肪酸只能从食物中获得，因此，含有必需脂肪酸的脂肪营养价值较高。

普通人膳食中脂肪量应占总能量的20%～25%，一般摄入50g就能满足一天

的需要量。

膳食中饱和脂肪酸的摄入量过高与心血管系统的疾病增加有直接关系，它将导致高脂血症、高血压、冠心病等发病率偏高，同时还与某些癌症的发生有关。

**4. 运动与脂肪**

脂肪是长时间运动时的主要能源物质，但它必须在氧充足的情况下，一般运动强度小于55%最大摄氧量（$V_{O_{2\max}}$）或以上强度的运动，脂肪分解才能供能。脂肪供能耗氧较多，在氧气不充分时代谢不完全，不仅不能被充分利用，而且其代谢的中间产物——酮体增加，使体内酸性增高，对身体机能和运动能力有不良影响。因此，有氧运动或减脂运动一定要在通风好、氧气充足的环境中进行。实验证明，在相同运动条件下，高脂肪膳食使氧消耗增加10%～20%。高脂肪膳食可引起食物性高脂血症，使血液黏性增加、毛细血管内血液流动缓慢、红细胞的运载能力减弱，从而降低机体的耐久力。所以长期从事有氧运动的人，膳食中脂肪不宜过多。

有氧运动可使体内甘油三酯和低密度脂蛋白胆固醇减少，而高密度脂蛋白胆固醇增高，这对防治动脉硬化及冠心病有良好作用。此外，有氧运动促使脂肪组织中的脂肪酸游离出来参与供能，以及运动造成的机体热量负平衡都有助于减少体内脂肪。

运动能力与机体氧化脂肪的能力有关，长期进行有氧运动或进行肌耐力训练，可以改善体内脂肪代谢酶的活性，从而可提高机体氧化脂肪的能力。

健身运动中三大能源物质的动员过程：

运动开始，肌肉通过糖酵解途径分解肌糖原提供能量。

持续运动5～10min后，血糖开始参与供能；随着运动时间的延长，骨骼肌和大脑等组织大量氧化分解血糖使得血糖浓度下降，肝糖原开始分解补充血糖；运动30min左右，脂肪大量分解供能。脂肪的分解利用对氧的供应有严格的要求，只有在长时间运动中当肌糖原大量消耗或接近耗竭，且氧供应充足时才大量动用脂肪来供能；30min以上的大强度耐力运动，蛋白质作为能量物质供能。

## （四）维生素

维生素是机体维持正常机能所必需的物质。虽然维生素并不含有可供机体利用的能量，但维生素是能源物质代谢过程中必需的物质。维生素参与无数的生理过程，包括凝血、蛋白质合成、骨的形成等。因为这些作用非常重要，所以体内必须有适当数量的维生素存在。

维生素分脂溶性维生素和水溶性维生素两大类。脂溶性维生素有维生素A、维生素D、维生素E、维生素K。脂溶性维生素的转运和储存都需要脂肪。因为这类维生素可以储存在脂肪当中，所以并不需要持续大量的供应，只需要在每日饮食中少量摄入即可。水溶性维生素有B族维生素和维生素C。B族维生素包括维生素$B_1$、维生素$B_2$、烟酸、泛酸、维生素$B_6$、叶酸、维生素$B_{12}$、胆碱等。水溶性维生素在体内不能储存，因此需要不断地从饮食中补充。由于缺乏维生素C而引起的维生素C缺乏症（俗称“坏血病”）和维生素$B_1$缺乏症（俗称“脚气病”）有可能在一个相当短的时期内出现。而过量地摄入维生素也将导致机体出现中毒反应，特别是脂溶性维生素可以在体内储存，因此更有可能出现摄入过量。表3-4对主要维生素的主要功能、缺乏症状及主要食物来源进行了概括。

**表3-4　主要维生素的主要功能、缺乏症状及主要食物来源**

| 主要维生素 | 主要功能 | 缺乏病或症状列举 | 主要食物来源 |
|---|---|---|---|
| B族维生素 | 参与能量代谢 | 脚气病、皮肤病 | 全价谷物、奶、蛋、鱼 |
| 维生素C | 改善免疫、参与肾上腺素合成、帮助铁吸收 | 坏血病 | 水果、蔬菜 |
| 维生素A | 维持视力、细胞增殖生长 | 夜盲症、失明 | 牛奶、胡萝卜、黄油 |
| 维生素D | 促进生长、钙磷吸收 | 软骨病、关节痛 | 奶、蛋、鱼、动物肝脏 |
| 维生素E | 抗氧化、防止细胞膜损伤 | 贫血 | 植物油、绿叶蔬菜 |
| 维生素K | 参与凝血过程 | 皮肤、黏膜出血、内脏出血 | 绿叶蔬菜、水果、谷类 |

抗氧化物质可以中和新陈代谢过程中产生的自由基，有抗氧化作用的维生素在近年来引起了广泛关注，β-胡萝卜素、维生素C和维生素E等被认为可以抗衰

老，并能够在一定程度上预防心血管疾病和癌症的发生。但是过量摄入这些抗氧化物质也可能发生中毒反应，因此仍应按照推荐的摄入量摄取。即使抗氧化物质可能对某些慢性疾病有一定的减缓作用，但补充抗氧化物质并不能替代戒烟、合理饮食、有规律的身体活动对健康的良性作用。

### （五）矿物质

矿物质是在体内具有广泛作用的一类无机分子。体内含量较多的矿物质被称为常量元素，如钙、磷、钾、钠等。还有一些矿物质体内含量很少，但同样起着重要的生理作用，被称为微量元素，如铁、碘、氟、锌、硒、铜等。

**1. 钙和磷**

钙在骨的矿化、肌肉收缩、神经冲动的传递以及凝血等生理过程中起着至关重要的作用。成人每日需钙0.5～1.0g，大量出汗可使钙的排出量增多，每日需钙量可达1.0～1.5g。如一位30岁的男子每日应摄取1000mg的钙，而一杯1%浓度的牛奶钙含量约为300mg，接近满足每日需要量的1/3。含钙较多的食品有牛奶、深绿色蔬菜、坚果、虾皮、海带、豆制品、芝麻等。磷参与体内的能量代谢，它是构成三磷酸腺苷和磷酸肌酸的必要元素，而三磷酸腺苷和磷酸肌酸是肌肉收缩的直接能源物质。因此，机体的能量消耗越大，磷的消耗量就越多。磷与钙结合形成磷酸钙，它是构成机体骨骼和牙齿的主要成分，成人骨骼中磷的总含量为600～900g，约占体内总磷量的85%。磷与脂肪合成磷脂，磷脂是神经组织和细胞膜的重要成分。此外，磷还维持血液的酸碱平衡。钙和磷在体内关系非常密切，二者在血液中必须达到一定浓度才能共同完成特定的生理过程，所以在补钙的同时，还要注意从食物中摄入磷。

**2. 铁**

铁的主要作用是构成血红蛋白，从而影响氧的运输。缺铁可影响血红蛋白生成而导致缺铁性贫血，降低血液的载氧功能，造成全方位的身体机能低下。成人男子每日约需铁12mg，青少年、妇女每日需铁15mg，大量出汗可增加铁的丢失，应给予额外的补充。含铁较多的食物有红色肉类、蛋类和动物肝脏、动物血液、豆制品、红糖等，这些食物是铁的理想来源。维生素C可以促使机体增加对铁的吸收能力。

表3-5对人体所需的主要矿物质的主要功能、缺乏症状及主要食物来源进行了概括。

**表3-5 人体所需主要矿物质的主要功能、缺乏症状及主要食物来源**

| 主要矿物质 | 主要功能 | 缺乏病或症状列举 | 主要食物来源 |
|---|---|---|---|
| 钙 | 形成牙齿、骨骼，参与凝血、神经传导、肌肉收缩 | 生长发育不良、软骨病、肌肉痉挛 | 奶、深绿色蔬菜、豆类、鱼类 |
| 铁 | 参与红细胞氧运输、肌细胞内氧利用 | 缺铁性贫血 | 蛋类、瘦肉、豆类、谷类、深绿色蔬菜 |
| 镁 | 很多酶的激活剂、促进骨生长、参与神经冲动的传导等 | 生长障碍、虚弱、痉挛 | 全谷物、绿色蔬菜 |
| 钠 | 维持体液的酸碱平衡、肌肉和神经的应激作用 | 肌肉痉挛 | 食盐 |
| 钾 | 与钠同 | 肌肉麻痹 | 肉类、牛奶、水果 |
| 氯 | 与钾、钠同 | 与钠同 | 食盐 |
| 碘 | 合成甲状腺激素 | 大脖子病 | 蔬菜、海鲜、贝类、奶 |

## （六）水

水是保持人体健康的必要物质，缺乏和过量都会影响健康。水约占人体体重的60%，为机体的各种新陈代谢提供体内环境，在调节体温和物质转运方面也起着非常重要的作用。人体中水的含量由水的摄入、排出之间的平衡来调节。人若不吃食物，只喝水可生存数十日，但不喝水则只能生存数日。水在体内以结合水和自由水两种形式存在。一部分水与细胞内的其他物质相结合，叫作结合水；大部分水以游离的形式存在，可以自由流动，叫作自由水。

### 1. 水在人体中的主要功能

①水是体内各种生理活动和生化反应必不可少的介质。没有水一切代谢活动便无法进行，生命也就停止了。

②水是体内吸收、运输营养物质，排泄代谢废物的最重要的载体。这是由于水有很强的溶解能力，许多物质可以溶解在水中通过循环系统转运。

③维持正常体温。水的汽化耗热量很大，1g水汽化要吸收2 426.72kJ（580kcal）的热量。汗液的蒸发可散发大量热量，从而避免体温过高。

④润滑功能。泪液、唾液、关节液、胸腔腹腔的浆液起着润滑组织、减少摩擦的作用。

**2. 机体水平衡**

机体水的需要量与机体外部环境、自身状况、运动因素和膳食情况的综合效应有关系。这种关系的存在状况可以从图3-1中水的来源和去向之间的数量变化直接反映出来。

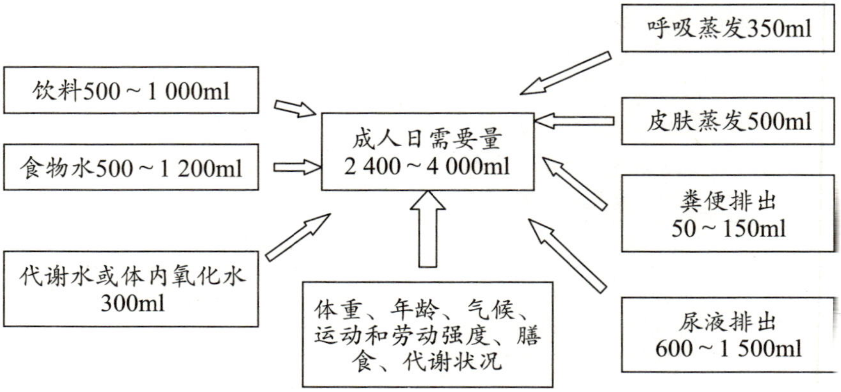


**图3-1 机体水平衡（正常人每日水分的摄入量与排出量）**

根据建议，每人每天每消耗4.184kJ（1kcal）热量应摄入1～1.5ml的水。大多数成年人每天饮水2.5L（约10杯）才能满足这一需要。对于剧烈运动者 这一需要还会增加。食物和饮料当中都含有水，但应注意限制饮用含咖啡因的饮料，因为咖啡因有利尿作用。

**3. 运动性脱水与预防**

（1）运动时水代谢的特点。

剧烈或大量运动时因机体需排出体热而大量出汗，同时因通气量增加而从呼吸道丢失大量的水分。机体在运动时，水代谢具有四个特点。

①出汗率高，出汗量大。运动强度是影响出汗率的主要因素，运动时的出汗率与运动强度成正比。出汗率还与运动的持续时间、运动环境的温度、湿度、热辐射强度、健身运动者的适应程度等因素有关，环境的温度越高、湿度和热辐射强度越大，出汗率越高。

②排尿量少。由于大量出汗，致使机体失水量增多，加上运动时肾血流量和

肾小球的滤过率都降低，常常导致少尿或无尿。

③呼吸道排水量大。运动时呼吸的频率加快和幅度加深，从呼吸道丢失的水分可达平时的10～20倍。

第四，代谢水产生增多。糖类、脂肪和蛋白质在运动中分解代谢产能的同时，还使得代谢产生水的量增多。

（2）运动性脱水。

运动性脱水是指人们由于运动而引起体内水分和电解质（特别是钠离子）丢失过多的现象。运动性脱水的常见原因是在高温高湿情况下进行健身运动，如有些人在密闭的高温房做瑜伽锻炼，大量出汗若未及时补液就易出现脱水。还有一些健身的误区，有些减脂的人群大运动量后怕饮水影响减脂效果，而不及时补液，这样也易造成体内严重脱水。脱水还会增加中暑的风险。

（3）补液。

①补液的原则。补液的原则是少量多次进行补充，同时还应适量补充无机盐。少量多次可以避免一次性大量补液对胃肠道和心血管系统造成负担。为保持最大的运动能力和最迅速地恢复体力，补液的总量一定要大于失水的总量，特别是补钠的量一定要大于丢失的量。

②运动前补液。根据运动项目和气候环境的具体情况，在运动前适量补液，可以避免脱水发生后再补充纠正的不良反应。专家建议在运动前2h应饮用约500ml的水，在进行耐力训练前的15min再喝500ml的水。如果运动持续时间超过1h或更久，尤其是在湿热的环境中运动，那么在运动过程中补充水分非常重要。运动中一般应每隔15min喝150ml的水，切忌一次性大量饮水。

## 第二节　健身运动的营养特点

随着人们生活水平的提高和健康意识的增强，健身运动的增加愉悦、缓解压力、增进健康、减少和预防疾病等功效已被人们普遍认识。健身运动的效果与合理营养、均衡膳食有关，不同的健身方法有不同的营养特点和营养需求。

## 一、有氧运动类的营养特点

有氧运动类是以提高心肺耐力、减脂为主要目的的，如快走、跑步、游泳、羽毛球、网球、乒乓球、有氧健身操等。它属于长时间、低强度，以糖、脂肪有氧代谢为主的健身运动，具有大众化、易普及的特点。

### （一）跑步健身运动的特点

#### 1. 能量代谢特点

跑步健身属于有氧代谢运动，要求运动者有较好的心肺功能和全身抗疲劳的能力，其运动时间长、能量消耗大。运动开始时，由于内脏机能的惰性，心排血量和毛细血管床的开放需要延迟几分钟，骨骼肌内血流量不能及时增加，因此在运动开始后一段短暂的时间内，运动时的能量来自ATP-CP供能系统，而后糖酵解供能系统动员供能，运动持续几分钟后，有氧供能系统被充分动员成为主要供能形式，此时无氧供能逐渐减少。

#### 2. 营养特点

膳食中补充较全面的营养成分，以增加机体能量物质的储备，在丰富的维生素和矿物质成分中，突出增加铁、钙、磷、钠、维生素C、维生素B和维生素E等成分，有利于提高机体的耐力。

糖类的补充：糖类物质是健身跑步运动中消耗较大的物质，若不及时补充很容易引起疲劳，延长机体的恢复时间。因此，在膳食中应供给充足的糖类，以增加体内的糖储备。补充糖类时应以淀粉类食物为主。

蛋白质的补充：供给适宜的蛋白质和铁，以保证血红蛋白维持在较高水平，但不宜补充过多的蛋白质，避免增加肝脏和肾脏的负担。

脂肪的补充：适当增加脂肪量，但不宜过多，一般供给量应占总热量的20%左右。

维生素的补充：要补充充足的维生素B和维生素C，以促进疲劳清除和机能恢复。

矿物质和水的补充：由于长时间运动，排汗量较大，体内的矿物质和水通过排汗丢失，因此要适当补充微量矿物质和水以避免电解质紊乱和减轻心脏负担。

## （二）球类健身运动的营养特点

### 1. 能量代谢特点

在我国健身运动种类中，球类运动开展得比较广泛，通常有篮球、足球、羽毛球、乒乓球、网球等。它们都属于非周期性运动，且有一定的对抗性，运动强度不易控制。因此，进行这一类健身运动的人群应根据自己的运动能力和身体机能状况，适度地运动。

球类健身运动的能量供应特点是有氧代谢与无氧代谢混合供能。在每一种球类运动的过程中，有氧代谢与无氧代谢供能所占的比重不同。球类健身运动的持续时间是不固定的，从持续时间上看，其主要以有氧供能为主，但在快速奔跑和跳跃时无氧代谢供能的比重较大。体能较强、有一定运动基础的健身者比体能较差、运动基础差的健身者的无氧代谢能力强。

①羽毛球。羽毛球的运动特点可概括为一“快”二“全”。所谓“快”，即身体启动快，击球速度快，回位速度快。“全”就是要求健身者有全面的耐力素质和有氧代谢能力。在羽毛球运动中，击球特别是扣球的一瞬间，救球时的最后一个跨步、忽然变换方向以及经常出现的加速跑，基本由磷酸原供能系统提供能量。而在运动中，为调整和恢复体力，采用打四角球、打落点以及打、吊等方式结合时，糖酵解供能系统和有氧代谢供能系统发挥了它们应有的作用。三种供能系统相互影响、相互作用、紧密相连，共同完成羽毛球运动中所需能量的供给。即健身者在进行羽毛球运动时的能量供应方式为有氧、无氧混合型。

②乒乓球。乒乓球是老少皆宜的运动，从人体能量供应途径来分析，该运动属于有氧代谢运动。然而每次击球的瞬间，因其速度快、爆发力强、步伐的移动不同于一般的周期性运动等，为一项多次重复的高强度运动，此时的能量供应途径又属于无氧代谢供能，且以ATP-CP供能为主。也就是说乒乓球运动是一项无氧代谢与有氧代谢混合供能的运动。

③网球。网球运动是运动量相对较大的运动，可以使全身肌肉得到锻炼。网球运动的持续时间是不固定的，长者可达2h以上。从持续时间上看，其主要以有氧供能为基础，但在运动中的快速移动、迅猛扣球等又要求具备较好的无氧代谢供能能力。网球运动健身者无论在力量、速度、耐力、柔韧性和灵敏性

方面，都必须具备良好的素质。所以网球运动也是有氧运动与无氧运动混合供能的运动。

2．营养特点

球类项目对健身者的力量、速度、耐力、灵敏、柔韧等素质均有较高的要求，其能量消耗量较高，膳食应根据运动量的大小来安排，以保证充足的能量。膳食营养应该全面而均衡，食物中要含丰富的蛋白质、糖以及维生素$B_1$、维生素C、维生素E和维生素A。球的体积越小，对健身者的视力要求越高，所以，在食物中维生素A的含量应更高些。篮球、足球活动时间较长且在室外活动，矿物质、水分丢失较多，应及时补充，可在休息时间适当地补充一些运动饮料（150ml）。篮球运动健身者膳食中的热量应是糖类占55%～65%，蛋白质占12%～15%，脂肪占25%～30%。若一名篮球运动健身者每天每公斤体重需230～251kJ的热量，则他每天每公斤体重需要补充8.5～10g的糖类、1～1.2g的蛋白质、少量的脂肪，矿物质包括钾每天3～4g，钙每天1 000～1 500mg，铁每天20mg（大运动量锻炼为25mg），锌每天20mg（大运动量训练为25mg）等。维生素包括维生素A 500μg（视力活动紧张项目增加为1 800μg），维生素$B_1$ 3～5mg，维生素$B_2$ 2～2.5mg，维生素C 140mg，维生素E 30mg等。打网球时，要求运动者动作迅速，所以需要补充含镁的食物。

### （三）游泳健身运动的营养特点

游泳是最受大众欢迎的健身运动项目之一，尤其适合于体重较重需要减肥的人。游泳时水的浮力支撑体重，大大减轻了大体重者在陆地上运动对下肢造成的负担。水的导热性比空气好，增加了能量的消耗。有不少人将游泳视为终身的健身运动。但是选择游泳作为健身项目时要确保已经掌握了游泳技术，并且没有高血压、心脏病等游泳项目的禁忌证。

1．能量代谢特点

游泳运动属于周期性运动，由于在水中进行，水有浮力，入水后身体漂浮，会有缺少支撑的感觉，除部分躯干肌保持紧张外，很少有静力紧张的动作。游泳时消耗的能量较大，与四种因素有关。

①水的温度：水温越低，散热越多，能量消耗也越大。如人在12℃的水中停

留4min散发的热量相当于在陆上1h散发的热量。

②游泳的姿势：用相同速率不同泳姿游泳消耗的能量不同，如爬泳消耗的能量大于蛙泳。

③游泳的速度：能量的消耗与游泳的速度成正比，因为水的阻力与速度的平方成正比。

④游泳的时间：从所需要的时间来看，游完50m和100m只需30s至60s的时间。根据能量代谢理论，在这一时间内，运动主要是依靠CP和糖原的无氧酵解混合供能。200m以上距离的任何游泳项目均需要有氧代谢供能的参与，游泳过程中主要依靠糖酵解供能系统和有氧供能系统混合供能，也就是说无氧酵解供能和有氧代谢供能都十分重要。有研究发现：50m距离的游泳运动中无氧代谢占95%，有氧代谢占5%；100m距离的游泳运动中无氧代谢占80%，有氧代谢占20%；200m距离的游泳运动中无氧代谢占60%，有氧代谢占40%；400m距离的游泳运动中无氧代谢占40%，有氧代谢占60%；1500m距离的游泳运动中无氧代谢占30%，有氧代谢占70%。从上述不同游泳距离的无氧与有氧代谢比例关系中可以看出，在游泳运动中随着游泳距离的增加，有氧代谢供能的比例逐渐增加，而无氧代谢供能的比例则逐渐减少。由此可见，不同游泳距离的能量供应都不是单一的，只是有氧代谢供能与无氧代谢供能比例关系不同而已。可以说，游泳运动一般由两种或两种以上供能系统混合供能，只是在比例上有一定的差别。

**2. 营养特点**

游泳锻炼要求锻炼者具有一定的力量和耐力，且游泳运动能量消耗较大，因此要求膳食中热能较高，在膳食中要含有丰富的蛋白质、糖类和适量的脂肪，增加含糖类高的食物如米、面，含蛋白质较高的食物如鱼、禽类等。还需要一定的脂肪和维生素A，以利于保持体温和保护皮肤。还应摄入富含维生素$B_2$的奶蛋类和富含维生素C的蔬菜水果类和矿物质如碘、钙、铁、磷、氯化钠等。老年人如果有冬泳的习惯，出于抗寒冷的需要，可多增加脂肪的摄入量，维生素的摄入以维生素$B_1$、维生素E、维生素C为主。矿物质方面可适当增加碘的摄入量，以适应低温环境甲状腺分泌增多的需要，多补充铁含量多的食物，如瘦肉、鸡蛋、猪肝、绿叶蔬菜等，以增加血液中氧的含量，提高机体耐力。

## 二、力量运动的营养特点

力量运动是以增强肌肉力量、增大肌肉体积、增加肌肉耐力以及塑形等为主要目的，并以有氧供能系统和无氧供能系统混合供能的健身运动。它包括器械力量、徒手力量、健身球、普拉提等。

### （一）能量代谢特点

器械训练以发展肌肉力量和肌肉体积为主，力量的形式是肌力和肌肉功率，一般以3～12RM的强度训练，此时肌肉的收缩速度快，供能形式以ATP-CP和乳酸能无氧供能为主。而普拉提和健身球等是以发展肌肉耐力为主，在运动过程中动作的重复次数多，其供能形式是以糖和脂肪的有氧代谢供能为主。

### （二）营养特点

1. 蛋白质的补充

力量运动是以骨骼肌的收缩和舒张来完成每一次的训练动作，在训练过程中，蛋白质的分解代谢加强，同时活动肌群蛋白质的合成也增加，因此膳食要供给充足的蛋白质。一般情况下，按体重计算，成人日蛋白质需要量为0.83g/kg，力量训练者的日蛋白质需要量比一般人群高，我国的建议摄入量为2.0g/kg，最好有1/3为优质蛋白质，如鱼、肉、蛋、奶和大豆食品等。同时要提供丰富的食物蛋白质种类以提高蛋白质互补作用和蛋白质的生物价，从而提高蛋白质的营养价值。动物实验表明，运动前后补充蛋白质，对提高肌肉的质量和力量有良好效果。若蛋白质摄入不足，可出现运动性贫血，但是摄入量过多，超过2.0g/kg，会引起体液酸碱平衡失调、尿钙丢失增多以及肝肾负担加重等。

2. 糖类的补充

力量训练时肌肉的摄糖量是静息时的20倍以上，运动时体内的糖大量消耗，糖原的储备减少，因此补充糖类对于实现糖的超量恢复具有重要意义。运动前和运动中合理补糖，可以减少糖原消耗，提高血糖浓度，运动后补糖可促进糖原储备的恢复。

## 三、减控体重者健身的营养特点

减轻或控制体重涉及机体的能量平衡问题，饮食控制和健身运动是公认的、最为科学有效的减肥和控制体重的两大基本方法。健身运动可以增加能量消耗，而饮食控制可以减少能量摄入。这两种方法就是通过控制能量的摄入与支出，使能量出现负平衡，从而达到减肥的目的。

### 1. 健身运动与控制饮食相结合的减脂效果

健身运动与适量控制饮食的减肥效果好于单独控制饮食。表3–6列出了不同减肥方式对健康指标的影响，表3–7列出了每日减肥运动的安排内容。由此可知，最好的减肥方式是健身运动和控制饮食相结合，从而形成能量负平衡，二者各占负平衡能量的50%。

表3–6 不同减肥方式对健康指标影响的比较

| 指 标 | 单独控制饮食（极低能量饮食） | 健身运动加适量控制饮食 |
|---|---|---|
| 最大摄氧量 | 降低 | 改善 |
| 瘦体重 | 损失 | 增加或保持 |
| 体脂百分比 | 下降 | 下降多 |
| 营养缺乏 | 容易发生 | 一般不会发生 |
| 胰岛素敏感度 | 不确定 | 改善 |
| 肌耐力和柔韧度 | 降低 | 改善 |
| 体力 | 下降 | 改善，耐久力提高 |
| 静息代谢率 | 下降 | 保持或增加 |
| 精神状态 | 压力大 | 改善，对减少体重有信心 |
| 血清高密度脂蛋白胆固醇水平 | 下降 | 提高 |
| 减体重计划 | 不易坚持 | 容易执行和坚持 |
| 减体重后反弹 | 容易发生 | 一般不会发生 |

引自中华人民共和国卫生部疾病控制司：《中国成人超重和肥胖症预防控制指南》，人民卫生出版社，2006年。

［案例1］笔者对38名平均年龄为20.13岁的自愿瘦身女性进行了为期六周的有氧运动、抗阻力肌耐力练习和柔韧度训练，食谱安排从第一

周每天提供8 368kJ的热量依次逐周递减到第六周每天提供5 020.80kJ的热量，实验纵向研究健身运动与控制饮食对减肥效果的影响。研究结果表明，这些女性的台阶指数（评价心血管系统耐力的指标之一）、肌耐力和柔韧度明显提高，体重和腰围明显下降，减脂效果明显。

**表3-7　每日的减肥运动**

| 时　间 | 运动内容 | |
|---|---|---|
| 9：00-9：20 | 热身运动 | 跑步机慢跑（10min）、拉伸（10min） |
| 9：20-10：10 | 抗阻力练习 | 腹部、腰部、背部肌耐力循环练习（15RM×3的强度），每周递增强度和组数 |
| 10：10-10：50 | 有氧运动 | 跑步机跑步（以增加个体运动有效心率的强度），每周递增跑步时间 |
| 10：50-11：00 | 伸展放松 | 各部位的伸展动作 |
| 14：00-15：00 | 有氧团体课 | 有氧健身操、动感单车、有氧拉丁舞、有氧踏板，根据课表安排上课 |
| 15：00-15：20 | 抗阻力练习 | 上下肢肌耐力循环练习（15RM×3的强度），每周递增强度和组数 |
| 15：20-16：50 | 有氧运动 | 跑步机跑步（以增加个体运动有效心率的强度） |
| 16：50-17：00 | 伸展放松 | 根据该次训练内容，伸展训练肌肉 |

注：抗阻力练习包括器械练习，每周的锻炼内容根据锻炼目的进行调整。引自代毅、许传明、刘英：《运动与饮食干预对肥胖女性减肥效果评价》，载《中国运动医学杂志》2008年第6期。

### 2. 减脂膳食营养特点

（1）低能量。

低能量是减肥膳食营养的基本特征。提供能量的营养素有糖类、脂肪和蛋白质。降低能量主要是降低脂肪和糖类的摄入量，而保持蛋白质的摄入量。健身运动者通过加强运动减控体重，必然促进机体骨骼肌质量的增加。又由于总能量摄入不足，使一些蛋白质参与供能，这就导致机体对蛋白质需要量增加，因此不能减少蛋白质的供给量。

（2）平衡低能量膳食。

在平衡低能量膳食中，蛋白质、糖类和脂肪提供的能量应分别占总能量的15%~20%、60%~65%和25%左右。可根据减肥者的情况、运动量和减重目标，确定膳食的能量。一般每天膳食总能量，男子应不低于5 020.80kJ（1 200kcal），女子应不低于4 184kJ（1000kcal）。避免低于3 347.20kJ（800kcal）的极低能量膳食。

（3）科学合理的食物结构调控。

科学合理的食物结构既能满足人体对营养素的需要，又能使能量处于负平衡，让身体脂肪动员氧化供能。就要使脂肪组织减少，体重下降，就要选择能量密度比较低的食物，即减肥膳食要达到低能量、低脂肪、适量优质蛋白质和低糖的基本要求。1g脂肪供能37.66kJ（9kcal），而1g蛋白质或糖类供能16.74kJ（4kcal）。因此，要减少食用油的用量、少食用油炸和高脂肉类食品，以降低脂肪比例。同时还要适量减少食用甜点和谷类食物，以降低糖类摄入，从而减少总能量的摄入。要保持食用一定量的奶制品、海产品和大豆制品，以保证优质蛋白质的摄入。另外，还应限制饮酒。

除了蛋白质、低能量膳食，还需要关注的营养素有维生素、矿物质和膳食纤维。适量多地摄入蔬菜、水果和粗粮，可增加维生素、矿物质和膳食纤维的摄入量；注意选择一些营养素强化的食品，必要时可适当补充维生素和矿物质的混合制剂；还可专门补充蛋白粉、膳食纤维制剂等。不同能量水平的平衡膳食构成见表3-8。

**表3-8　减肥低能量平衡膳食构成和供能营养素含量**

单位：g

| 热量（千卡） | 谷类 | 鱼肉禽 | 蛋类 | 豆腐干 | 蔬菜 | 水果 | 牛乳 | 植物油 | 蛋白质 | 脂肪 | 糖类 |
|---|---|---|---|---|---|---|---|---|---|---|---|
| 1100 | 150 | 70 | 40 | 40 | 400 | 100 | 250 | 10 | 54.0 | 40 | 149 |
| 1300 | 200 | 80 | 50 | 50 | 400 | 100 | 250 | 14 | 64.4 | 48 | 187 |
| 1500 | 240 | 90 | 50 | 60 | 400 | 100 | 250 | 16 | 72.4 | 53 | 217 |
| 1700 | 280 | 90 | 50 | 60 | 500 | 100 | 250 | 19 | 77.8 | 55 | 250 |
| 1900 | 320 | 90 | 50 | 60 | 500 | 100 | 250 | 20 | 82.2 | 58 | 280 |
| 2000 | 350 | 90 | 50 | 60 | 500 | 100 | 250 | 20 | 85.5 | 59 | 302 |

引自中华人民共和国卫生部疾病控制司：《中国成人超重和肥胖症预防控制指南》，人民卫生出版社，2006年。

### 3. 制订减重目标、减重速度和能量消耗量的方法

世界卫生组织建议，减肥应当遵循每月减1～3kg的匀速减重原则。减肥的速度不宜过快，否则会影响身体健康。一般以减掉体重的5%～15%作为减肥的近期目标。

可根据减重速度，决定膳食的能量减少量和运动的能量消耗量。1kg脂肪组织约等于29 288kJ（7 000kcal）能量，如果每日有1 255.20kJ（300kcal）负平衡，那么每月（以30日计）可累计37 656kJ（9 000kcal）能量，可减少脂肪组织1.28kg。通过运动消耗627.60kJ（150kcal）（如慢走30min）和减少食物能量627.60kJ（150kcal）（如少摄取43g主食），就能轻松达到每日1 255.20kJ（300kcal）的负平衡。最好采用运动与控制饮食相结合的方法。

可根据肥胖的程度，设立减肥目标和速度。一般轻度肥胖者，以每月减少体重0.5～1.0kg较为适宜，每天能量负平衡为481.16～962.32kJ（115～230kcal）。中度及以上肥胖者，以每月减少体重2～4kg为宜，每天能量负平衡为1 924.64～3 849.28kJ（460～920kcal）。

研究表明，年轻和体重较重的肥胖者，通过健身运动与适量控制饮食相结合的减肥方式，每月可减少体重3kg以上。当运动量达到中等活动水平，每天膳食能量摄入量男性控制在6 694.40kJ（1 600kcal）以内，女性控制在5 439.20kJ（1 300kcal）以内，6周内可使体重减少10%，并使血脂、血糖、血胰岛素、血压、脂联素和抵抗素等指标出现明显改善。

## 四、热环境下健身的营养特点

### （一）能量和营养素

人体处于炎热环境中能量消耗会增加。在30℃～40℃的热环境中，温度每升高1℃人体的能量消耗就增加0.5%。在热环境中进行健身运动，因体内产生的热量不易散发而使体温升高。研究表明，体温升高将导致机体的能量代谢增强。一般在高温条件下进行健身运动时，能量的需要量可增加10%～40%，因此机体的能量消耗较大。

### （二）膳食营养特点

在热环境中进行运动，人体中的蛋白质需要量会增加。其增加的主要原因：第一，体温升高引起大量出汗排热，导致失水，此时机体组织细胞对蛋白质分解代谢加速，汗液中的含氮物质（氨基酸、肌酐、尿素、尿酸和氨等）等排出量增多，导致蛋白质的需要量增加。35℃～40℃温度下，每小时汗液排氮量可达200～230mg，而在25℃温度下仅为125mg。第二，由于在热环境中人的消化吸收功能减弱，粪氮的排出比例也增高。因此，应增加优质蛋白质的摄入比例，提高吸收利用率，争取一半的蛋白质来自鱼、肉、蛋、奶和大豆食品。蛋白质的摄入量占总能量的比例达12%即可。

在热环境中运动可使人的食欲降低，高脂肪食物不易消化，大量摄入可引起厌食反应，应降低高脂肪食物的比例，减少烹调用油。脂肪能量占总摄入能量的比例最好保持在25%～30%，不要超过30%。

人们在热环境中进行健身运动，糖原的氧化代谢和消耗明显增加，应增加膳食中的糖类和在运动的前、中、后期适当补糖。一般来说，糖类能量占总能量的比例在60%左右比较合适。

在热环境中进行健身运动对水和矿物质的影响最为明显。机体为散发运动产生的热量会大量排汗，汗液中水分占99%以上，还含有无机盐和其他物质。大量出汗可造成机体水分和无机盐不同程度的丢失，出现口渴感、血容量减少、体温升高、心率加快、血压下降、尿量减少、代谢废物堆积、疲乏无力，甚至导致运动性中暑。因此，要做好运动前后体液的补充。

## 五、老年人健身应注意的营养问题

老年人的能量消耗随基础代谢率的降低和体力活动的减少而下降，因此能量需要量也减少。

老年人因消化系统、肝脏和肾脏机能减弱，蛋白质摄入量不宜过多，否则会加重身体负担，应注意摄取和补充优质蛋白质。血脂紊乱、动脉粥样硬化、冠心病等与脂肪和胆固醇摄入过多有关，是威胁老年人健康和生命的大敌。老年人应注意减少脂肪的摄入，使脂肪能量占总能量的20%为宜。胆固醇摄入量每天不宜超过300mg。为减轻老年性骨质疏松，老年人应多摄入含钙较多的食物，如牛奶、大豆制品等，经常到户外晒太阳。老年人只有把补钙和运动结合起来，才能有效地延缓骨质的丢失。老年人还应注意在食物中增加蔬菜和水果，以补充维生素、矿物质和膳食纤维，还要常食用水产品和海产品以增加硒、锌等微量元素的摄入。为预防和控制高血压，老年人要严格限制食盐的摄入量，每天不超过6g。

老年人的膳食要合理，食物要多样化，讲究搭配，不可过于精细；饮食要有规律，定时定量，避免暴饮暴食；适当延长烹饪时间，使食物更易于消化吸收。饭菜要清淡，少盐少油；必要时合理补充营养素，如精制蛋白质、复合维生素和矿物质制剂、膳食纤维等，还要少饮酒，戒烟。另外，老年人进行健身运动时要注意补充水分，防止血容量减少和血液黏度升高。

## 第三节　健身运动与合理膳食营养

健身运动能量代谢与体力劳动能量代谢不同，健身运动因项目的不同消耗的能量也有所不同。实验研究证实，合理的营养可以调节器官、组织和细胞的功能，有利于运动时代谢和中间反应的顺利进行，从而提高人体运动时的机能，并促进运动后的恢复。由此可见，合理的膳食营养是健身效果的有力保证，健身运动和合理膳食营养二者有机的结合才是增进健康的最佳方式。合理膳食营养在保证健身运动增进健康中的作用体现在以下五个方面。

### （一）合理膳食营养可为健身运动者提供适宜的能量

任何形式的运动均以能量消耗为基础，但人体内可以快速动用的能源储备有限。如果无充足可利用的能源物质，即体内糖原水平极低时，就不能满足运动中不断合成ATP的要求。因此，健身运动者应注意摄取含糖类丰富的食物以保证体内有充足的肌糖原和肝糖原储备，保证健身运动中ATP合成的需要。

### （二）合理膳食营养可为健身运动者提供充分的维生素和微量元素

能源物质在体内储存或分解需要一系列辅酶的催化，维生素和微量元素多数是辅酶的组成成分或激活剂，提供充足的维生素和微量元素，可促进健身运动者体内代谢并提高其抗氧化能力，有利于改善运动能力，增进健康。而缺乏这些营养素会降低健身运动者的运动能力，并影响健康。

### （三）合理膳食营养可为健身运动者防止运动损伤提供物质保证

肌纤维中能源物质（糖原）的水平与运动损伤发生的概率有直接的联系。研究表明，当快缩肌纤维中的糖原耗尽时，人体会产生疲劳，控制和纠正动作的能力下降，运动损伤发生的概率也随之增加。体内糖原储备充足，有利于预防运动损伤。

### （四）合理膳食营养有助于健身运动者运动后的恢复

健身运动者运动后身体的能量供应及其储备（包括肌糖原和肝糖原）、代谢能力（包括有关酶的浓度）、体液（保证体内的血容量和微循环体液量）、元素（如铁、锌、钠、钾、镁等）平衡及细胞膜的完整性都需要得到恢复。合理膳食营养能够显著促进健身运动者运动后能量供应水平和身体机能的恢复。

### （五）合理膳食营养可延缓健身运动者运动性疲劳的发生或减轻其程度

健身运动者运动性疲劳的常见原因有脱水引起体温调节障碍所致的体温增高、酸性代谢产物堆积、电解质失调造成的代谢紊乱、能源储备耗竭等。合理膳食营养可保持健身运动者良好的身体机能状态，延缓运动性疲劳的发生或减轻疲劳的程度。

## 第四节　健身运动合理营养的基本要求

### 一、食物的数量和质量应满足健身运动的需要

食物的数量应满足健身运动能量消耗的需要，使健身运动者能保持适宜的体重和体脂；食物的质量应保证与全面营养需要相配比。食物中蛋白质、脂肪和糖类的比例应适应不同健身运动的需要。一般情况下，蛋白质占总能量的

10%～15%，脂肪占总能量的20%～25%，糖类占总能量的60%～70%，有氧健身运动的糖类可达到总能量的70%以上。

## 二、食物应当兼顾营养平衡和种类多样化

食物应包括谷物食物（米、面和适量的粗杂粮）、蔬菜和水果、奶和奶制品、水产品、肉、禽、蛋、豆和豆制品等高蛋白食品及食用油和白糖等纯能量食物。

## 三、一日三餐食物能量的分配应根据健身运动的量和强度安排

健身运动者的早餐应有较高的能量，并含有丰富的蛋白质、无机盐和维生素等。午餐应适当加强，但要注意避免使肠胃负担过重。晚餐的能量一般不宜过多，以免影响睡眠。早、午、晚三餐的能量分配大致分别为30%、40%、30%。运动量较大、能量消耗增多时，可考虑采取加餐措施。

## 四、运动健身的进食时间应考虑消化机能和健身者的饮食习惯

进行运动量较大的健身运动前的一餐一般应当在3h以前完成，因为正常情况下胃中食物的排空时间为3～4h，不容易消化的食物如牛肉可在胃中停留5～6h。运动时，血液的重新分配使内脏血液减少，如进食的时间和运动的时间间隔过短，既影响肠胃功能，又会影响运动的状态。运动结束后，血液主要分布在肢体、皮肤的血管内，内脏仍处于缺血状态。因此，运动结束后，不宜立即进食，根据运动量的大小，至少需要休息40min以上再进食。

# 第五节　健身运动与营养膳食平衡

营养膳食平衡是指既能保证人体摄入的热能和各种营养素全面达到营养生理需要量，又能在各种营养素之间建立代谢协调的生理平衡。换言之，营养膳食平衡是指同时在三个方面使膳食营养供给与机体生理需要之间建立起平衡关系，即氨基酸平衡、热量营养素构成平衡及各种营养素摄入量间的平衡。营养膳食平衡的基本作用是在各种营养素消化、吸收、运输和利用的动态过程中使身体各组织

都能正常工作。任何一种营养素过多或不足都会影响其功能平衡，造成平衡关系失调，对人体健康造成不良影响，甚至导致某些营养性疾病的发生。

## 一、氨基酸平衡

食物蛋白营养价值的高低在很大程度上取决于食物中所含的八种必需氨基酸的数量及比例，只有在数量及比例同人体的需要接近时，才会合成人体的组织蛋白质，反之则会影响食物中蛋白质的利用。世界卫生组织提出了人体所需8种必需氨基酸（缬氨酸、异亮氨酸、甲硫氨酸、色氨酸、苏氨酸、赖氨酸、苯丙氨酸、亮氨酸）的比例，比例越与之接近，蛋白质的生理价值越高。生理价值接近100时，即100%被吸收，就称为全部氨基酸平衡。能达到全部氨基酸平衡的蛋白质，称为完全蛋白质。利用这个标准，我们可以对各种食物的蛋白质进行氨基酸评分。鸡蛋的氨基酸比例与人体极为接近，因此可被称为氨基酸平衡的食品。由于不同的运动项目、运动时间和运动强度等，使得体内氨基酸的消耗有所差异，健身运动者要根据自身运动的情况，保持体内氨基酸的平衡。多数食品的氨基酸构成是不平衡的，其蛋白质的营养价值会受到影响，如玉米中亮氨酸过高影响了异亮氨酸的利用，小米中精氨酸过高影响了赖氨酸的利用。因此，健身运动者的膳食以植物性为主时，应注意食物的合理搭配，纠正氨基酸构成比例的不平衡，如将谷物与豆类混食，制成黄豆玉米粉、黄豆小米粉等，可以提高蛋白质的利用率和食物的营养价值，从而提高健身运动者的健康水平。

## 二、热量营养素构成平衡

糖类、蛋白质、脂肪均能给机体提供热量，故称为热量营养素。当这三种物质摄入量适当时，方可起到互相促进和保护的作用，这种情况称为热量营养素构成平衡。通过动物实验和对人体的观察，研究者认为糖类、蛋白质、脂肪三者摄入量的合适比例为6.5：1：0.7，它们在体内经过生理燃烧后，分别给机体提供的热量为糖类占60%～70%，蛋白质占10%～15%，脂肪占20%～25%，即称为热量营养素构成平衡。当膳食中糖类摄入量过多时，其所提供的热量比例会增高，破坏三者之间的平衡，导致体重增加，增加消化系统和肾脏负担，减少摄入其他营养素的机会。当膳食中脂肪热量提供过高时，将引起肥胖症、高血压和心脏病。

当膳食中蛋白质热量提供过高时，则影响蛋白质功能的发挥，造成蛋白质消耗，影响体内氮平衡。糖类和脂肪热量供给不足，会削弱对蛋白质的保护作用。三者之间是相互影响的，一旦出现不平衡，将会影响身体的健康。健身运动者要根据各自健身运动的特点，合理补充能量物质，提高健康水平。

## 三、各种营养素摄入量间的平衡

各种营养素之间存在着错综复杂的关系，并且不同的生理状态、不同的活动和运动，需要的营养素量也有所不同。中国营养学会制订了各种营养素的每日供给量，膳食中所摄入的各种营养素在一定周期内，与标准供给量之间的误差应不超过10%。这种相互间的比例，即可称之为营养素间的基本平衡。营养学专家建议，每日摄入20多种食物共计约1 500g，才能基本达到膳食平衡的要求。健身运动者要根据各自健身运动的特点，合理补充各种营养素，促进健康水平的提高。

# 第四章

# 健身运动的科学性

Jianshen Lilun yu Fangfa

# 第一节 科学健身的重要性

早在公元前4世纪前后，古希腊医学家希波克拉底（Hippocrates）就曾提出“阳光、空气、水和运动是生命和健康的源泉”这一观点。如今，随着我国社会经济水平的不断提高，健身运动不再仅仅是维护健康的重要手段，也成为一种生活的方式。现代社会的人比过去任何时候都更重视健康，也更需要健身运动。目前，许多中青年以工作忙、时间紧为由，很少参加健身运动。应该注意的是，静态的生活方式具有积累性，易引发肥胖症、高血压等疾病。同样，适量的运动也具有积累性，年轻时进行科学的健身运动对今后的健康有积极的作用。

对于健身的人群，我们应该考虑几个问题：第一，每一个健身的个体是否知道自己的身体状况，如是否有潜在的骨关节疾病或退行性改变、器官机能水平低下或疾病等；第二，每个健身者如何根据自己的健身目的来选择运动项目，怎样控制健身活动中的运动量和运动时间；第三，每一个健身指导者能不能给予健身者科学的指导，并且要保证运动的安全性，避免出现运动伤害事故。而事实上，在大众的健身运动中，若将同一种运动方式和同样的运动时间、运动强度应用于所有人群，不考虑个体差异，也没有针对性，这样会导致健身的效果不理想，甚至还会增加运动损伤的概率。而且每个人的身体条件以及所处的客观条件也在不断变化，对于健身的个体，健身计划应具有阶段性特征，而不是一成不变。

大量的研究已经证实，长期有规律的健身运动可降低由静态生活方式引发的肥胖症、心血管疾病、颈椎腰椎疾病的发生率，增强体质，提高身体的活动能力和促进健康。这种健身效应是建立在科学、长期、适合个体的健身运动方案的基础上的，也是基于为个人开具的运动处方的基础上的。

由此可见，如何科学地进行健身运动，使机体最大限度地保持或提高机能水平，使某些疾病得到有效的防治，这是体育科研工作者值得关注的一个课题。

## 第二节　健身运动处方概述

由美国生理学家卡波维奇（Peter V. Karpovich）在20世纪50年代提出的运动处方这个概念，目前已成为指导人们有目的、有计划、科学地进行锻炼的一个重要依据。运动处方是随着运动生理学和健身运动的发展而逐渐成熟和完善的。其在康复医学和健身运动中的作用和地位越来越受到人们的关注，运动处方是一种健身运动指导方案，是由医生、康复治疗师、社会体育指导员或体育工作者根据患者、康复者或健身运动者的年龄、性别、健康、健身运动经历，以及心肺功能或运动器官机能水平等状况，采用处方的形式而制订的系统化、个性化的健身方案。简言之，运动处方是针对个人的身体健康状况、身体活动能力和健身目的，采用处方的形式制订的一种科学化、系统化和定量化的周期性健身运动指导方案。

按照运动处方有计划地进行健身运动，体现了健身过程的个性化和针对性强的特点，运动处方不仅是一份有运动强度、运动项目种类、运动持续时间以及所要达到的健身效果等信息的详尽健身运动计划，在其执行过程中，还能够明显降低个体运动损伤的发生率，有效提高身体机能，达到预防和治疗某些慢性疾病的目的。

## 第三节　运动处方的基本要素

一个系统的、个性化的运动处方的基本要素包括健身目的、健身方式、运动强度、每次运动持续时间、运动频率和注意事项。2000年以后，健身专家在运动处方的要素中又增加了“能量消耗”，因此对不同年龄、不同身体状态的人群来说，无论有无疾病或危险因素的存在，这七大要素都是构成运动处方的基本成分。

### 一、健身目的

根据个体的身体状况确定健身目的。健身目的是健身运动者参与健身运动最直接的动机，不同的健身运动者有其不同的健身目的，它是指导确定运动处方种类及制订运动处方的中心。健身目的是多种多样的，每一个运动处方都具有主观和客观的健身目的，主观健身目的主要表现为健身运动者对运动的兴趣爱好，是以情绪为核心的主观意愿需要，它决定健身运动者从事健身运动是否能持久。而客观健身目的主要是因健康状况、疾病程度及身体的活动能力等身体客观状况产生的需要，是把运动作为满足身体健康需要的一种手段。在制订运动处方时，基于个人的兴趣和健身的需要，健身目的主要包含以下几个方面：

①促进生长发育。

②增强体质，提高工作效率。

③防治疾病，改善健康状况，延缓衰老。

④调节心理，提高生活质量。

⑤休闲娱乐，放松身心。

由此可见，健身主要是为了提高和改善健康状况，预防慢性病（运动不足性疾病）的发生，改善慢性病患者的健康状况，这也是全民健身的最基本目标。

在制订运动处方之前，首先应该明确健身目的。耐力运动处方的主要目的是提高心肺功能、减肥、调节血脂、防治动脉粥样硬化、控制和降低血压、降低血糖或减缓胰岛素抵抗等。力量和柔韧性运动处方的目的是增强某块肌肉或某一肌群的力量、增加某一部位的肌肉体积、增加某些关节的活动范围、增加胰岛素的敏感性、防治骨质疏松和关节疾病等。在康复锻炼运动处方中，首先要考虑康复锻炼的最终目的，如达到可使用辅助器具行走、恢复正常步态、恢复正常生活能力和劳动能力、恢复参加训练和比赛的能力等。在近期目的中，应规定当前康复锻炼的具体目标，如增加某个或某些关节活动范围至多少、增加某块或某一肌群的肌肉力量、增加步行的距离等。

## 二、健身方式

为达到全面健身的效果，每一个健身运动处方应包括三种主要健身方式，即有氧运动、抗阻力运动和伸展运动。

有氧运动是健身运动最基本的运动方式，它以发展心肺耐力、改善和提高人体有氧工作能力、预防心血管疾病和肥胖等文明病为主要健身目的，比较大众化的有氧运动包括健步走、慢跑、骑自行车、登山、游泳等。

抗阻力运动主要是增强肌肉力量，提高身体平衡能力和肢体的功能，预防骨质疏松症和延缓衰老。增强肌肉力量和增加肌肉体积主要以大强度的肌力练习为主，如杠铃、哑铃。提高身体的平衡能力和塑形主要以中小强度的肌肉耐力训练为主，如健身球、弹力带、普拉提以及基于自身重量的力量训练。

伸展运动主要是增加关节的活动幅度、肌肉关节的伸展度，预防颈、腰部疾病和由肌肉僵硬引起的疼痛等。

## 三、运动强度

运动强度是指单位时间移动的距离或速度，或肌肉单位时间所做的功。运动强度是运动处方定量化与科学化的核心。它是决定运动量最主要的因素，运动强度制订得是否恰当，关系到健身的效果和健身运动者的安全，以及是否达到预期目的。有氧运动中的运动强度可以用摄氧量（$V_{O_2}$）、代谢当量（METs）、心率（HR）与运动强度及运动自觉量表（RPE）等方法确定，抗阻力运动强度取决于给予阻力或阻力的负荷重量，用RM表示。

在确定运动强度之前应考虑五个方面的问题。第一，缺乏运动的人群、以静态生活方式为主的人群和一些处于疾病康复阶段的人群，一般运动强度确定在下限范围，即只要进行低强度长时间的健身运动就可以改善身体的活动能力。而经常运动的人群，运动强度应选择推荐强度范围的上限以改善和维持他们的身体活动能力和机能水平。第二，健身运动者是否患有疾病，如骨关节疾病、哮喘或代谢性疾病等。第三，健身运动者是否服用了影响心率的药物。第四，健身运动者对运动强度的适应性。第五，运动强度的设定应当与健身运动者的健身目的一致。

### （一）有氧运动强度的确定方法

#### 1. 根据摄氧量确定运动强度

在健身运动中，常以最大摄氧量（$V_{O_{2\max}}$）百分比来表示运动强度，这是一种比较科学的方法。但是由于每个人的最大摄氧量不同，因此在制订运动处方时，通常用跑步、功率自行车、台阶试验或场地测试的方法间接计算出最大摄氧量。

代谢当量（METs）是由摄氧量计算而来的，但它的计算较摄氧量更为便捷，不论活动是否要克服自身体重，均可用代谢当量来表示运动强度。安斯沃斯（Barbara E. Ainsworth）等人用直接测量法对多种日常体力活动、家务劳动、娱乐活动、体育运动等进行了能量消耗测试，规定了各种活动的代谢当量，从而使代谢当量在大众健身和运动康复中的应用更为方便。表4-1中给出了日常生活中多种常见活动方式的运动强度的大小，以便于制订适合的运动处方。

**表4-1　多种常见活动方式的代谢当量（METs）**

| 活动方式 | METs | 活动方式 | METs | 活动方式 | METs | 活动方式 | METs |
|---|---|---|---|---|---|---|---|
| 坐公交车 | 1.0 | 钓鱼 | 3.0 | 篮球 | 6.0 | 慢跑 | 7.0 |
| 开会 | 1.5 | 打扫卫生 | 3.0 | 移动家具 | 6.0 | 滑雪 | 7.0 |
| 学习 | 1.8 | 拖地 | 3.5 | 有氧舞蹈 | 6.5 | 搬杂物上楼 | 7.5 |
| 做饭 | 2.0 | 散步 | 3.5 | 竞走 | 6.5 | 自行车 | 8.0 |
| 瑜伽 | 2.5 | 体操 | 4.0 | 划船 | 7.0 | 柔软体操 | 8.0 |
| 台球 | 2.5 | 田径 | 4.0 | 游泳 | 7.0 | 足球 | 8.0 |
| 排球（娱乐） | 3.0 | 高尔夫 | 4.0 | 滑冰 | 7.0 | 跳绳 | 10.0 |
| 保龄球 | 3.0 | 羽毛球 | 4.5 | 网球 | 7.0 | 柔道 | 10.0 |

摘自：Barbara E. Ainsworth, William L. Haskell, et al. Compendium of physical activities: an update of activity codes and MET intensities. Medicine & Science in Sports & Exercise, 2000, 32(9): 498-504.

### 2. 根据心率确定运动强度

由于心率与摄氧量之间有着明显的线性关系，且测试方法简单、易于掌握，常应用于健身运动中对运动强度的确定。健身运动者在健身运动中应达到和保持的心率称为靶心率（THR）。靶心率是确定运动强度简单易行的指标，在运动处方中广泛使用。它可以用直接测试的方法确定，也可根据最大心率（$HR_{max}$）的百分比、储备心率法或摄氧量的对应心率确定。靶心率的确定方法有以下四种。

（1）最大心率法。

最大心率（$HR_{max}$）的直接测试是用递增运动负荷试验（GXT），然后根据适宜的百分比确定靶心率。但是健身人群的个体差异较大，身体机能状态各不相同，在进行最大心率的递增运动负荷试验测试时具有一定的测试风险，因此，根据最大心率随健身运动者年龄的增加而降低的规律，可用公式“最大心率＝220－年龄”推算出。值得思考的问题是，在运动实践中，虽然健身运动者都知道运动处方规定的稳定心率，但实际上运动中的心率应该是一个区间而不是一个点，把运动中的心率控制在运动有效的心率范围内才是运动强度的控制目标，以保证运动的安全性和有效性。

（2）画图法。

可以使用画图的方法找出靶心率，如图4–1所示。如果测试的同时获得主观运动感觉（RPE）数据，则可以进一步找出心率–摄氧量与主观运动感觉之间的关系，加强对运动强度的监测。

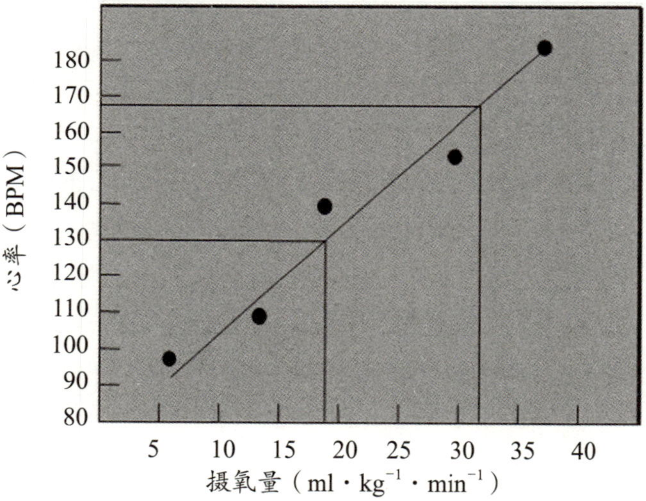


**图4–1　心率与摄氧量之间的线性关系**

（3）最大心率百分比法。

直接用最大心率百分比（$\%HR_{max}$）确定靶心率范围是最早用于确定靶心率的方法之一。通常使用70%～85%的最大心率作为锻炼者的靶心率，相当于50%～70%的最大摄氧量。对于心肺机能较差的个体来说，可在运动处方中采用64%～70%的最大心率作为靶心率。

（4）储备心率法。

储备心率法又称为卡式公式（Karvonen Formula）。

储备心率（$HR_{reserve}$）= 最大心率（$HR_{max}$）－静息心率（$HR_{rest}$），用此方法确定靶心率的公式是THR =（$HR_{max}$ − $HR_{rest}$）×（60% ~ 80%）+ $HR_{rest}$，即THR =［$HR_{reserve}$ ×（60% ~ 80%）］+ $HR_{rest}$。其中，60% ~ 80%表示运动强度的范围，它根据健身个体的年龄、健康状况而有所变化。如老年人、体质较弱者或缺乏运动人群的运动强度就可以设置为40% ~ 49%，而年轻人或体质强壮者通常使用60% ~ 80%。这是目前应用较为广泛、能比较科学地反映运动强度的有效方法。

［案例2］某位健身运动者45岁，静息心率为70次/分。该健身运动者在运动中的靶心率（THR）用公式（$HR_{max}$ − $HR_{rest}$）×（55% ~ 80%）+ $HR_{rest}$计算。

低限THR =（$HR_{max}$ − $HR_{rest}$）× 55% + $HR_{rest}$

= （175 − 70）× 55% + 70

= 127.75 ≈ 128（次/分）

高限THR =（$HR_{max}$ − $HR_{rest}$）× 80% + $HR_{rest}$

= （175 − 70）× 80% + 70

= 154（次/分）

该健身运动者运动中的靶心率为128 ~ 154次/分，在此范围内进行运动是安全有效的。

60% ~ 80%的储备心率与最大心率百分比类似。对大多数健康状态良好的健身者来说，60% ~ 80%储备心率与60% ~ 80%的最大摄氧量心率相同，但更接近所有健康状态健身者的摄氧量储备百分比。

采用储备心率法计算出的靶心率，比采用最大心率百分比法计算出的靶心率稍高，但更接近相关的摄氧量强度。按照储备心率法，年龄、静息心率不同的个体，靶心率有所不同，如表4-2所示。

表4-2 "$HR_{max}$"法与"$HR_{reserve}$"法靶心率计算结果比较

单位：次/分

| | "$HR_{max}$"法 | | $HR_{rest}$60 "$HR_{reserve}$"法 | | $HR_{rest}$70 "$HR_{reserve}$"法 | | $HR_{rest}$80 "$HR_{reserve}$"法 | |
|---|---|---|---|---|---|---|---|---|
| $HR_{max}$ | 70% | 85% | 60% | 80% | 60% | 80% | 60% | 80% |
| 140 | 98 | 119 | 108 | 124 | 112 | 126 | 116 | 128 |
| 150 | 105 | 128 | 114 | 132 | 118 | 134 | 122 | 136 |
| 160 | 112 | 136 | 120 | 140 | 124 | 142 | 128 | 144 |
| 170 | 119 | 145 | 126 | 148 | 130 | 150 | 134 | 152 |
| 180 | 126 | 153 | 132 | 156 | 136 | 158 | 140 | 160 |
| 190 | 133 | 162 | 138 | 164 | 142 | 166 | 146 | 168 |
| 200 | 140 | 170 | 144 | 172 | 148 | 174 | 152 | 176 |

译自Linda S. Pescatello. ACSM's Guidelines for Exercise Testing and Prescription. 6th ed. Philadelphia: Lippincott Williams & Wikins, 2000.

美国运动医学会（ACSM）推荐健身运动的相应强度范围是40%～85%的摄氧量储备（$V_{O_2}R$）或储备心率，或64%～94%最大摄氧量，当运动强度按照摄氧量储备设定时，其百分比的意义基本与储备心率相同，而用摄氧量储备设定的靶心率的准确性优于储备心率，尤其是对缺乏运动的人群来说。

研究表明，对于心肺功能较差的个体，在运动处方中采用40%～49%的储备心率，或者64%～70%的最大心率的运动强度可以明显提高最大摄氧量。对于最大摄氧量低于40ml·kg$^{-1}$·min$^{-1}$的个体，30%的摄氧量储备即可改善其心肺适能；而对于最大摄氧量高于40ml·kg$^{-1}$·min$^{-1}$的个体，其最低有效阈值是45%的摄氧量储备。对于大多数人来说，以60%～80%储备心率，或77%～90%最大心率的运动强度，结合一定的运动持续时间和运动频率，足以改善心肺功能。在一级和二级预防项目中，上述运动强度范围能够成功地增加健身运动者的最大摄氧量。

**3. 根据主观运动感觉（RPE）确定运动强度**

主观运动感觉（RPE）是通过主观感觉来反映身体负荷的强度，是对运动中个体的适应水平、外界环境影响、身体疲劳程度等的整体自我感觉。它是监测个体承受运动负荷的一个有价值的、可信赖的主观指标。目前，它已经被广泛用于评估心肺耐力的运动试验、制订运动处方和指导健身者进行健身运动。

1970年，瑞典生理学家柏格（Gunnar Borg）首先提出了主观运动感觉（RPE）的概念，并制订了它的分级标准（原分级法）。目前，国内外常用的是如表4-3所示的6～20级的分级法，共15个主观运动感觉等级。

**表4-3　主观运动感觉（RPE）分级表**

| RPE | 主观运动感觉 | 相对强度（%） | 相应心率（次/分） |
|---|---|---|---|
| 6 | 非常轻松 | 0.0 | 70 |
| 7 | | 7.1 | |
| 8 | 很轻松 | 14.3 | 90 |
| 9 | | 21.4 | |
| 10 | 轻松 | 28.6 | 110 |
| 11 | | 35.7 | |
| 12 | 稍费力 | 42.9 | 130 |
| 13 | | 50.0 | |
| 14 | 费力 | 57.2 | 150 |
| 15 | | 64.3 | |
| 16 | 很费力 | 71.5 | 170 |
| 17 | | 78.6 | |
| 18 | 非常费力 | 85.8 | 195 |
| 19 | | 95.0 | |
| 20 | 极度费力 | 100 | 最大心率 |

从图4-2中可直观地判断主观运动感觉。

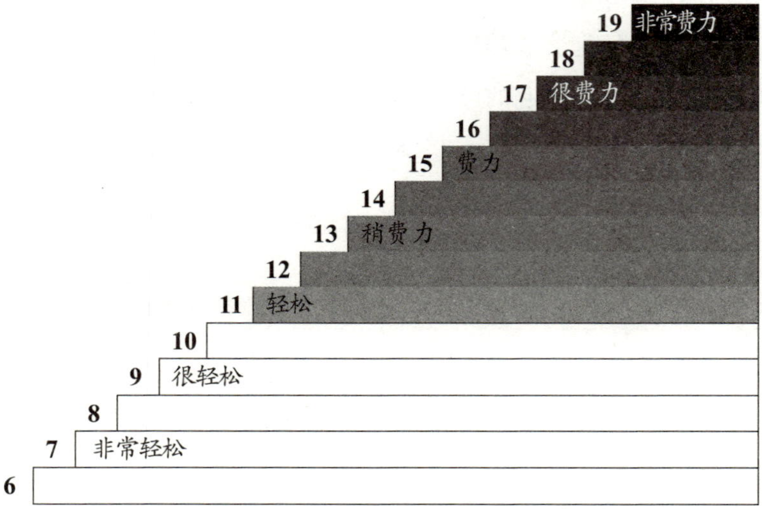


图4-2 “RPE”分级

摘自杨静宜、徐峻华：《运动处方》，高等教育出版社，2005年。

主观运动感觉分级是反映主观感觉的指标，但与一些客观指标之间有较好的相关性，并且与最大心率百分比（$\%HR_{max}$）、心率（HR）、储备心率百分比（$\%HR_{reserve}$）、能量消耗（EE）等指标有一定的换算关系，详见表4-4。

**表4-4 持续60min以上的耐力运动时主观运动感觉与身体活动强度及能量消耗**

| 主观运动感觉 | 相关等级 | | | | |
|---|---|---|---|---|---|
| | 强度级别 | $\%HR_{reserve}$ | $\%HR_{max}$ | METs | 能量消耗（$kcal \cdot h^{-1}$） |
| 很轻松（＜10） | 小 | ＜20 | ＜35 | ＜2.5 | ＜150 |
| 轻松（10～11） | 较小 | 20～39 | 35～54 | 2.5～4.9 | 150～300 |
| 较轻松（12～13） | 中等 | 40～59 | 55～69 | 5.0～7.4 | 300～450 |
| 费力（14～16） | 较大 | 60～84 | 70～89 | 7.5～9.9 | 450～600 |
| 很费力（17～19） | 大 | ≥85 | ≥90 | 10.0～12.5 | – |
| 精疲力竭（20） | 极量 | 100 | 100 | ≥12.5 | – |

注：参照Michael L. Pollock, et al. ACSM Position Stand: The recommended quantity and quality of exercise for developing and maintaining cardiorespiratory and muscular fitness, and flexibility in healthy adults. Medicine & Science in Sports & Exercise, 1998, 31(6): 975-991等文献编译。

对不同强度运动时的主观运动感觉乘以10，大约相当于运动当时的心率值。如主观运动感觉为15时，心率在150次/分左右，这一规律适用于年轻人，不适用于年龄较大的人。

主观运动感觉测试应用时应注意：

第一，适用于经常运动的成年人。在经常运动的人群中使用比在缺乏运动的人群中使用可靠性更强。

第二，主观运动感觉测试受到自我评价不准确或不真实的影响。当进行中低强度运动时，会对自己的评价过低，或不能对自我感觉做出评估。

总之，适宜的运动强度不仅是安全的，还能够增强心肺耐力，并且与长期动态的生活方式相一致，健身运动者可以从中完成预计的能量消耗，获得健身运动带来的各种益处。

### （二）抗阻力运动强度的确定方法

抗阻力运动强度通常用RM表示，即RM表示最大重复的次数（肌肉收缩所能克服某一负荷的最大次数），如1RM表示最大重复次数为1次，抗阻力运动强度最大，15RM表示最大重复次数为15次，抗阻力运动强度小。

RM的大小是根据健身个体的健身目的而确定的：发展最大肌力如举重等，最大负荷为90%～100%，6RM以下；发展肌肉体积如健美等，最大负荷为75%～90%，6RM～12RM；发展肌肉耐力如健身塑形等，最大负荷为50%～75%，15RM以上。

## 四、运动时间

运动时间是指每次运动的持续时间，它是决定运动量的重要因素。在持续的周期性运动中，运动时间与运动强度的乘积就是一次运动的运动量。而运动量则是取得健身效果与安全性的关键，当运动强度确定后，持续该强度的运动时间就成为影响健身效果的重要因素。运动时间过短，对机体不能产生足够的刺激而达不到应有的效果；运动时间过长，可能使机体承受过量的负荷，造成疲劳积累出现运动损伤。因此，应根据个人的具体情况、健身目的及运动强度来设置能引起机体产生最佳效果的运动时间，以不出现疲劳和运动损伤、每次运动时间积累能达到健身目的为度。美国运动医学会推荐，提高心肺功能的有氧运动的最短运动时间为20min。一般情况下，健身的基本部分以70% ~ 85% $HR_{max}$或60% ~ 80% $HR_{reserve}$进行20 ~ 30min的有氧运动就可以达到健身、保持健康和控制体重的目的。有特殊需求如减脂，则运动的时间应达到30 ~ 60min。

在力量运动处方和柔韧运动处方中，则需要规定完成每个动作的重复次数、每组练习所需要的时间、共需要完成几组以及两组的间隔时间等。

## 五、运动频率

运动频率是指每周锻炼的次数。由于运动的效果是在每次运动时对人体产生良性作用的逐渐积累中表现出来的，这是一个由量变到质变的过程。如果在一次运动后，运动对机体的良性作用完全消退后再进行第二次运动，则前一次运动的效果不能被积累；而在一次运动后，运动对机体的良性作用还没有表现出来，即上一次的运动疲劳还未消除时进行第二次运动，则会出现运动疲劳的积累。以上两种运动频率都不能取得良好的效果。因此，运动频率也是决定健身效果的一个重要因素。运动频率的确定应该根据健身运动者的健身目的和身体状况的不同而有所区别。

美国运动医学会推荐正常人应该每周运动2 ~ 5次。根据健身运动者不同的健身方式和身体状况，运动频率也有所不同。对于没有运动习惯和身体状况欠佳的人群，有氧运动的频率应从每周2次开始，循序渐进。对于健康状况良好的人群，有氧运动频率保持每日1次，可以收到更佳的健身效果。对某些疾病患者，可以适当增加有氧运动的频率，如糖尿病患者，如每天2次在餐后1h各锻炼20 ~ 30min，可以对血糖调节产生良好的作用。而抗阻力运动的频率保持每周2 ~ 3次，2次练习之间休息24 ~ 48h，可以使肌肉得到“超量恢复”，收到更好的健身效果。

## 六、注意事项

为了保证运动的安全，健身运动者进行健身时应当注意自身的身体状况，如健身时心率不应超过靶心率，对患有慢性疾病的患者注意监测疾病状态，进行抗阻力运动时应注意预防意外事故的发生，运动后不宜立即坐下或躺下等。

另外，还要注意健身运动的时间带，即一日运动的时机。高血压患者不宜在早晚而宜在白天健身，心脑血管疾病患者或中老年人应避免在早晨8点以前健身，胰岛素依赖性糖尿病患者应避免在清晨空腹时健身等。

### 七、能量消耗目标

运动的强度、时间、频率之间的相互作用决定健身运动中的能量消耗，不同的健身目的对能量消耗的要求也不同，如提高心肺功能和机体有氧工作能力、减脂和减少早期慢性疾病危险性的健身运动者，他们的能量消耗的目的是不同的。对于初始健身运动者或长期处于静态生活方式中的人群，每日的能量消耗范围在627.60～1 673.60kJ（150～400kcal），相当于每周健身的能量消耗目标不低于4 184kJ（1 000kcal）。根据体育活动与健康和健身之间运动量反应的关系，如果健身运动者想要改善身体机能和健康状况，每日运动的能量消耗应达到1 255.20～1 673.60kJ（300～400kcal），即努力达到每周8 368kJ（2 000kcal）。

## 第四节　运动处方的制订与实施过程

健身运动者可能存在心脑血管疾病的危险因素，长期处于静态生活方式中的人群存在的危险因素可能更多，但是很多人并不了解自己的健康状态，因此在制订运动处方之前，应当充分考虑不同个体的健康状态、是否服用某些药物、隐含心脑血管疾病的危险因素、生活方式特点、健身目的、健身现状等因素。这些因素对确定运动处方的主要内容将产生明显的影响。

### 一、运动处方的制订

#### （一）全面了解健身运动者的健康状态

可采用调查问卷的方式全面了解健身运动者的现病史、既往病史及生活习惯。主要内容如下。

心脑血管、肺部和代谢性疾病的主要症状和体征：

①因心肌缺血引起的胸颈部疼痛或不适。

②休息或进行中等体力活动时呼吸困难。

③眩晕或晕厥。

④端坐呼吸或突发性夜间呼吸困难。

⑤脚踝水肿。

⑥心悸或心动过速。

⑦间歇性跛行。

⑧已知的心脏杂音。

⑨异常疲劳等。

心脑血管、肺部和代谢性疾病的主要医学诊断：冠心病、心绞痛、心肌梗死、末梢动脉疾病、脑卒中（中风）或一过性脑缺血、高血压、高血压性心脏病、风湿性心脏病、慢性心瓣膜病、哮喘、肺气肿、气管炎、糖尿病、深部静脉血栓或栓塞等。询问有无心脏病、肺部疾病、代谢性疾病、脑卒中和猝死等家族史，有无新的医学诊断或外科手术的现病史，有无关节炎、关节肿胀或者其他引起行走或测试中移动困难的问题，有无吸烟、饮酒或其他特殊嗜好。

### （二）健身运动者的生活方式特点及健身现状

应了解健身运动者生活中参加体力活动和健身运动的情况，为确定其运动处方中的运动量提供信息。

可以通过问卷或咨询的方式来了解健身运动者生活中参加体力活动情况。对健身运动情况的了解应包括参加健身的运动方式、运动频率、每次健身的时间、运动中的主观感觉、有无运动强度的控制和监测，以及有无运动损伤的发生和是否进行过健身测试和测试结果的评价如何。

### （三）健身运动者的危险分层

对健身运动者进行危险分层的主要目的是：健身运动者是否有参加运动负荷试验或健身运动的禁忌证，识别在运动负荷试验或健身运动中由于年龄、症状及其他可能增加疾病危险性的因素，识别患有临床疾病、应在医务人员监督下进行健身运动的个体，发现有特殊需要的个体。

危险分层的主要依据是心脑血管疾病的危险因素，心脑血管、肺部和代谢性疾病的主要症状、体征，以及已经明确诊断的心血管、肺部和代谢性疾病。

心脑血管疾病的危险因素具体是指动脉粥样硬化疾病的主要危险因素，每个危险因素及诊断标准如表4–5所示。

**表4–5　心脑血管疾病的危险因素**

| | 影响因素 | 标准 |
|---|---|---|
| 负面影响 | 家族史 | 在一级亲属（父母、兄弟姐妹及子女）中，男性亲属在55岁之前、女性亲属在65岁之前发生心血管事件 |
| | 吸烟 | 现行吸烟者或戒烟6个月以内 |
| | 高血压 | SBP≥140mmHg或/和DBP≥90mmHg，至少在两个不同时间测量后确定 |
| | 糖调节受损 | 空腹血糖≥6.1mmol/L（110mg/dl），或者餐后两小时血糖≥7.8mmol/L（14mg/dl），分别在两个不同的时间测试后确定 |
| | 脂代谢紊乱 | LDL-C＞3.4mmol/L（130mg/dl）、HDL-C＜1.03mmol/L（40mg/dl）、TG＞1.7mmol/L（150mg/dl）、TC＞5.7mmol/L（220mg/dl），或服用降脂药物者，有上述情况之一者TC＞5.7mmol/L（220mg/dl）的影响大于LDL-C＞3.4mmol/L（130mg/dl） |
| | 肥胖 | BMI≥28kg/$m^2$或者腰围女性≥80cm，男性≥85cm |
| | 静态生活方式 | 每周参加（累计）中等强度体育活动时间少于150min，或者每周用于体育活动的能量消耗少于4184kJ（1000kcal） |
| 正面影响 | 高HDL-C | ≥1.6mmol/L（60mg/dl） |
| | 健身活动 | 每天或每周大多数日子进行（累计）30min以上的体育活动 |

总的危险因素判定包括负面因素和正面因素，依据两者之和得出判定结果。例如HDL–C较高，可以从总的负面因素中减去一个危险因素，基本危险分层如表4–6所示。

表4-6　基本危险分层

| 影响因素 | 危险分层 | |
|---|---|---|
| | 男性＜45岁 | 男性＞45岁 |
| | 女性＜55岁 | 女性＞55岁 |
| 无症状或一个危险因素 | 低危 | 低危 |
| 两个及两个以上危险因素 | 中危 | 中危 |
| 患有心、肺或代谢疾病中的一个，或出现一个以上心、肺、代谢疾病症状体征 | 高危 | 高危 |

在危险分层的基础上进一步确定医学检查和运动中医务监督的必要性。对于低危人群，如无明显症状的45岁以下的男性和55岁以下的女性有两种以下的冠心病危险因素者，在开始一项较高强度的健身运动项目（运动强度＞60%最大摄氧量）之前不需要进行医学检查，只是对中危人群在大强度测试中进行医务监督。而高危人群在进行中等强度（40%～59%最大摄氧量）健身运动之前应进行医学检查，并且应该在医务人员的监督（有内科医生在场，并能够处理突发事件）下进行次大强度的运动负荷试验，这样就能有效地规避高危人群在健身运动中的风险，详见表4-7。

表4-7　健身前和健身测试中的医学检查（A）及健身测试中的医务监督（B）的必要性

| 运动强度 | 低度危险 | 中度危险 | 高度危险 |
|---|---|---|---|
| 医学检查（A） | | | |
| 中等强度运动 | 不必要 | 不必要 | 建议检查 |
| 较大强度运动 | 不必要 | 建议检查 | 建议检查 |
| 医务监督（B） | | | |
| 次大强度测试 | 不必要 | 不必要 | 需要 |
| 最大强度测试 | 不必要 | 需要 | 需要 |

### （四）制订运动处方前的相关测试

#### 1. 静态指标

制订运动处方前，应测试健身运动者在安静状态下的心功能状态，如心率、血压和心电图，以及常见的血液指标，如血常规、血糖、血脂等。

2. 心肺功能测试与评价

一个理想的运动处方应当建立在对个体运动负荷试验反应的客观评价基础之上，包括运动中的心率、血压、心电图、自主感觉劳累和递增负荷运动测试（GXT）直接或间接测量的最大摄氧量。

3. 身体形态和身体成分测试与评价

对于体重指数（BMI）等于或大于24的健身运动者应进行身体形态（如腰、臀等部位围度）和身体成分评价，以判断超重和肥胖程度，以及与相关疾病的关系。测试方法及评价标准见第八章。

4. 肌肉和柔韧性的测试与评价

为了有针对性地制订运动处方，应对健身运动者的肌肉和柔韧性进行测试与评价。测试方法及评价标准见第八章。

### （五）制订运动处方的内容

制订运动处方之前，需对健身运动者进行问卷调查，对其健康状况、身体活动能力等进行测试和评价后，以此为依据制订运动处方的内容。

一份运动处方应包括如下内容。

①健身运动者的基本信息：姓名、性别、年龄，健康状况询问，健身运动者危险分级。

②初始测试评价结果：静息心率、血压、血常规指标、台阶指数、一分钟仰卧起坐、体脂（%）、体重指数（BMI）、腰臀比（WHR）、坐位体前屈等。

③健身目的。

④健身方式。

⑤运动强度。最大心率________次/分，运动最高心率________次/分；运动最低心率________次/分，RPE________。

⑥运动频率：有氧运动，每周________次，每次________分钟。

⑦准备活动项目________，准备活动时间________，心率______次/分。

⑧整理活动项目________，心率恢复时间________分钟。

⑨注意事项。

⑩健身运动结束后自我感觉：睡眠＿＿＿＿＿＿，食欲＿＿＿＿＿＿，精神状态＿＿＿＿＿＿。

## 二、运动处方的实施

当运动处方制订完成后，健身运动者按照制订好的运动处方实施。一份运动处方实施三个月就需对健身运动者再次进行测试评价，根据评价结果调整运动处方的内容，运动处方在制订后不是一成不变的。每一份运动处方在实施的过程中，都要包括三个部分，即准备部分、训练部分和整理部分。

### （一）准备部分

准备部分的时间一般在10min左右，根据健身运动者的年龄、身体活动能力等情况可适当增减。准备部分的形式通常有两种，即有氧运动和伸展运动。有氧运动的强度应比训练部分的强度低，以调动心肺功能、提高中枢神经、肌肉组织的兴奋性和机体体温为目的。伸展运动多以动态伸展为主，以增加关节的活动范围和肌肉韧带的伸展性。

### （二）训练部分

训练部分是使身体维持在相对较强机能状态下持续运动的过程，它是运动处方的基本部分。不同的健身目的，训练部分的时间有所不同。如减脂的人群在训练部分要包括有氧运动和抗阻力运动，健身所需时间较长，通常可达到一个多小时；而锻炼心肺功能的人群，其训练部分主要是有氧运动；体型强壮的人群，其训练部分主要是抗阻力运动，他们的训练时间相对比减脂人群短些。

### （三）整理部分

整理部分是使身体机能由运动状态逐渐恢复到相对安静状态的过程，包括机能恢复和肌肉放松。整理部分的形式主要是伸展运动特别是静态伸展和放松的身体动作。通过整理部分可消除疲劳，加快代谢产物的清除，促进机能恢复。

## 三、运动处方案例

［案例3］健身对象：李先生，52岁，从事管理工作，有高血压病史，身高175cm，体重85kg。其健身目的是减脂、提高有氧工作能力和调节身体状态。

运动处方步骤：

第一步：问卷调查。

通过问卷调查，确定该男性无健身运动的危险因素，有高血压家族史，平时运动较少，工作压力较大，生活缺乏规律，有吸烟、饮酒的习惯。

第二步：形态机能测试。

该男性的体重指数为28，测得腰围90cm，臀围85cm，腰臂比为1.06。

台阶指数为72，1分钟仰卧起坐20次，坐位体前屈5cm，低密度脂蛋白高于正常值，而高密度脂蛋白低于正常值。

对该男性的评价：心功能、肌肉力量和柔韧性较差，体重达到肥胖标准，有潜在的心脑血管疾病危险因素。

第三步：运动处方的制订及实施。

根据问卷调查和形态机能测试评价及健身对象的健身目的，确定运动处方的类型为减脂运动处方。

## 减脂运动处方

姓名：李　涛　　性别：男　　年龄：52岁　　时间：2019-03-25

健康状况：

既往病史：无

家族史：高血压

现病史：高血压

膳食习惯：喜食肉类

生活习惯及运动爱好：吸烟、饮酒，生活无规律，无运动爱好

初始测试评估：

静息心率：78次/分

血压：150/95mmHg

血常规指标：LDL－C＝3.46mmol/L（133mg/dl）

HDL－C＝0.94mmol/L（36mg/dl）

心肺耐力：台阶指数＝72

肌耐力：一分钟仰卧起坐20次

身体成分：体脂＝30%　身体质量指数＝28　腰臀比＝1.06

柔韧度：坐位体前屈＝5cm

危险分级为中危

①健身目的：减脂、提高有氧工作能力和调节身体状态

②健身方式：有氧运动（慢跑、骑自行车、游泳）20min起，心率118.5～136.5次/分。

抗阻力运动（身体各部位小重量），用哑铃进行肩部、胸部、背部、腹部、腿部等部位训练

伸展运动，包括动态伸展和静态伸展

③运动强度：最大心率168次/分；用Karvonen法确定运动强度：靶心率＝（最大心率－静息心率）×45%～65%＋静息心率，则运动最高心率136.5次/分，运动最低心率118.5次/分；RPE为11～13

抗阻力运动强度各部位最初为10～15RM，根据不同部位，以后可递增到20～30RM

④运动频率：有氧运动，第一个月每周2次，每次20～30min；以后增加至3～4次/周，每次30～50min，可采用间隙运动

抗阻力运动：第一个月每周2次，以后逐渐递增至3次/周

⑤准备活动项目：跑步，准备活动时间10min，以微出汗为宜，心率小于100次/分。各部位伸展运动，以肌肉有拉伸感为宜

⑥整理活动项目：静态伸展，有条件可采用PNF伸展，每个动作维持10～30s

⑦注意事项：该健身者属于中危，故在健身运动中一定要严格按照运动处方的要求控制运动强度和运动量，切忌操之过急，忌烟酒，建议低盐饮食，养成良好的生活习惯，坚持运动

⑧健身结束后的自我感觉：

健身时间：　睡眠：　食欲：　精神状态：

# 第五节　儿童与青少年运动处方指南

## 一、儿童与青少年运动处方推荐

儿童与青少年运动处方的主要内容包括运动频率、运动强度、运动时间和运动类型等。

### 1. 有氧运动

运动频率：每天。

运动强度：大部分运动应该是中等强度或较大强度的有氧运动，并且应该包括每周至少三天较大强度的运动。进行中等强度的运动时，心率和呼吸显著增加；进行较大强度的运动时，心率和呼吸急剧增加。

运动时间：每天不少于60min。

运动方式：有趣的和发育相适应的有氧体力活动，包括跑步、游泳、跳绳、跳舞和骑自行车等。

### 2. 肌肉力量运动

运动频率：每周不少于三天。

运动时间：每天60min。

运动方式：肌肉力量性体力活动可以是非组织性的（如在操场的健身设施上玩、爬树或拔河），也可以是有组织性的（如自重抗阻、软性抗阻、器械抗阻等）。

### 3. 骨骼负重运动

运动频率：每周不少于三天。

运动时间：每天60min。

运动方式：骨骼负重运动包括跑步、跳绳、篮球、网球、抗阻训练和“跳房子”游戏。

## 二、注意事项

①儿童与青少年可以在成人的指导和监督下安全地参加抗阻训练。每个动作应该重复8～15次，达到中度疲劳，且只有当儿童与青少年可以保质保量地完成

预定的重复次数时，才可以增加阻力。

②儿童与青少年的体温调节系统发育不成熟，应避免在炎热潮湿的环境中运动，并且要注意补充水分。

③超重、肥胖或身体活动不足的儿童与青少年可能无法进行每天60min中等强度至较大强度的体力活动。这些孩子应该从中等强度体力活动开始，适应后逐渐增加运动频率和运动时间最终达到每天60min的运动目标。可以逐渐增加较大强度的体力活动直到能够完成每周至少三天的运动量。

④对于身患疾病（如哮喘、糖尿病、肥胖、囊性纤维化、脑瘫等）或身体有残疾的儿童与青少年，应根据他们的身体状况和体适能水平制订运动处方。

⑤应减少持续久坐行为（如伏案做作业、看电视、上网、玩视频游戏等），每日屏幕时间应限制在2h内，增加有益于身体健康的活动（如步行、慢跑、游泳、骑自行车、滑滑板车等）。

**重点提示：**

我国10岁以上的儿童与青少年大多数没有达到《中国儿童青少年身体活动指南》中每天身体活动的推荐量。《中国儿童青少年身体活动指南》中儿童与青少年身体活动最低推荐量为：每日至少累计达到60min的中、高强度身体活动（大多数为有氧身体活动），包括每周至少三天的高强度身体活动和增强肌肉力量、骨骼健康的抗阻活动。儿童与青少年应该参与多种与年龄相适应的体力活动来发展心肺耐力、肌肉力量和骨骼强度。由于儿童与青少年的体温调节系统发育不成熟，运动监督者和带领者应该注意外界的气温变化和运动时儿童与青少年的补水问题。

## 第六节　老年人运动处方指南

### 一、老年人年龄段的划分

老年人的年龄段可以根据自然年龄（又称日历年龄）和生物年龄（又称医学年龄）来划分。自然年龄即根据人出生时的年月推算的年龄，自然年龄简单、准确、容易记忆。按照自然年龄来划分老年人（定义为65岁及以上，以及50～64岁有明显临床疾病或存在影响运动、体适能或体力活动等生理限制的人）可以表现其多种年龄范围的不同生理功能。

生物年龄就是根据人体发育的实际状况来确定的年龄，即人达到某一自然年龄时相对应的生理功能和心理素质综合反映的整个机体的健康状况。目前，有些学者设计出了一种用来测定个体生物年龄的测量方法，包括对人体指数的测量、生理指数的测量、骨与结缔组织检查、神经检查、生化检查、智力检查、心理检查等，通过对多项指标的测试，综合各项得分，最后得到一个总体生物年龄。故生物年龄能准确地反映一个人的健康状况及衰老程度。生物年龄对各年龄段的具体划分为：

青年：生物系统的机能处于活跃和最高水平状态。

中年：主要生物系统的机能已从最高水平下降了10%～30%。

非常老年：一些重要的机能丧失，影响一定的日常活动，但仍可以相对的独立活动。有时也将此年龄段称为中老年。

最老年：在此阶段，需要进入老人福利院或需要人照顾。

我们无论是从自然年龄，还是生物年龄都可以看出，随着年龄的增长，人的机能水平产生变化并在不断下降，主要原因是：①真正的衰老现象；②机体存在着潜在的疾病因素，随着年龄的增长，这些疾病的发生率和严重性在提高；③缺乏运动。前两个因素改变的可能性很小，而最后一项老年人可以通过适宜的运动来改变。比如，对体育保健意识较强的老年朋友进行生物年龄测试，发现生物年龄小于实际年龄者占了86.26%，而对广西巴马地区长寿老年人的调查发现，由于巴马地区地处山区，老年人天天爬坡上坎对预防疾病、防止器官过早退化起了很大的作用。所以老年人是完全能通过科学的运动，即使自然年龄到了70～80岁，但是生物年龄测试却在50～60岁，属于健康的老人类型。因此，以生物年龄来划分老年人，可以判断其是否有能力参加体力活动，它是一种更好的健康指标。

## 二、科学运动对防止衰老的积极作用

大量的证据能够支持体力活动能带来许多益处，如减缓衰老带来的运动能力下降，促进心理和认知能力的健全，控制慢性疾病，减少躯体残疾的风险，延长寿命。

尽管有这些好处，老年人仍是所有年龄组中体力活动最少的。虽然近期研究结果显示老年人的体力活动有略微增加的趋势，但65岁以上的老年人群中只有22%的人进行有规律的体力活动。研究结果报告的百分比随着年龄增加而降低，仅有约11%年龄超过85岁的老年人进行有规律的体力活动。

## 三、增龄过程对安静和运动时生理功能的影响

安全、有效的运动处方需要全面了解年龄增加在安静和运动时对生理功能的影响。表4-8提供了一系列与年龄相关的主要生理学改变。

表4-8　衰老对特定的生理和健康指标的影响

| 健康指标 | 变化情况 |
| --- | --- |
| 安静心率 | 无变化 |
| 最大心率 | 较低 |
| 最大心排血量 | 较低 |
| 安静和运动时的血压 | 较高 |
| 绝对和相对最大摄氧量［L/min，ml/（min·kg）］ | 较低 |
| 残气量 | 较高 |
| 肺活量 | 较低 |
| 反应时 | 较慢 |
| 肌肉力量 | 较低 |
| 柔韧性 | 较低 |
| 骨量 | 较低 |
| 瘦体重 | 较低 |
| 体脂（%） | 较高 |
| 糖耐量 | 较低 |
| 恢复时间 | 较长 |

## 四、老年人的运动处方

老年人的运动适应能力及体适能成分提高百分比与研究报告中的年轻人群类

似，运动对维持健康、机体功能并减缓与年龄相关的多种生理功能衰退等是非常重要的。与其他年龄组相比，老年人普遍存在功能低下、肌力不足以及体适能下降等情况，这些都有可能导致其生活独立性丧失。老年人的运动处方应该包括有氧、肌肉力量/耐力和柔韧性运动。如果一个人经常摔倒或行走不便，还应当做些特殊的神经动作练习，以提高与健康相关的体适能要素之外的能力，如平衡能力、灵活性和本体感觉能力。而且，年龄不应该成为进行体力活动的障碍，因为无论任何年龄都会从体力活动中获得明显益处。

相对于年轻人而言，老年人的运动处方最大的不同就是制订相对运动强度。对老年人而方言，运动强度要符合其体适能水平，用一个10分量表根据主观感觉费力程度进行评分，0分相当于坐姿的费力程度，10分相当于竭尽全力，中等强度运动为5分或6分，较大强度运动为7分或8分。中等强度运动会引起心率和呼吸显著增加，而较大强度运动引起心率或呼吸的大幅度增加。

### （一）老年人运动推荐

#### 1. 有氧运动

为了促进和维持健康，老年人应当遵照如下的运动处方进行有氧（心肺）体力活动。如果老年人由于慢性疾病而不能达到推荐的体力活动水平，可以根据自身的能力和状况安排运动。

频率：每周不少于5天的中等强度体力活动，或每周超过3天较大强度体力活动，或每周3～5天中等强度与较大强度体力活动相结合。

强度：依据0～10分体力活动疲劳量表，5～6分为中等强度，7～8分为较大强度。

时间：每天累计30～60min（60min效果更好），且保证每次至少10min、每周共150～300min的中等强度体力活动，或每天至少20～30min、每周共计75～100min的较大强度体力活动；或者是同等运动量的中等强度体力活动和较大强度体力活动相结合。

方式：任何方式的运动都不应对骨骼施加过大的压力，步行是最常见的运动方式，水上运动和固定功率车运动较那些需要承受自身体重而耐受能力受限制的项目来说更具优越性。

**2. 肌肉力量/耐力运动**

频率：每周2天以上。

强度：中等强度（如60%～70%，1RM）。老年人抗阻训练应从低强度（如40%～50%，1RM）开始。当无法完成1RM时，运动强度可以采用0～10分量表中的中等强度（5～6分）到较大强度（7～8分）。

方式：渐进式负重运动项目或承受体重的自重抗阻训练（对8～10个大肌群进行训练，一组以上，每组重复10～15次），如爬楼梯及其他大肌群参与的力量训练。

**3. 柔韧性训练**

频率：每周2天以上。

强度：拉伸至肌肉感到拉紧或有轻微的不适。

时间：保持拉伸30～60s。

方式：任何保持或提高柔韧性的体力活动及缓慢的动作都可以拉伸人体的各大肌群。静力性拉伸优于快速弹振式拉伸。

**4. 针对经常性跌倒或行动受限个体的神经肌肉（平衡）练习**

虽然神经肌肉（平衡）练习没有被专门纳入运动处方中，但是如果每周能坚持2～3天的与平衡、灵敏和本体感觉有关的神经动作练习，是可以有效地减少跌倒的次数和预防跌倒的风险。一般性建议：（1）通过逐渐增加动作的难度来减少其支撑力（如双腿站立、半前后站立、前后站立、单腿站立）；（2）使人体重心发生变化的动力性运动（如步行、蹬自行车）；（3）肌群压力姿势练习（如脚跟、足尖站立）；（4）减少感觉输入（如闭眼站立）；（5）太极拳。需要提醒的是在这些运动中应该确保有医务人员监督。

## （二）注意事项

为了最大限度地确保训练的有效性，应注意以下问题。

①身体素质较差、活动功能受限或患有慢性疾病的老年人，在刚开始参加体力活动时，活动的强度要低，活动的时间也不宜过长。

②循序渐进的体力活动对于大多数身体素质较差和活动功能受限的老年人比较适用。这种循序渐进的体力活动应该具有个性化、可以承受和有趣的特点。

③肌肉力量随着年龄的增长而快速下降，尤其是50岁以上的人。尽管抗阻训练在人的一生中都很重要，但是随着年龄的增长，抗阻运动变得更加重要。

④老年人刚开始使用负重练习器械进行力量训练时，应该在专业人士的密切监督和指导下进行。

⑤运动计划的早期阶段，体弱的老年人，其肌肉力量/耐力运动应该在有氧运动之前进行。患有肌肉减少症、身体虚弱的老年人，如果生理能力能够保证其参与有氧运动，那么应先增加其肌肉力量。

⑥逐渐地超过推荐的最小体力活动量，当老年人愿意提高和/或维持体适能时，可以尝试着继续增加运动量。

⑦人患有慢性疾病，无法达到推荐的最小体力活动量，也应当尽可能地做些可以耐受的体力活动，尽量避免长时间处于静坐少动的状态。

⑧应当尽量超过体力活动最小推荐量，加强对慢性疾病和健康状态的管理。

⑨体力活动可以改善认知，应当积极鼓励认知减退的老年人进行中等强度的体力活动；有严重认知障碍的老年人参与体力活动时，可能需要个性化的帮助。

⑩结构性的体力活动应该以适当的整理运动结束，尤其是对于患心脑血管疾病的老年人。整理运动可以舒缓肌肉、预防痉挛、防止发生重力性休克而突然晕倒。

⑪加入行为策略，如社会支持、自我效能、健康选择的能力和安全感，这些都可能促进老年人参与规律的运动项目。

⑫健康/体适能和临床运动专家还应当定期提供反馈信息，加大鼓励支持的力度，并采取其他行为/计划性的策略，以增强健身运动者的依从性。

**重点提示：**

所有老年人都应该制订个性化的运动处方或体力活动指导方案，以满足其需要和个人爱好。运动处方应该包括有氧、肌肉力量和耐力、柔韧性和神经动作练习，并且以维持和改善功能为重点。为了标准化地评价体适能，可以使用体适能测试。这些测试可以判断与健康状态相关的功能限制，这些限制可成为运动干预的目标。

生命在于运动，更在于科学运动！

# 第五章

# 健身运动的安全与损伤防治

健身理论与方法（第2版）

Jianshen Lilun yu Fangfa

# 第一节　健身运动的相关安全问题

了解健身运动的相关安全问题是预防运动损伤和运动猝死、减少慢性疾病发生危险因素的重要环节。但时常有健身者在参加健身测试、机能评定以及一些健身运动的过程中发生意外事故，中老年人群因健身运动引发的意外事故大多是由心血管疾病并发症所致，因为健身运动过程会增加心脏的负担和交感神经的兴奋性，不科学的运动成为诱发冠状动脉疾病患者发生心脑血管意外的危险因素。因此，缺乏运动特别是长期静态生活的人群，健身运动前没有进行健康测试，而且在没有医务人员监督的情况下进行健身运动存在一定的运动风险。为了保证健身过程的安全，应该对参加健身运动的人群在健身前进行必要的测试和评估，以确定健身者是否存在与运动风险相关的危险因素，及时发现运动的禁忌，认真采取预防措施以降低运动风险，达到促进健康的目的。

## 一、运动前了解身体状况

健身者在开始从事健身运动前，需要进行运动前身体机能评价，这对于全面了解健身者的身体机能状况、健身运动要求，科学制订健身运动处方至关重要。运动前身体机能评价主要包括人员基本信息、身体形态机能测试和运动机能检查等方面的内容。

### （一）人员基本信息

人员基本信息主要包括个人基本情况、身体健康状况、健身习惯和生活习惯四部分内容。填写调查问卷和问询，可以比较全面地了解健身者的相关信息，为评价其身体机能状态和制订运动处方提供科学依据。

### （二）身体形态机能测试

身体形态指标测试主要包括身高、体重、胸围、腰围、臀围等。根据身高、体重计算体重指数（BMI），体重指数=体重/身高$^2$，式中体重的单位为千克（kg），身高的单位为米（m）；根据腰围和臀围计算腰臀比，腰臀比=腰围/臀围，式中腰围和臀围的单位为厘米（cm）。身体机能检查指标包括心率、血压等。血液指标主要包括血常规等。

### （三）运动机能检查

#### 1. 体力活动准备问卷表

在进行运动机能检查前，首先要对健身者进行体力活动准备问卷表（Physical Activity Readiness Questionnaire，PAR-Q），如表5-1所示，问卷要在专业人员的指导下进行，以便被询问者完全了解问卷内容，并如实回答。

**表5-1　PAR-Q修改表**

规律的体育锻炼可以促进健康，带来愉悦，从而促使越来越多的人参加到健身运动中来，对于绝大多数人来说，健身锻炼是安全的，但对有些人来说，在明显增加体力活动之前应该征求医生的意见。在您计划参加健身测试或锻炼之前，为了您的安全，请仔细阅读并根据您的实际情况进行选择。

| 是 | 否 | |
|---|---|---|
| □ | □ | 医生是否告诉过您患有心脏病或仅能参加医生推荐的体力活动? |
| □ | □ | 当您进行体力活动或运动时，是否有过胸痛或严重憋气的感觉? |
| □ | □ | 自上个月以来，您未参加体力活动或运动时，是否有过胸痛或严重憋气的感觉? |
| □ | □ | 近6个月来，当您进行体力活动或运动时，是否曾因为头晕跌倒或失去知觉? |
| □ | □ | 您是否有因体力活动或运动加重的骨或关节疼痛或功能障碍? |
| □ | □ | 医生是否告诉过您的血压超过180/110mmHg? |

引自王正珍、田野：《运动负荷试验和健身锻炼前的危险评价及防范措施》，载《中国运动医学杂志》2005年第3期。

如果对《PAR-Q修改表》中问题之一回答“是”，则要求被测试者停止参加本次测试或者健身运动，并建议参与者：

①在参加其他的体力活动或健身项目之前向医生咨询，并说明对《PAR-Q修改表》中的哪一个问题回答“是”；

②可以参加任何受试者本身希望参加的活动，但要循序渐进，逐渐适应，运

动强度不宜过大，时间不宜过长；

③可以重新开始已经证明是安全的健身方式；

④也可以参加医生推荐的活动或者医生允许参加的活动；

⑤适时采用必要的药物治疗。

如果对表中所有问题回答“否”，被测试者可以继续进行运动负荷试验或健身锻炼，但应提醒其注意：

①参加较大运动量或运动强度锻炼时要循序渐进，避免过度疲劳；

②参加进一步的健康评价，并由此制订最佳健身方案。

出现下列情况应延迟参加较大运动量或运动强度的锻炼：

暂时的疾病，如感冒或发热；在参加健身活动中如果怀孕，应及时告知医生；如果健康状况发生改变，即使以前对《PAR-Q修改表》中所有问题回答“否”，也应及时告知医生或测试者，以便决定是否需要调整健身计划。

**2. 运动机能测试项目**

运动机能测试项目如下：

- 运动机能测试
  - 肌肉力量测试
    - 肌力测试
      - 握力
      - 背肌力
    - 肌耐力测试：一分钟仰卧起坐
  - 平衡能力测试
    - 闭眼单脚站立
    - 站立提踵
  - 柔韧测试：坐位体前屈
  - 反应速度测试：反应时测试
  - 心血管运动能力测试：台阶试验

## 二、避免练习身体有疼痛的部位

适宜的健身运动有利于促进健康，但是当身体已出现关节和其他部位疼痛或有不适时，为保证运动的安全性以及预防运动损伤，就应停止或减小运动量。

随着年龄的增长，人到中年以后关节开始出现退行性改变，膝关节的疼痛尤为突出，若过多从事球类等跑跳运动、不正确的屈膝动作和登山运动，则可能加剧膝关节的疼痛。

## 三、准备活动要充分

准备活动是健身者在健身运动开始前进行的身体活动，它对于提高机体代谢水平、体温升高、促进血液循环、克服生理惰性、调动器官机能水平、预防运动损伤具有重要意义。

### 1. 准备活动使体温升高的意义

①可降低肌肉黏性，提高肌肉收缩和舒张的速度，增加肌肉力量。

②可使血红蛋白和肌红蛋白释放氧增多，增加肌肉的氧供应。

③可增加体内酶的活性，使物质代谢水平提高，保证运动中的能量供应。

④可提高中枢神经系统和肌肉组织的兴奋性。

⑤可使肌肉的伸展性、柔韧性和弹性增加，从而可预防运动损伤。

### 2. 准备活动的量

①运动强度：一般以最大摄氧量达到45%，心率达到100～120次/分为宜。

②运动时间：15～30min为宜。

③自我感觉：微微出汗但不疲劳为宜。

## 四、控制运动强度

控制运动强度是健身运动是否安全以及是否有效的关键因素，运动强度过小则达不到健身效果，而运动强度过大则易出现运动损伤。因此，运动中把强度控制在有效的范围内尤为重要。关于运动强度的确定详见本书第四章。

## 五、做好伸展运动

伸展运动是提高身体柔韧性的训练方法，可有效预防运动损伤，提高身体的活动能力。伸展运动有静态伸展和动态伸展，动态伸展通常应用于准备活动，静态伸展通常应用于运动后的恢复放松。关于伸展运动详见本书第七章。

## 六、充分恢复

充分恢复对于确保健身运动的安全性和预防损伤是有益的。由于在运动时机体的能量消耗较大，代谢产物堆积较多，较易出现疲劳，因此运动后要及时采取措施，尽快消除运动疲劳。促进运动恢复的方法有整理活动、按摩等。

营养是促进运动恢复的物质保障，营养不良会增加损伤的风险。当糖供应不足时，蛋白质、脂肪的分解增加，蛋白质分解会影响骨骼肌功能，易导致软组织损伤。通常健身者在营养不良的情况下进行大运动量运动容易造成肌肉拉伤。

### 七、训练动作要正确

运动时完成的每一个动作都应符合人体解剖结构和力学特征，而在体育教学和健身运动的指导过程中，由于教师或指导者缺乏健身运动的基本知识和技能，常常在健身中出现某些错误动作而导致运动损伤。健身运动中常见的危险动作及修正方法详见本章第三节。

## 第二节　健身运动中常见的生理反应与处理

### 一、极点与第二次呼吸

在进行跑步、篮球、羽毛球、网球及游泳等有氧运动时，运动开始不久，健身者常常出现一种很难受的感觉，但过一段时间这种感觉就会消失，这就是“极点”和“第二次呼吸”，是一种常见的生理现象。

#### （一）极点

剧烈运动时，由于在运动开始阶段内脏的活动跟不上运动器官的需要，健身者往往感到呼吸困难、肌肉酸痛、动作迟缓、情绪低落，简直不愿意再继续运动下去，这种状态称为“极点”。

极点的产生是由于内脏的活动跟不上肌肉活动的需要，造成氧气供应不足，大量乳酸类物质堆积在血液中，这些化学物质的刺激引起呼吸循环系统活动失调（如呼吸、心率急速增加，血压升高等）。这些机能失调产生强烈刺激传入大脑皮质引起动力定型的暂时紊乱，导致运动中枢的抑制过程占优势。因此，极点出现时，人的动作慢而无力、不协调。

### （二）第二次呼吸

极点出现后，健身者可以适当减缓运动速度，深呼吸，继续坚持运动，随着内脏机能的改善，氧供应增加，运动能力又将提高，极点会逐渐缓解与消失，生理过程出现新的平衡，这种现象称为“第二次呼吸”。

当出现极点时无须疑虑和恐慌，随着机能水平和训练水平的提高，上述生理反应将逐步延迟和减轻。

## 二、肌肉酸痛

不少人都有过这样的体会，在进行完一次活动量较大的运动后，或是间隔了较长时间未运动，重新开始运动，运动后常常出现肌肉酸痛的现象。这种酸痛不是在运动中或运动后即刻发生，而是发生在运动结束后的1～2天后，这种现象就是延迟性肌肉酸痛。

延迟性肌肉酸痛（DOMS），是指人体从事不习惯运动后所产生的肌肉疼痛或不舒服的感觉。疼痛发生的时间一般都在运动后24～48h。

### （一）原因

肌肉酸痛的原因是肌肉一次活动量大或间隔了很长时间未锻炼而刚恢复锻炼时，肌肉对负荷及收缩放松活动未完全适应，会引起局部肌纤维及结缔组织的细微损伤，以及部分肌纤维产生痉挛。生理和生化的研究结果证实了肌肉酸痛时这种局部细微损伤及肌纤维痉挛的存在。由于这种肌纤维损伤及痉挛是局部的，因而就整块肌肉而言，仍能完成运动功能，但存在肌肉酸痛感。酸痛后，经过肌肉组织局部细微结构的修复，肌肉组织会变得较前更为强壮，以后再经历同样的负荷就不易再发生损伤（酸痛）。

### （二）疼痛的症状

疼痛的症状主要表现在身体疲劳、肌肉疼痛、僵硬、酸胀、肌肉收缩和放松能力下降。疼痛症状的强度与运动强度、运动形式和习惯程度有关，与人体健康水平和身体机能无关。

### （三）处理

当肌肉局部酸痛已经出现后，采取以下措施有助于酸痛的减轻或缓解：

①热敷。可对酸痛的局部肌肉进行热敷，促进血液循环及代谢过程，有助于损伤组织的修复及痉挛的缓解。

②伸展练习。可对酸痛局部进行静力牵拉练习，保持伸展状态2min，然后休息1min，重复进行，每天做几次这种伸展练习，有助缓解肌肉痉挛。但练习时注意不可用力过猛，以免牵拉时再使肌纤维损伤。

③按摩。按摩有助于肌肉放松，促进肌肉的血液循环，可使损伤得到修复及痉挛得到缓解。

④口服维生素C。维生素C有促进结缔组织中胶原合成的作用，有助于加速受损伤结缔组织的修复，从而减轻和缓解肌肉酸痛。

⑤针灸、电疗等手段对缓解肌肉酸痛也有一定作用。

### （四）预防

①为避免肌肉酸痛，在抗阻力运动的训练过程中，完成一个部位的力量训练后即做该部位的肌肉伸展运动，在抗阻力训练结束后进行伸展运动和按摩。

②根据健身者不同的体质和健康状况科学地安排健身运动负荷，负荷不能过大，也不宜增加过猛。

③运动时，尽量避免长时间集中练习身体的某一部位，以免局部肌肉负担过重。

④准备活动中，对将训练的局部肌肉要做充分的伸展运动。

⑤整理活动除了进行一般性的放松练习，还应重视进行肌肉的伸展牵拉练习。这种伸展练习有助于预防局部肌肉肌纤维痉挛，从而避免肌肉酸痛的发生。

⑥肌肉酸痛发生时，不要停止运动，但可以降低运动强度，让肌肉逐渐适应。若不如此，停止几天后再重新开始运动，仍然会出现肌肉酸痛。

# 第三节　健身运动中常见的危险动作及修正方法

## 一、健身运动中常见动作评估

### 1. 极端动作

极端动作是指在长度和方向上超出安全运动范围的动作。许多过度弯曲和过度伸展的动作都属于极端动作，这些动作具有潜在的危险性。如“眼镜蛇伸展”使腰部处于极端伸展位置。在运动的过程中，无控制使用动量而导致运动关节达到极端运动范围，易导致关节损伤。如，上肢“弹振式伸展”是迅速摆动双臂向后振动，使肩关节的活动范围无控制，易使肩关节的结缔组织因承受压力而导致肩关节受伤。

### 2. 过度负重

过度负重主要指关节或肌肉群在运动中承受过度的负荷。如做深蹲动作时，当膝关节的弯曲角度过小，膝关节超过脚尖，此时膝关节就会承受过多的负荷，易出现膝关节损伤。

### 3. 持续支撑

持续支撑指任何一种使肌群或关节持续受压的动作或位置。如“V”字形坐姿控制腹肌训练，就是在腰部没有支撑，很重的上身杠杆使腰部持续承受过重的负荷，导致脊柱承受的压力过大，易出现腰部疼痛。

## 二、常见的危险动作及修正动作

### （一）头、颈部

头部和颈部应尽量避免做快速、猛烈的动作和向后伸展的动作。

颈椎压力增大的危险动作及修正动作如图5–1所示。

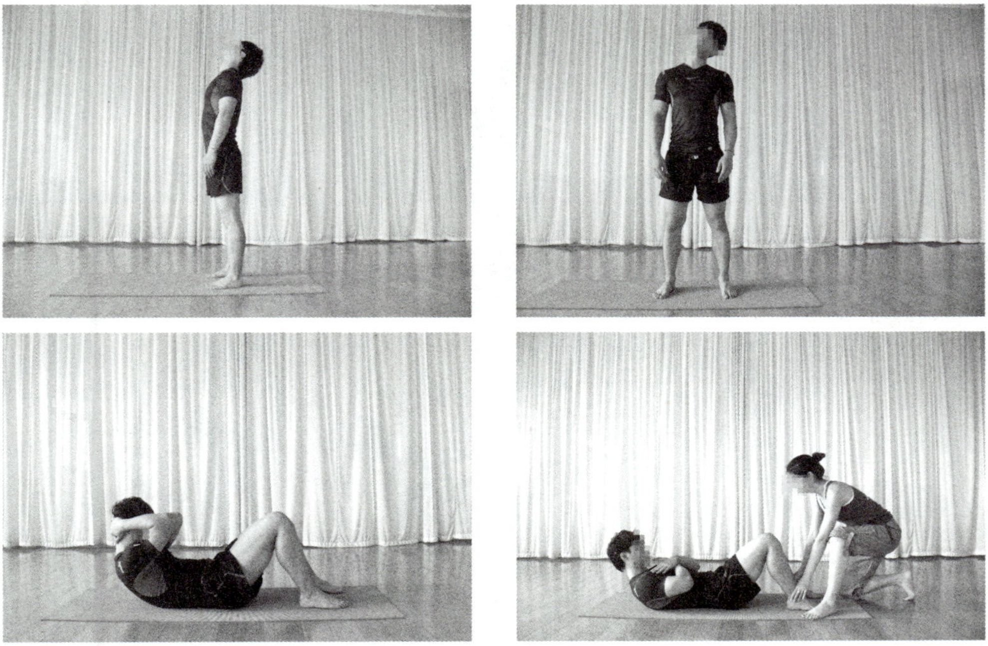

危险动作　　　　修正动作

**图5-1　颈椎压力增大的危险动作及修正动作**

## （二）躯干部

腰椎压力增大的危险动作及修正动作如图5-2、图5-3及图5-4所示。

危险动作

修正动作

**图5-2　腰椎压力增大的危险动作及修正动作（a）**

危险动作　　修正动作

图5-3　腰椎压力增大的危险动作及修正动作（b）

危险动作

修正动作

图5-4　腰椎压力增大的危险动作及修正动作（c）

（a）动作分析：以上动作是躯干的无靠背支撑动作或腰部承受较大压力的长杠杆动作，使身体在脊柱和腰部承受较大的压力。

（b）动作分析：以上是腹部训练动作，而危险动作是脊柱在身体长杠杆作用下增加了腰部的压力，这样不仅使腹部训练的效果不理想，还易出现腰部疼痛和损伤。修正动作是针对腹部训练做仰卧蜷腹，腰部在地面触地以支撑控制腰部。

（c）动作分析：危险动作是脊柱的过度伸展增加了腰椎的压力，经常做这一类的动作易出现腰部疼痛和腰部损伤，尤其是中老年人和腰部柔韧性较差的人。修正动作是减少脊柱的过度伸展，尽量不做两头起的动作，正确做法应该是固定下腰段、练习上腰段，或固定上腰段、练习下腰段。

## （三）膝关节

膝关节危险动作及修正动作如图5-5所示。

危险动作　　　　修正动作

**图5-5　膝关节危险动作及修正动作**

动作分析：这是下肢股四头肌的训练动作，危险动作是膝关节深度弯曲和极度屈膝姿势，膝关节超过脚尖，如弯曲超过90°时，膝关节承受的压力是体重的7倍，在这种姿势下若再负重，其承受的压力就更大，这样会造成膝关节过度磨损而导致疼痛或损伤。正确的动作应使膝关节屈膝不超过脚尖并且不要超过90°。若已有膝关节疼痛的健身者可背靠墙做高位蹲或躺在地面做躺姿屈膝控制身体成斜面的动作。

# 第四节　健身运动损伤

## 一、概述

运动损伤是指在健身运动过程中所发生的各种损伤。运动损伤所造成的影响是严重的，它使健身者不能继续参加健身运动，还会影响健康的学习和工作生活，因此，对健身运动损伤的预防比治疗更为重要。只要我们掌握运动损伤的发生规律，做好预防工作，就能最大限度地减少或避免运动损伤，从而保证大众健身运动的推广和健身者的运动健康。

## 二、运动损伤的分类

常见的运动损伤分类方法有以下几种。

### （一）按受伤的组织结构分类

按受伤的组织结构可以分为皮肤损伤、肌肉与肌腱损伤、关节损伤、滑囊损伤、骨损伤、骨骺损伤、神经损伤和内脏损伤等。

### （二）按伤后皮肤或黏膜完整性分类

按伤后皮肤或黏膜完整性可分为开放性损伤和闭合性损伤。

开放性损伤是指伤处皮肤或黏膜的完整性遭到破坏，有伤口与外界相通。如擦伤、刺伤、裂伤及开放性骨折等。

闭合性损伤是指伤处皮肤与黏膜仍保持完整，无伤口与外界相通。如挫伤、肌肉拉伤、关节扭伤、腱鞘炎及闭合性骨折等。

### （三）按伤情轻重分类

按伤情轻重可以分为轻伤、中等伤和重伤。

受轻伤后还可以继续进行运动。

受中等伤后不能继续进行运动，需停止患部练习或减少患部练习。

受重伤后不能进行运动，需住院治疗。

### （四）按损伤程度分类

按损伤程度可以分为急性损伤和慢性损伤。

急性损伤是指一瞬间遭受直接暴力或间接暴力造成的损伤。

慢性损伤是指局部过度负荷、多次微细损伤积累而成的或由于急性损伤处理不当转化而来的陈旧性损伤。

## 三、运动损伤发生与健身运动的关系

运动损伤的发生与健身运动的种类和项目有关，不同的健身项目所造成的运动损伤体现在人体部位上也有所不同。如经常游泳的人易出现肌肉痉挛、肩部损伤；打羽毛球和网球的人，尤其是中年人的肘、肩、膝关节易受伤；形体舞蹈爱好者易出现腰部、膝关节损伤和肌肉拉伤；常跑步者易出现髌骨损伤和胫骨骨膜炎。

这些运动损伤的发生主要与运动的特殊技术要求和身体某些部位存在一定的生理解剖弱点这两个因素有关。当这两方面不相适应时，将发生运动损伤。如打羽毛球和网球跨步接球时，膝关节处于半屈曲位（130°～150°），而这个角度恰恰是它的解剖弱点，关节稳定机能相对减弱，因而易发生膝关节的扭伤。

## 四、运动损伤的原因

### （一）缺乏必要的健身运动知识

由于健身运动的种类和项目较多，每一种健身项目都有技术要求，但大众健身人群在运动时对这些项目的技术要求掌握不够，同时缺乏预防运动损伤的相关知识，因此在运动中易出现损伤。如凡是有下肢参与的运动，膝关节所承受的压力是最大的，很多健身者在跑步、打网球、打羽毛球、登山后就易出现膝关节疼痛。

### （二）平时缺乏健身运动

不经常健身的人，一般身体素质较差，其肌肉的力量和弹性较差，反应迟钝，关节灵活性和稳定性也较弱。这种人群在运动时，往往动作要领掌握不好，易出现错误动作而违反身体结构、机能特点和运动时的生物力学原理，因而容易发生损伤。

### （三）健身运动安排不科学

1. 不合理的准备活动

不合理的准备活动有两种情况：一是不做准备活动或准备活动不充分，就开始正式活动；二是准备活动量过大，准备活动过程中违反循序渐进的原则，一开始速度过快、用力过猛等。

2. 运动量过大

运动量安排不当，尤其是运动量过于集中，使身体局部负担过大。最常见于工作忙、时间少的健身人群，这部分人群健身的时间安排不确定，没时间或很长时间不锻炼，有时间集中锻炼几个小时，这样很容易导致身体超负荷运动和局部负荷过大。

### （四）健身者的生理、心理状态不良

如健身者睡眠或休息不好，患病、受伤或伤病初愈，疲劳和身体机能下降等。实践证明，疲惫的机体，其力量、精确度和协调机能均显著下降，在这种情况下，也可能发生运动技术上的错误，引起损伤。此外，随着生理机能的下降，警觉性和注意力减退，机体的反应迟钝，也是造成损伤的危险因素。

健身者的心理状态与损伤的发生也有密切关系。如心情不好、情绪不高、兴奋性低下，运动时思想就不易集中，在这种情况下运动极容易受伤。而情绪急躁、急于求成、信心不足、缺乏勇气、胆怯犹豫、自控能力差等情况下，损伤的发生概率也是较高的。

## 五、健身运动损伤的处理

健身时若出现运动损伤，正确的现场处理不仅可以防止受伤部位的进一步恶化、减缓疼痛，而且有利于伤病的后期恢复。

### （一）应急处置原则

**1. 时间**

24～48h以内。

**2. 特征**

组织损伤、出血、渗出、疼痛、功能障碍等。

**3. 处理原则和方法**

①保护：对受伤的部位进行保护。

②休息：停止运动，让患部处于不动的状态。运动终止后的制动可以控制肿胀和炎症，可以把出血控制在最小的限度内。

③冷疗：冷疗在应急处置中是效果最为明显的。因为冷疗可以减轻疼痛和痉挛，在受伤后4～6h内所产生的肿胀也会得到一定程度的控制。冷疗可以使局部毛细血管收缩，减轻局部血管出血，有消炎、止血、止痛、皮肤散热、降低体温的作用。

④加压包扎：在几乎所有的急性损伤中都采用加压包扎的方法。加压同冷敷和抬高肢体一样都是重要的处置手段。

⑤抬高伤肢：抬高伤肢是把患部抬高到比心脏高的位置。它可以有效地减轻出血，减少通向损伤部位的血液及来自体液的压力，以促进静脉的回流，患部的淤血及肿胀也会因此而得到相应的减轻。

如打羽毛球起跳动作落地时，因一个不正确的落地姿势而出现踝关节扭伤，这时应立即停止跑动，就地用冷水冲淋或浸泡，再用手绢或可作包扎用的布进行加压包扎，而后将伤腿抬高。

### （二）软组织损伤

软组织损伤可分为开放性软组织损伤和闭合性软组织损伤两类。前者有擦伤、撕裂伤、刺伤等，后者有肌肉或韧带拉伤、肌腱腱鞘炎、挫伤、关节扭伤等。

**1. 擦伤**

常见于运动中摔倒而发生擦伤，致使皮肤组织擦破出血或组织液渗出。

处置方法：小面积擦伤，用碘伏涂抹伤口即可。大面积擦伤，先用0.9%氯化钠溶液（生理盐水）洗净，后涂抹消炎软膏，再用消毒纱布覆盖，最后用绷带加压包扎。

2. 撕裂伤

剧烈、紧张运动或受到突然强烈撞击时，皮肤或软组织出现开裂性损伤。其中包括开放伤和闭合伤两种，常见的有眉际撕裂伤、跟腱撕裂伤等。开放伤会立即出血，伤口周围出现肿胀；闭合伤在触及受伤部位时会出现凹陷感和剧烈疼痛。

处置方法：小面积、轻度开放伤，经消毒处理后，用消炎软膏涂抹伤口，用医用纸胶带或创可贴保护创面；若伤口较大，则需要立刻去医院止血缝合伤口。必要时应注射破伤风抗毒血清，防止破伤风发生。

### （三）闭合性软组织损伤

常见的闭合性软组织损伤有关节韧带扭伤，肌肉、肌腱拉伤及挫伤等。根据软组织损伤的病理发展过程，大致可按早、中、后三个时期进行针对性的处置。

1. 早期

早期指伤后24h内，组织断裂出血，局部出现红、肿、热、痛、功能障碍等临床症状。治疗原则是止血、防肿、镇痛和减轻炎症。处置方法是先冷敷，再加压包扎，并抬高伤肢，24h后拆除包扎，视其伤情再作处理。

2. 中期

中期指伤后48h后，此时皮下出血，炎性反应及肿胀逐渐消退，但伤部仍有淤血和肿胀，组织正在修复。该期的治疗目标是如何尽快地使出血与渗出液吸收。处置方法可以采取热敷、按摩、理疗等，促使毛细血管扩张，加快血液循环。药物治疗可用中草药外敷和内服等。

3. 后期

后期指损伤基本修复，肿胀、疼痛等局部症状和体征均已消除，但功能尚未完全恢复。运动时仍有疼痛感，个别病案出现粘连、关节及受伤部位僵硬、活动度减低等情况。此时应增强和恢复肌肉、关节的功能。如有瘢痕硬结和粘连，应设法使之软化、松解，方法以按摩、理疗、功能锻炼为主，适当辅以药物治疗。

## 第五节　健身运动中常见损伤及疾病

### 一、肌肉痉挛

肌肉痉挛俗称抽筋，指某一部位肌肉有时不由自主地突然性强直收缩，且变得异常坚硬，引起局部疼痛和活动障碍。运动中最容易发生痉挛的肌肉是小腿腓肠肌，其次是脚底屈肌和屈趾肌等。

#### （一）原因和征象

**1. 受到寒冷刺激**

在运动时肌肉受到强烈的寒冷刺激时，可发生肌肉痉挛。如，在游泳或冬季户外锻炼时，在剧烈运动中，由于肌肉快速连续性收缩，导致肌肉收缩与放松的协调交替关系破坏，特别在局部肌肉处于疲劳时，有大量的乳酸堆积，更易发生肌肉痉挛。

**2. 大量出汗**

运动中大量排汗，电解质丢失过多，也易发生肌肉痉挛。

**3. 准备活动不够**

在没做准备活动时就进行运动，如直腿伸膝绷脚尖，很易出现小腿腓肠肌痉挛，肌肉痉挛时，局部肌肉剧烈收缩并变得坚硬和隆起，疼痛难忍，且一时不易缓解。

#### （二）处置和预防

**1. 处置**

立即对痉挛部位的肌肉进行牵引。如，腓肠肌痉挛时，可伸直膝关节，用力将踝关节背伸；屈踝肌和屈趾肌痉挛时，可用力将脚和趾背伸，同时配合局部按摩、揉捏、叩打以及点穴（承山、涌泉、委中穴等），以促使痉挛缓解和消失。

**2. 预防**

加强运动，提高机体的耐寒能力和耐久力。运动前做好准备活动，对易发生痉挛的部位，可事先做适当的按摩。夏季进行剧烈活动或长时间活动时，应注意补充盐分；冬季锻炼时，要注意保暖；游泳时下水前应先用冷水淋浴，游泳时间不宜过长；疲劳和饥饿时，不要进行剧烈运动。

## 二、肌肉拉伤

肌肉主动强烈的收缩或被动过度拉长所造成的肌肉微细损伤、肌肉部分撕裂或完全断裂，称为肌肉拉伤。

### （一）原因和原理

**1. 原因**

①准备活动不当，某部位肌肉的生理机能未达到适应运动所需要的状态。

②平时缺乏运动，肌肉的弹性和力量较差。

③疲劳或过度负荷，使肌肉的机能下降，力量减弱，肌肉的协调性降低。

④错误动作或运动时注意力不集中，动作过猛或粗暴。

⑤运动环境温度过低。

**2. 原理**

①在健身运动中，肌肉主动猛烈收缩超过了肌肉本身的负担能力。

②做伸展练习时，肌肉突然被动过度拉长，超过了肌肉的伸展性。大腿的后群肌肉拉伤最为常见。

如压腿动作伸展下肢后群肌肉、做突然的“弹振式伸展”和突然的“被动式伸展”都易发生后群肌肉拉伤。

### （二）征象

局部疼痛、压痛、肿胀、肌肉紧张、发硬、痉挛和功能障碍。受伤肌肉主动收缩或被动拉长时疼痛加剧。肌肉收缩抗阻力试验阳性，即疼痛加剧。

### （三）处理

轻度拉伤，用针刺疗法效果较好。

肌纤维部分断裂者，按急性处理原则进行处理，48h后开始按摩。

肌肉有完全断裂者，进行局部包扎后送医院手术。

## 三、运动中腹痛

运动中腹痛是进行有氧运动中最常见的一种运动性疾病。

### （一）原因和征象

①准备活动不充分，开始时运动过于剧烈，或者跑得过快，内脏的生理惰性还未克服，致使内脏功能失调，引起腹痛。

②运动前吃得过饱或饮水过多，以及腹部受凉，引起胃肠痉挛。

③运动时间过长或过于剧烈，使下腔静脉压力上升，血液回流受阻，引起腹痛。

④运动时呼吸紊乱，膈肌运动异常，致使两肋部胀痛。

运动中腹痛部位不固定，一般因肠痉挛、肠结核引起的疼痛部位一般位于腹腔中部；进食后发生的运动疼痛部位一般位于上腹部或中部；肝脾膜张力性疼痛常在左右两侧上腹部。

### （二）处置和预防

1. 处置

对因静脉血回流障碍和准备活动不足或呼吸紊乱引起的腹痛，可采取降低运动强度、放慢运动速度，同时按摩疼痛部位，并做深呼吸等方法，疼痛常可以减轻或消失。对于胃肠饱胀、肠痉挛和慢性疾病引起的腹痛，如采取上述措施后无效时，应停止运动并及时就医。

2. 预防

合理安排运动时间，饭后至少1h后才能进行活动，运动前要做好准备活动，运动时要循序渐进，掌握正确的呼吸方法和节奏，尽量用鼻呼吸而不用口呼吸。

在运动前、运动中要控制水或碳酸饮料的摄入量。对于患有各种慢性疾病者，病愈之前需要在医生指导下进行运动。

## 四、运动性昏厥

### （一）原因和征象

在运动中，由于脑部一时血液供应不足而发生的暂时性知觉丧失，这一现象被称为“运动性昏厥”。

由于剧烈运动或长时间运动，大量血液聚积在下肢，回心血流量减少，导致脑部供血不足而出现昏厥。跑后如立即停止不动也可出现“重力休克”现象——全身无力，眼前一时发黑，面色苍白，手脚发凉，失去知觉而昏倒。生理检测脉搏慢而弱、呼吸缓慢、血压降低等。

### （二）处置和预防

**1. 处置**

立即将患者平卧，脚略高于头部，并进行由小腿向大腿至心脏方向的按摩，同时指压人中、合谷等穴位。如有呕吐，应将患者头偏向一侧，以利呼吸道畅通。如停止呼吸，应立即进行人工呼吸。轻度征象者，由同伴搀扶慢走，并进行深呼吸，症状即可消失。重症患者，经临场处理后，尽快送医院治疗。

**2. 预防**

平时要经常坚持健身运动，以增强体质；久蹲后不要突然起立；不要带病参加剧烈运动；剧烈运动后不要立即停下或坐下，而应继续慢跑，并做深呼吸；不要在饥饿情况下参加剧烈运动。只要遵循上述要求，运动性昏厥是可以避免的。

## 五、运动性中暑

### （一）原因与征象

在高温环境中长时间进行运动时，由于通风不良，体温异常上升，但汗液难以蒸发，则易引起运动性中暑。

轻度中暑，可出现头晕、头痛、胸闷、皮肤灼热、体温升高等现象；严重时，将出现恶心、呕吐、脉搏快而细弱、精神失常、虚脱、抽搐、心律失常、血压下降，甚至昏迷等生理反应。

### （二）处置和预防

**1. 处置**

首先将患者扶送到阴凉通风处休息，同时采取降温消暑手段，如解开衣领、额部冷敷做头部降温，喝些清凉饮料、十滴水，并补充电解质等。严重者应迅速送医院治疗。

**2. 预防**

在高温炎热季节锻炼时，应适当减少运动量和锻炼时间；避免在烈日下长时间锻炼；夏天在室外锻炼时，宜穿浅色衣服，戴遮阳帽；在室内锻炼时，应保证良好通风，并注意饮低糖含盐饮料。

## 六、运动性贫血

### （一）原因与征象

血液中红细胞数与血红蛋白量低于正常值，称为“贫血”。我国成年健康男性血液中血红蛋白浓度为125～160g/L，女性为115～150g/L，若低于这一生理数值，被视为贫血。因运动引起的这种血红蛋白减少，称为“运动性贫血”。在通常情况下，本病的发病率女性高于男性。由于贫血，常引起多种不良的生理反应，危及健康。

运动性贫血发病的主要原因如下。

①由于运动时，机体对蛋白质和铁的需求量增加，一旦需求量得不到满足，即可引起运动性贫血。

②运动时，脾脏释放的溶血卵磷脂能使红细胞的脆性增加，加上剧烈运动时血流加快，易引起红细胞破裂，从而导致运动性贫血。

③有些人由于偏食或爱吃零食，影响正常营养摄入或造成长期慢性腹泻，影

响营养的吸收，运动时常出现贫血现象。

运动性贫血发病缓慢，平时表现为头晕、恶心、气喘、体力下降，剧烈运动后出现头晕目眩、心慌气短、四肢无力、心率加快、脸色苍白等现象。

### （二）处置与预防

#### 1. 处置

如运动中（后）出现头晕、无力、恶心等现象时，应适当减少运动量，必要时暂停运动。补充富含蛋白质和铁的食物，口服硫酸亚铁片剂和维生素C，对缺铁性贫血的治疗有明显的效果。

#### 2. 预防

运动前后适当补充一些抗氧化剂，如补充维生素C和维生素E，能够增强红细胞抗氧化能力；加强营养，调整膳食，保证有充足的蛋白质和铁的供应；锻炼时，遵循循序渐进和个别对待原则，尽量不超出自身的生理负荷。每次训练时都要做好准备活动和整理活动。

# 第六章

# 健身运动的恢复方法

Jianshen Lilun yu Fangfa

健身运动是一个调节身体机能、提高新陈代谢、促进能量代谢的消耗过程，随着运动时间或运动强度的增加，体内的消耗也在增加，机体的工作能力和机能水平会出现暂时性下降，表现出疲劳状态，但经过适当的休息和调整能够得到恢复和提高，这是一种生理现象，是机体的一种保护性的机制，同时疲劳又是运动量的标志，身体的机能水平和运动能力正是在“恢复–消耗–恢复”的循环过程中不断得到提高。因此，没有疲劳就没有恢复。但如果前一次疲劳没有消除而新的疲劳又紧接着产生，积累起来就会造成过度疲劳，不利于身体锻炼，也不利于身体健康。故及时有效地消除运动性疲劳显得格外重要。

## 第一节　消除疲劳的途径

### 一、通过各种方法使肌肉放松

采用整理活动、按摩、理疗、桑拿浴、蒸汽浴、水浴等方法促进肌肉的血液循环，加速机体代谢产物的排出以及营养物质的补充。如，一日健身进行了跑步有氧运动40min和三轮下肢6～8RM的肌力训练，当日下肢的负荷量较大，运动后可采用推摩、揉捏、叩打、抖动等按摩手法，力量从轻柔开始，然后逐渐加大，以促进下肢肌肉的血液循环和肌肉的恢复。

### 二、通过调节神经系统机能状态消除疲劳

由于运动时神经系统的交感神经兴奋性高，在运动后采用心理放松、睡眠、有音乐的放松练习等调节神经系统机能，以消除疲劳。

### 三、通过补充营养物质促进疲劳消除

运动消耗了体内大量的能源物质和营养物质，运动后及时补充营养物质可促进消除疲劳。

## 第二节　消除疲劳的方法

### 一、整理活动

健身运动时机体有代谢产物（如乳酸等）的堆积，整理活动是消除运动疲劳、恢复体力的一种有效的方法。

#### （一）整理活动的作用

**1. 促进体内代谢产物的清除**

通过整理活动，运动时产生的代谢产物（如乳酸）一部分在供氧充分时可继续氧化分解，供给心肌、静息的骨骼肌或恢复时的骨骼肌能量，还可进入血液，在肝脏重新转化为糖原或葡萄糖，循环利用。

**2. 发挥肌肉的“吸筒”作用**

骨骼肌舒缩活动能挤压下肢静脉血管，有助于下肢静脉回心血量的增加。运动时由于血液的重新分配，使大量的血液流向下肢肌肉，运动后应进行积极的整理活动，如慢跑、四肢放松摆动等，充分发挥肌肉的“吸筒”作用，使静脉血尽快回流心脏，加快整个机体的恢复，防止急性脑贫血、血压降低等不良现象及“重力性休克”的发生。

**3. 通过伸展运动促进肌肉恢复**

整理活动中的肌肉伸展运动可消除肌肉痉挛，改善肌肉血液循环，减轻延迟性肌肉酸痛和僵硬程度，消除局部疲劳，预防运动损伤等。伸展部位应是肌力训练的部位，如胸大肌完成了卧推训练后，即对胸大肌进行拉伸，应用本体感觉神经肌肉促进法（PNF）效果较好。

## 二、睡眠

健身运动后要保证充足的睡眠。睡眠时大脑皮层的兴奋过程降低，体内分解代谢处于最低水平，而合成代谢水平相对较高，有利于体内能量的蓄积。在健身过程中，由于机体的新陈代谢加快，能量消耗增加，随着运动疲劳的出现，睡眠质量明显提高。因此，通过睡眠使大脑处于抑制状态，可以使各个器官、系统，包括神经系统、各内脏、各部位的肌肉等得到充分的休息。同时，大脑的抑制状态又促进合成代谢，许多消耗掉的物质的复原和许多损伤细胞、组织的修复也大多在睡眠中完成。比如大多数健身的人群都有这样的体会，进行健身后晚上的睡眠质量很高，第二天的精神状态很好。相反，如果因为种种原因睡眠不足，第二天就会精神不振，运动时也显得无力。所以健身运动期间，合理的睡眠对恢复体力至关重要。

## 三、温水浴、桑拿浴、蒸汽浴

温水浴可促进全身血液循环，调节血容量，加快新陈代谢，有利于机体内营养物质的运输和代谢产物的排除。通常水温在43℃左右，时间10～15min，勿超过20min。

蒸汽浴和桑拿浴多见于连锁健身俱乐部和休闲娱乐场所，是在高温干燥或高温高湿的环境下使皮肤及肌肉中的血管扩张，且增加通透性，有助于血液循环，加快并促进肌肉中代谢产物的排出，从而促进疲劳消除和体力恢复。

## 四、补充营养

补充足够的营养是十分必要的。因为运动使能量消耗增多，应补充足够的食物，使摄入的能量与消耗掉的能量相抵而达到平衡。此外，运动使体内维生素及无机盐也有所消耗，应适当补充。维生素C能促进有氧供应，B族维生素及维生素E也有减轻疲劳、提高工作能力的作用，钠、钾、钙、磷、铁、锌等矿物质是体内代谢及构成某些细胞必不可少的成分，运动后需及时补充。这些物质主要来源于饮食，应注意在饮食中增加丰含上述物质的蔬菜、水果、蛋、肉、奶等。补充水分对恢复体力也是很重要的，由于运动时大量排汗丢失了钠，因此在补水时可加少量食盐。

### 五、按摩

按摩是消除疲劳的重要手段，运动后采用相互按摩或自我按摩，可以改善肌肉的血液循环，促进代谢产物的排出，有利于消除运动后肌肉疲劳。按摩可以在运动后的20～30min进行，也可以在晚上睡前进行。

## 第三节　按摩恢复方法

### 一、按摩的作用

#### （一）对神经系统的作用

按摩是一种良好的物理刺激，对神经系统可起兴奋或抑制作用，通过神经反射影响各器官的功能。不同的按摩手法，对神经系统起着不同的作用：叩打、重推起兴奋作用，轻推、轻揉起抑制作用。同一按摩手法由于运用的方式不同，对神经系统有着不同的影响，手法缓急、用力轻重、时间长短的不同，其作用也不一样。一般说来，缓慢而轻、时间较长的手法有镇静作用，急速而重、时间较短的手法则起兴奋作用。

运用按摩手法，可以通过神经–体液调节机制，增强人体的免疫功能和抗病能力。

#### （二）对皮肤的作用

按摩首先作用于皮肤，使局部衰亡的上皮细胞得以清除，皮肤的呼吸得到改善，有利于汗腺和皮脂腺的分泌以及排出废物。

按摩可使皮肤内产生组胺和类组胺物质，使毛细血管扩张、开放，局部血流量增加，血液循环加快，皮肤温度得到相应提高，改善皮肤的营养，使皮肤润泽而富于弹性。经常进行按摩，可以促进皮肤代谢，加强皮肤的屏障功能，增强机体的抗病能力和对环境的适应能力。

### （三）对运动系统的作用

按摩能使肌肉中毛细血管扩张和后备毛细血管开放，使局部的血液供应加强、营养改善，提高肌肉的工作能力，并可加速疲劳肌肉中乳酸的排出，有助于消除疲劳。

采用适宜的手法按摩，在运动前可增强肌力；运动后可降低肌张力，减轻甚至消除肌肉酸痛。

经常进行按摩，能增强韧带的柔韧性和加大关节的活动范围，这不仅对健身运动有实际意义，还能预防关节韧带因过度牵拉而引起的损伤。

### （四）对循环系统的作用

按摩可以引起周围血管扩张，降低体循环中的阻力，加速静脉血的回流，影响血液的重新分配，调整肌肉和内脏的血液流量，以适应肌肉紧张工作时的需要。

### （五）对呼吸、消化系统的作用

按摩可以直接刺激胸壁或通过神经反射使呼吸加深。经常进行胸部按摩，不但可以改善呼吸功能，而且可以增强体质，减少感冒的发生。按摩全身或腹部后，能使氧的需要量增加10%～11%，相应能增加二氧化碳的排出量。

通过机械作用和反射机制按摩腹部，能提高胃肠道的分泌功能和消化功能。

### （六）对某些运动性病症的作用

按摩对有头痛、失眠、神经衰弱、肌肉痉挛的人有治疗作用，可以减轻或消除运动中腹痛，防治过度训练综合征等。

## 二、按摩的注意事项

按摩者的手要清洁，指甲要剪短，以免擦伤被按摩者的皮肤。天气寒冷时，按摩前应先把手搓热，然后再进行按摩。

为了按摩顺利进行，按摩者和被按摩者所取的体位和姿势必须适宜，既要便于按摩者操作，又要使被按摩者的肌肉充分放松。

按摩的方向一般应按淋巴流动的方向进行，淋巴结所在的部位不宜按摩。

按摩时用力应由轻到重、再逐渐减轻而结束。要随时观察被按摩者的表情，询问其自我感觉，以便及时调整按摩强度。做关节被动活动时，活动的幅度应掌握在生理活动范围之内。用力要适当，不可粗暴。

使用按摩介质是为了减少按摩时对皮肤的摩擦，使用的介质有乳剂和粉剂等。常用的按摩介质有10%的樟脑酒、舒活酒、按摩乳、滑石粉等。

有下列情况者不应做或慎做按摩。

①肿瘤部位禁忌按摩。

②妇女月经期和妊娠期不能做腹部按摩。

③局部患皮肤病、淋巴管炎、淋巴结炎、脓肿等急性炎症者，局部不做按摩。

④急性闭合性软组织损伤轻者24h之内，重者48h之内，以及肌腱、韧带完全断裂的急性期，均不宜按摩。

⑤骨折和关节脱位的早期不能按摩。

## 三、按摩手法

### （一）基本手法

基本手法可用于运动按摩。

**1. 推摩**

用手掌、掌根或手指在被按摩者身体一定部位做单方向的直线或弧形推抚，称为推摩。根据用力大小，可分为轻推摩和重推摩。

①操作方法：轻推摩，按摩者肘关节微屈，拇指分开，其余四指并拢，全掌贴于被按摩者皮肤上，沿着淋巴流动的方向轻轻向前推动。动作要柔和均匀，力量直达皮肤。

重推摩，手法与轻推摩基本相同，但用力较重。按摩者操作时，虎口稍抬起，着力点在掌根及大、小鱼际处，力达被按摩者的皮下组织。

拇指推摩，按摩者用拇指指腹或指端接触皮肤，向一定方向推动，其余四指分开助力，还可用双拇指分推。

②作用：轻推摩，起镇静作用。

重推摩，能加速静脉血和淋巴液的回流，有消肿散瘀和提高局部体表温度的作用。

③应用：轻推摩，多在按摩开始和结束时用，按摩中间变换手法时，常插入几次轻推摩。

重推摩，常用于运动前按摩，以迅速提高局部的体表温度，多与揉捏、按压等手法交替使用。

拇指推摩，可用于头、面、背、四肢等部位，有止痛、消除疲劳、理顺肌腱等作用。

**2. 擦摩**

按摩者用拇指或四指指腹、大鱼际、小鱼际、手掌及掌根贴于被按摩者皮肤上，做来回直线形往返摩动，称为擦摩。擦摩要求按摩者动作柔和，力量均匀，速度稍快，作用力主要在被按摩者皮肤上，亦可达皮下组织。

①操作方法：拇指指腹和大鱼际按摩，按摩者将两手拇指指腹和大鱼际平行地放在被按摩者皮肤上进行往返按摩，其余四指托住被按摩的部位。

指腹擦摩，按摩者用拇指和四指相对成钳形，钳住被按摩部位。以拇指为支点，用其他四指进行擦摩；或以四指为支点，用拇指进行擦摩。

手掌或掌根按摩，按摩者腕关节稍背伸，将手掌或掌根放在被按摩的部位上，进行往返重复的按摩。

②作用：加强局部血液循环和提高皮肤温度。

③应用：多用于膝关节、肘关节、指间关节、背、腰、下肢等部位。

**3. 揉法**

按摩者用手指或手掌在被按摩者身体的某个部位做揉动的手法，称为揉法。

①操作方法：指揉法，按摩者用拇指指腹紧贴被按摩者皮肤回旋地揉动。适用于狭小部位或穴位处。

掌揉法，按摩者用手掌、掌根、大鱼际、小鱼际贴于被按摩者皮肤上，做圆形或螺旋形的揉动。揉动时手掌不移开接触的皮肤，揉动皮下组织。轻揉时，力达皮下组织或浅层肌肉；重揉时，力达深层肌肉或深部组织。

②作用：轻揉可缓和强手法的刺激，并有镇静、止痛作用。重揉有促进血液循环，促进新陈代谢的作用；重揉还有松解粘连、软化瘢痕组织的作用。

③应用：适用于身体各部位。

**4. 揉捏**

按摩者以拇指与示指（食指）及中指相对或拇指与其余四指相对，在被按摩者身体某一部位同时做持续揉捏动作，称为揉捏。

①操作方法：按摩者拇指分开与其余四指相对，成钳形，将掌心及各指贴于被按摩者皮肤上。在揉捏时腕关节放松，边揉边捏，有节律地提放肌肉，向心做旋转式移动。动作要缓和而连贯，用力均匀而达深部组织。在揉捏的过程中，掌、指不能离开被按摩的皮肤，指间关节不能弯曲，不能仅指尖用力。

②作用：促进肌肉的血液循环和新陈代谢，增加肌力和防止肌肉萎缩；消除肌肉疲劳性酸痛，解除肌肉痉挛，活血化瘀。

③应用：揉捏是按摩肌肉的主要手法，多用于大腿、小腿、臀部等肌肉丰厚的部位，也可用于前臂和上臂。

**5. 搓**

按摩者用双手手掌或小鱼际在被按摩者肢体上做快速往返搓动的手法，称为搓。

①操作方法：按摩者双手掌相对，放在被按摩的身体部位，相对用力，来回搓动。动作轻快协调，双手力量均匀，频率一般较快。但在搓动中，要使速度由慢而快，再由快而慢地结束。要求力达皮下组织和肌肉。

②作用：消除肌肉疲劳，提高肌肉工作能力。

③应用：适用于四肢的肌肉及肩、髋关节等处。常适合在每次按摩的后阶段应用。

**6. 按压**

按压是按摩者用手指指腹或手掌着力在被按摩者体表某一部位或穴位上，逐渐用力下压的手法。可以分为指按压和掌按压。

①操作方法：指按压，按摩者用一只手或双手拇指按压被按摩者的穴位或痛点，如单拇指按压力量不足时，可用另一手拇指重叠按压，以加强按压力量。按摩腹部时，可用示指、中指、环指（无名指）、小指四个手指的指腹按压，必要

时可用另一只手的四个手指重叠按压。

掌按压：按摩者将一只手或双手的手掌或掌根（双手并列，或重叠，或相对）贴于被按摩部位，腕关节背伸，用较大的力量向下或相对按压，力量由轻到重，再由重到轻，作用点在肌肉或关节。

②作用：指按法多用于穴位和痛点（阿是穴），有镇静和止痛的作用。掌按法可以使肌肉放松，消除疲劳，并可使轻微错位的关节复位。

③应用：指按法常用于肩、背、腰、臀和四肢的穴位或骨缝处。前额痛可用双拇指对按太阳穴。

7. 叩打

按摩者用两手掌尺侧面或者两手半握拳叩打被按摩部位的方法，称为叩打。叩打可以分为叩击、轻拍、切击三种手法。

①操作方法：叩击，按摩者两手半握拳，用拳的尺侧面交替叩打被按摩的部位。叩击时力量要均匀，手指、手腕尽量放松，发力在肘。

轻拍，按摩者两手半握拳，或两手手指伸直张开，掌心向下对被按摩者交替进行拍打。拍打时，力量要均匀，手指、手腕应放松，发力在腕。

切击，按摩者两手手指伸直张开，用手掌的尺侧面对被按摩者进行切击。切击时力量要均匀，发力在肘。

②作用：促进血液循环，放松肌肉，消除运动后肌肉酸痛。

③应用：多用于腰、背、臀、下肢等肌肉丰厚的部位。进行切击时手应沿着肌纤维的走行方向进行切击。

8. 抖动

按摩者小幅度、快速连续摆动被按摩者肌肉或肢体的方法，称为抖动。可分为肌肉抖动和肢体抖动。

①操作方法：肌肉抖动，被按摩者肌肉要放松，按摩者用掌、指轻轻抓住被按摩者的肌肉，进行短时间的快速振动。

肢体抖动，按摩者双手握住被按摩者肢体末端，进行左右或上下快速抖动。抖动的速度应由慢而快，再由快而慢，振幅不要过大。

②作用：使肌肉、关节放松，消除疲劳。

③应用：多用于肌肉丰厚的部位和四肢关节。

9. **运拉**

按摩者在被按摩者的某一关节部位，连续做屈、伸、内收、外展、内旋、外旋、环转及牵引等活动的手法，称为运拉引伸法，简称运拉。

由于运拉属于被动运动，进行运拉时，不能使关节活动幅度超过正常生理活动范围，以免造成损伤。

①操作方法：按摩者一手握住被按摩者关节近端肢体，另一手握住其关节远端肢体，根据关节活动的可能性，做屈、伸、内收、外展、内旋、外旋、环转及牵引等活动。根据按摩部位的不同，运拉操作的方法也不同，有如下八种常见的运拉方法。

运拉颈部：按摩者一手扶住被按摩者头颈，另一手托住其下颌部轻轻地做左右旋转和前俯后仰的屈伸活动。

运拉肩关节：按摩者一手捏被按摩者肘部，另一手按于其肩上以固定，做肩关节的屈、伸、内收、外展、内旋、外旋及环转等活动。

运拉肘关节：按摩者一手从后侧握住被按摩者的上臂下段，保持不动；另一手握住其同侧腕部，做肘关节的屈、伸和旋转活动。

运拉腕关节：按摩者一手握住被按摩者腕关节上部，另一手握住其手的四指，做屈、伸和环转运动。

运拉指关节：按摩者一手握住被按摩者的手掌，另一手捏住其指端，做屈伸、环转和牵引等活动。

运拉上肢：被按摩者取坐位，按摩者站于其体侧。按摩者一手从被按摩者背侧握住其手指（或腕），使上肢外展；另一手托住被按摩者同侧肘后，双手协同用力，先使前臂内旋，屈腕、屈肘，并从外向内推肘，使上臂在肩关节处环转，然后使上肢伸直。

运拉髋关节：按摩者一手握住被按摩者踝关节上部，另一手按于其膝关节上，使膝关节弯屈保持锐角，做由内向外或由外向内的活动，并适当伸屈髋关节。

运拉膝关节：被按摩者取俯卧位，按摩者站于其体侧。按摩者固定被按摩者股部下段，另一手握住同侧脚部，做膝关节屈伸活动。

运拉踝关节：按摩者一手捏被按摩者小腿下部，另一手握脚做屈伸、内翻、外翻和环转活动。

运拉下肢：被按摩者取仰卧位，按摩者站于其体侧。按摩者一手握被按摩者踝关节上部，另一手按于其膝关节上，屈髋、屈膝，做由内向外，或由外向内的运动，使髋关节旋转，并配合做膝关节的屈伸运动。

②作用：能增加关节的活动幅度，维持肌肉和韧带的柔韧性。

③应用：常在各关节及肢体按摩结束时，活动关节和肢体。

## 四、身体各部位的按摩

### （一）颈部按摩

#### 1. 手法

手法有推、揉、揉捏、叩打和运拉四种。

#### 2. 操作步骤

被按摩者取坐位，按摩者立于后方。按摩者两手分别放在被按摩者颈部两侧，向下做轻推。当推至颈根部时，两手分别转向两侧肩部。重复数次后，从颈上部向下外侧直到肩胛部进行揉捏和揉。先轻后重，反复数次，再揉胸锁乳突肌，接着叩打肩背部，最后做运拉。或令被按摩者将头向各个方向做环转活动。

### （二）腰背部按摩

#### 1. 手法

手法有推、擦摩、揉、按压、叩打、点压穴位四种。

#### 2. 操作步骤

被按摩者取俯卧位，头偏向一侧，掌心向上，按摩者立其身侧。按摩者先做轻推，自被按摩者腰部起推至肩胛下角，然后向外展开，转向腋窝。力量由轻到重。轻推后，按摩者在被按摩者腰背部由下而上做大面积的揉，棘突两旁用拇指指腹自下往上揉。于肋间可做推法和指腹擦摩；在擦肩胛下角及其内缘时，按摩者用一手托住被按摩者肩部，用另一手的手掌内侧自上而下地擦摩。按摩者用双手拇指在被按摩者肾俞穴、环跳穴处点压。被按摩者两侧骶棘肌按摩者用双手并列按压，脊柱可用双手重叠按压，自上而下反复两三次。叩打可用于按摩脊柱两旁的肌肉，自下而上地来回进行切击和轻拍。最后以推法结束，用力应由重到轻。

## （三）上肢按摩

**1. 手**

①手法：推、按摩、揉和运拉。

②操作步骤：被按摩者取坐位，按摩者站（或坐）于其前面。按摩者从被按摩者手指开始按摩，沿着淋巴流动方向，先在手指的掌面和背面做横行的推和擦摩，再沿手指两侧向上推动，到手背部位可沿着掌骨间进行推、按摩和揉，最后对每个手指逐次进行运拉。

**2. 腕关节**

①手法：推、擦摩、揉、按压和运拉。

②操作步骤：被按摩者取坐位，按摩者站（或坐）于其前面。按摩者一手握住被按摩者的手指，保持固定，另一手的手掌放在被按摩者腕关节背侧，向上推动。然后使前臂旋后，掌心向上，推腕关节的掌侧。推后可做按摩。按摩时按摩者可用指腹按摩，也可用掌根擦摩，接着揉被按摩者腕关节。在腕关节按摩中，有时采用双掌按压法，按压时按摩者两手十指交叉，两掌根夹住被按摩者腕关节，相对用力，力量由轻而重，再由重而轻，这样反复数次，然后做腕关节的运拉，最后以轻推结束。

**3. 前臂**

①手法：推、揉捏、按压、搓、点穴。

②操作步骤：体位同腕关节的按摩。按摩者用一手握住被按摩者的手，使前臂固定在一定的位置上，用另一手按摩。开始时用轻推，由被按摩者腕关节推向肘关节，然后做较长时间的单手揉捏。外关穴和内关穴处可做点压。接着进行搓，最后以轻推结束。如果被按摩者肌肉僵硬时，可做按压，使其放松。

**4. 肘关节**

①手法：推、推拿、揉捏、点压穴位和运拉。

②操作步骤：被按摩者取坐位，按摩者站（或坐）于其前面。按摩者用一手支持被按摩者的前臂，使其肘关节稍屈，开始做几次轻推，然后重点在侧副韧带

进行擦摩和揉捏，在曲池穴处点压，再做肘关节的运拉，最后以轻推结束。

5. 上臂及肩部

①手法：推、揉、揉捏、搓、点压穴位、叩打、抖动和运拉。

②操作步骤：被按摩者取坐位，被按摩肢体里屈肘外展位，按摩者站在被按摩肢体的侧方。按摩者由被按摩者肘部向腋下及肩部的方向进行。开始做几次轻推，然后重点在被按摩者肱二头肌、肱三头肌、三角肌、肩锁关节周围组织进行揉和揉捏，以揉捏为主。接着用搓法，由肘至肩来回进行。搓肩部时，一手紧压在被按摩者肩关节前面，另一手紧压在肩胛骨中上部搓动。然后使其三角肌放松，在肩髃穴处点穴，再进行叩打。接着进行抖动和运拉肩关节，最后以轻推结束。上肢各部按摩后，再推整个上肢，最后以肢体抖动结束。

### （四）下肢按摩

1. 脚部及踝关节

①手法：推、擦摩、揉、点压穴位和运拉。

②操作步骤：被按摩者取仰卧位或坐位，按摩者自被按摩者脚趾、脚背、脚掌向踝关节及小腿方向进行推，再用手指指腹及手掌尺侧擦摩和揉被按摩者脚背及踝关节周围，在其涌泉穴、昆仑穴、太溪穴处点压，接着运拉其踝关节，最后以轻推结束。

2. 小腿

①手法：推、揉捏、点压穴位、叩打和抖动。

②操作步骤：被按摩者俯卧，按摩者站（或坐）在被按摩者小腿同侧。按摩者先被按摩者在小腿后侧从踝关节到腘窝处做几次轻推，然后做双手或单手揉捏，在揉捏过程中，加入轻推及肌肉抖动（主要抖动被按摩者小腿三头肌肌腹），揉捏后做重推及轻拍，接着在承山穴、阳陵泉穴处点压，最后以轻推结束。小腿前面以推胫骨前肌为主，推时被按摩者应取仰卧位或侧卧位。

3. 膝关节

①手法：推、擦摩、揉捏、搓、揉、运拉。

②操作步骤：被按摩者仰卧或取坐位，按摩者站（或坐）在被按摩关节的同侧。按摩者首先围绕被按摩者膝关节做轻推，每次从小腿开始，止于大腿下段。

然后在膝关节及其周围进行擦摩和揉，应对两侧副韧带做较长时间的擦摩。接着揉捏膝关节周围的肌肉，搓动肢体，并进行膝关节的运拉，最后以轻推结束。

**4. 大腿及髋关节**

①手法：推、揉、揉捏、搓、抖动、叩打、点压穴位及运拉。

②操作步骤：被按摩者取卧位，按摩者站（或坐）在其身侧。按摩者由被按摩者膝关节向腹股沟及髋关节方向进行按摩。从轻推开始，大腿外侧用重推，然后在大腿的前面、后面和内侧面进行揉和揉捏，大腿后面可加压揉捏。根据需要还可做抖动和叩打。再在委中穴及环跳穴处点压，接着进行髓关节的运拉，最后以轻推结束。

**5. 臀部**

①手法：推、揉、揉捏、按压和叩打。

②操作步骤：被按摩者俯卧，按摩者侧立，按摩者先从被按摩者臀部内下至外上顺着淋巴流动的方向进行轻推，然后在臀部进行以揉捏和揉为主的按摩。在做揉的按摩时，可用掌根或双手重揉。按摩者在做揉捏按摩时，可用双手揉捏或加压揉捏。接着用双手重叠按压，用力由轻到重，再由重到轻。按压之后可做臀部的叩击、轻拍和切击。最后以轻推结束。下肢各部位按摩后，再做整个下肢的推和抖动。

## 五、按摩在健身运动恢复中的应用

按摩在运动前和运动后都可进行，运动前按摩一般应和准备活动结合起来。按摩2～10min，在活动前15min内进行为宜。

运动后按摩，也叫恢复按摩，目的是促进健身者消除疲劳，提高睡眠质量、增进食欲，更有效地恢复体能，加速内环境达到新的稳态。一般在健身运动结束后进行，也可在洗澡后或晚上睡前进行。当健身者十分疲劳时，应先休息2～3h后再进行按摩。

按摩部位应根据健身运动项目特点和健身者的疲劳情况而定，一般是按摩运动负担量大的部位。当健身者极度疲乏时，可进行全身按摩。

在进行局部按摩时，背部指压法有助于脊柱和全身的放松；四肢向心性的挤压手法有助于静脉血和淋巴液的回流，防止淤血，使淤积在四肢末梢的代谢产物能及时排出，减轻运动性酸痛；头面部的轻柔手法有助于睡眠。关节和躯干部以揉为主，四肢肌肉以揉捏为主，先按摩大肌肉，后按摩小肌肉，一侧按摩后，再按摩另一侧。臀部、大腿后侧等肌肉丰厚的部位，可用重按压，使肌肉放松，消除疲劳。在环跳穴、委中穴、承山穴、阳陵泉穴、足三里穴、昆仑穴、三阴交穴等处点压也有助于消除疲劳，减轻肌肉酸痛感。搓、抖动、叩打等按摩手法，也有助于放松肌肉、消除疲劳。

全身按摩一般在晚上睡前进行。按摩时间需0.5 ~ 1h，肌肉酸痛部位按摩时间可长些，一般先按摩大腿，后按摩小腿，再依次按摩臀、腰背、上肢，必要时还可按摩头部。也可先按摩腰背，后按摩臀部，再依次按摩大腿、小腿和上肢。

生 命 在 于 运 动 ， 更 在 于 科 学 运 动 ！

# 第七章

# 健身运动的方法与实践

Jianshen Lilun yu Fangfa

全民健身是实现全民健康的重要途径和手段，实施全民健身计划是国家的重要发展战略。2016年国务院印发了《全民健身计划（2016—2020年）》。众多研究表明，健身给人们带来的不仅仅是体质的改善，还引导了健康生活的理念。随着健身运动的普及，人们通过各种方式，有目的地进行健身运动，以增进健康。健身运动因迎合了现代人的心理，因其能保持生命活力和延年益寿而备受推崇。遗憾的是，真正能够掌握健身知识和方法的人并不多，更多的个体在健身运动实践中存有误区，甚至步入歧途。因此，在全社会提倡科学的健身观念、推广科学的健身方法，有助于健身人群在参加健身活动的时候获得针对性的指导，从而在现实生活中找到适合的健身项目和健身方法。

## 第一节　健身运动的分类

### 一、按运动中的能量代谢分类

根据人体在运动中的能量代谢可将健身运动分为有氧运动和无氧运动。

#### （一）有氧运动

有氧运动是指运动过程中糖类、脂肪等能源物质在氧气充足的情况下完全燃烧提供能量的运动。

**1. 有氧运动的作用**

有氧运动能有效改善心肺与血管功能，提高肌肉利用氧的能力；能提高脂肪在体内的分解代谢，预防肥胖，减脂，防治心脑血管等疾病，增强体质，对人体健康起到良好的促进作用。

**2. 有氧运动的形式**

有氧运动的形式主要有（室内、室外）跑步、快走、游泳、球类、自行车、跳绳、登山、打羽毛球、打网球、有氧操、有氧舞蹈、有氧爵士舞、有氧拉丁操、踏板操、搏击操等。

**3. 有氧运动的特点**

①在有氧环境下进行的全身性的大肌肉活动。

②略感气喘，但未达到上气不接下气的程度。

③稍微出汗，又不至于大汗淋漓。

④感到全身舒展，但不觉得肢体劳累。

⑤有稳定性，有氧运动应该维持在某一个特定强度。

⑥运动频度为每星期3～5次。

⑦运动强度为心率达最大心率的50%～80%。

⑧运动时间长度为每次运动最少20～60min。

由于有氧运动的形式多样，健身人群可根据自己的健康状况、运动水平和兴趣爱好选择不同的有氧运动形式。一个长期没有参加运动的人应当从低强度、简单的有氧运动开始（如跑步），然后循序渐进。表7-1给健身者提供一个参考。

**表7-1　不同的有氧运动形式**

| 组别 | 运动特征 | 运动形式 |
|---|---|---|
| 1 | 运动强度和能量消耗较恒定，容易控制 | 快走、跑步、自行车（特别是在健身俱乐部的跑步机和椭圆机上进行） |
| 2 | 能量消耗与技能有关，但运动强度仍较恒定 | 游泳 |
| 3 | 运动技能和运动强度的可变性很大，健康状况差者不宜 | 网球、篮球等 |

## （二）无氧运动

无氧运动是指运动中通过无氧代谢途径提供能量进行的运动。它由两个部分组成，即磷酸原系统（ATP-CP系统）分解供能和糖酵解供能。磷酸原系统是无氧供能的物质基础，而糖酵解供能则是速度耐力的物质基础。由于无氧运动的强度大，运动时间较短，对提升人体机能水平和预防疾病的作用较小，因此，无氧运动是健身运动的次要形式。

无氧运动的形式主要有快跑、球类运动中的快速跑动等。

## 二、按健身的作用分类

### （一）有氧运动类

有氧运动类（增强心肺功能、减脂）的形式：快走、慢跑、游泳、球类、自行车、跳绳、登山、有氧操、有氧舞蹈、踏板操、小负荷力量训练等。

### （二）塑形调理类

塑形调理类（调理身心、塑形、减脂）的形式：瑜伽、太极拳、太极剑、木兰拳、木兰剑、武术套路、五禽戏、八段锦、普拉提、形体舞蹈、健身球等。

### （三）舞蹈类

舞蹈类（塑形）的形式：拉丁舞、肚皮舞、民族舞、现代舞等。

### （四）力量类

力量类（塑形、减脂、预防骨质疏松）的形式：器械力量、哑铃、杠铃、健身球、普拉提、弹力带等。

### （五）平衡和柔韧类

平衡和柔韧类（提高身体平衡能力和柔韧性）的形式：瑜伽、太极拳、太极剑、木兰拳、木兰剑、五禽戏、普拉提、舞蹈、健身球等。

### （六）功能训练类

功能训练应使用小型器材，应用运动解剖学、运动生理学及运动生物力学的原理，以人体运动的四大支柱模型为支撑，强调身体动力链的传递效益，采用正确的运动模式，预防运动损伤以及提升运动能力。

### 三、按健身运动的组织形式分类

按健身运动的组织形式分类有如下四种。

①社区健身：舞蹈、跑步、走步、太极等。

②工会组织：体育项目比赛、趣味运动游戏、瑜伽、形体舞蹈等。

③学校俱乐部：有氧操、形体舞蹈等。

④经营性健身俱乐部：器械健身、团课健身课程和私教健身等。

### 四、健身运动方式选择的原则

①以有氧运动为主。

②大肌肉群的动力性运动与静力性运动结合，全身运动与局部运动结合，以全身动力性运动为主，局部静力性运动为辅。

③对于缺少运动的人，动作结构选择以周期性运动为主，其动作简单，强度易于控制。

④要考虑个人的运动兴趣爱好。

⑤运动方式既要相对稳定，又要有所变化。

## 第二节　健身运动的方法与实践

本节主要介绍目前与国际接轨、流行时尚、简单实效的健身运动方法。

### 一、走步健身运动

走步健身运动是中老年人最安全、有效的有氧健身运动方式，对全面提高人体机能，特别是心脑血管功能效果明显，锻炼形式简单，不受场地时间限制，可以根据自己身体状况控制运动强度和运动量，其节奏平缓，比较适合中老年人长期坚持。健身者如果是以提高心肺功能、调节血压、降低血脂、降低体脂和减轻体重为主要目的，可以首选走步健身运动方式。

## （一）走步健身运动的作用

走步是一种无需专门学习便能进行锻炼的健身方式，其运动强度较小，既安全又简便，男女皆可，老少适宜，对中老年人尤为适合。

走步是全身性运动，是以离心脏较远的下肢为主要活动部位，它是锻炼下肢肌肉和增强腿部力量的良好方式。同时，由于下肢肌肉的收缩与放松，上肢的交替摆动，使体内的新陈代谢加强，并可促使下肢血液回流心脏，能增强心脑血管和呼吸系统的功能。走步对于防治慢性疾病也有良好的功效。研究表明，慢跑快走锻炼可以降低成年人血液中低密度脂蛋白胆固醇和甘油三酯水平，可以缩小中老年人臀围、降低体脂，同时可以提高中老年人肺活量、降低血压，具有提高人体呼吸系统功能、心脏功能和血压调节能力的作用。

## （二）走步健身的能量代谢

走步要消耗一定的能量，走得越快能量消耗越多。如果以60m/min的速度步行，每分钟消耗能量为11.30kJ（2.7kcal）。如果以120m/min的速度步行，每分钟消耗能量为28.03kJ（6.7kcal）。在平地，按50～100m/min的速度步行，能量消耗与速度呈线性相关，即速度越快，能量消耗越多。

## （三）走步健身的动作方法

### 1. 步幅

步幅应自然而舒适，步幅过大会降低动作协调性，使机体过早进入疲劳状态。走步健身运动时要求髋关节以上的身体部位稍向前倾，在相对放松的情况下确定步幅。

### 2. 摆臂

摆臂时肩关节要充分放松，肘关节弯曲90°左右为宜。摆臂的主要作用是保持身体平衡，锻炼肩部肌群，促进血液循环，保证人体在运动中各种生理活动的正常进行。此外，摆臂与步频有着密切的关系，摆臂的速度越快，步频越快，速度也越快。

3. 身体姿势

走步中身体不能僵硬，头部和躯干应保持正直，小腹微收，身体稍前倾。良好的身体姿势不但对走步有利，而且还有助于在日常生活中展现挺拔的身姿和自信的形象。

4. 步行速度

稳健而轻快的步伐可使人达到良好的健身效果，对一名普通健身者来说，步行以80～110m/min的速度较为理想。如果以步频来推测步行速度，每分钟100～120步是比较合适的基础频率。步行速度最终还是由健身者的身体条件和兴趣爱好而定。

### （四）走步健身运动的种类

1. 散步

散步是一种步法轻松、步幅小、步速慢和运动量较小的走步方法。这种方法适合老年人、身体虚弱者和慢性病患者。散步锻炼可根据自身的体质选择不同的速度和步幅。散步的姿势要放松、自然，脚要放平、柔和着地，两腿迈步交换速度不能过急，应柔和有节奏，两臂随两腿迈步自然摆动，头和颈部放松。

2. 快步走

快步走是一种步幅适中、步速较快、运动量稍大的走步，快步走的步频一般要大于每分钟140步。可以采用每分钟186步的速度与70cm步幅相组合，每小时步行5～7km，每次锻炼30～60min，最高心率可控制在每分钟120次以下，对50岁以上的健康人所产生的有氧训练刺激，相当于50% $HR_{reserve}$或70% $HR_{max}$的运动。此法适用于普通中老年人增强心脑血管功能和减轻体重。快步走时步频、步幅要大于正常行走，双臂积极前后摆动，重心快速前移，抬头、挺胸、收腹。

3. 倒步走

倒步走即反向行进，倒退着走步。有研究资料表明，倒步走比正常走的耗氧量高30%，心率快15%。出现这种生理现象的原因是增加了走步动作的难度，如脚着地的方式、维持平衡等，可使人消耗更多的氧气和热量。后退时，由于身体参加运动的肌肉工作部位与普通走路相反，从而使活动少的部位和肌肉受到一定的锻炼，对增强腰背肌肉力量及柔韧性，乃至全身协调性具有积极作用。

倒步走的路线，可使远近两点与视线成一直线，身体沿此线倒行，或在地面划出标志线。脚的着地方式应从脚尖过渡到全脚掌，两臂在体侧自然前后摆动。每次练习60m左右，与正常走交替进行。

另外，负重走（3.6kg的背包）、水中行走（游泳池）等为试图减重或减脂及提高心肺功能的人提供了在运动形式上的额外选择。

### （五）走步健身的注意事项

①要选择适宜的场地，地面要平整宽阔，最好没有车辆和行人，速度不宜过快。

②注意做好准备活动，特别是使运动器官和心肺功能得到适应。速度循序渐进，应先慢走，待脚发热后再快走。

## 二、跑步健身运动

跑步是一种关节和肌肉反复活动，动员人体各器官系统的全身性有氧健身运动。自1947年德国学者阿肯提出“长、慢、远”的现代健康跑步方法以来，慢跑活动被列为有益健康、抗病延年的手段。又由于慢跑“简单易行，效果奇特”，因而被称为“有氧代谢运动之王”而风靡全球。

### （一）跑步健身运动的作用

跑步健身运动有如下作用。

提高呼吸功能：跑步时人体对氧的需求量增加，肺通气量是安静时的10～15倍以上，使吸入体内的氧气增加。

提高心血管功能：跑步时促进全身的血液循环，心率加快，每搏排血量和每分钟排血量增加，能及时供给组织细胞氧气，及时排出代谢废物如二氧化碳。

减脂：长时间低强度的跑步健身运动可促进体内脂肪分解代谢，达到减脂的目的。

因此，通过跑步健身运动可有效地提高心肺功能，提高机体新陈代谢，从而有效地提高人体健康水平。

### （二）跑步健身运动的能量消耗

跑步消耗的能量主要取决于运动的强度和持续时间。以250m/min的速度跑30min所消耗的能量要比以130m/min的速度步行30min所消耗的能量多得多，虽然同样是活动30min，但跑步行进的距离大于步行。运动强度越大，消耗的能量也越多。在运动过程中不仅消耗大量的能量，而且在恢复期内还要消耗相当多的能量。

跑步时能量消耗简易计算公式：

跑步时能量消耗（kcal/min）=（0.2×脉搏－11.3）÷2

计算的结果就是在这一强度下每分钟消耗的能量，这样健身者就能科学地选择适宜的运动强度，达到很好的健身效果。

［案例4］某健身者跑步时的心率为135次/分，跑步40分钟消耗的能量为：

每分钟能量消耗=（0.2×脉搏－11.3）÷2

=（0.2×135－11.3）÷2

=7.85（kcal）=32.84（kJ）

40分钟能量消耗=7.85×40=314（kcal）=1313.78（kJ）

### （三）跑步健身运动的方法

身体姿势：跑步时头部和上体保持正直稍向前倾，颈部肌肉放松，腹部微收。

上肢动作：双手不要紧握拳头，肘关节弯曲约90°，以肩关节为轴向前后自然摆动手臂。

下肢动作：全脚掌着地，重心移动平稳。

呼吸动作：呼吸自然，并有适宜的深度，呼吸节奏与跑步节奏相协调。可用鼻吸气，嘴呼气，也可口鼻兼用。

### （四）跑步健身运动的种类

1. **走跑交替法**

对于长期缺乏锻炼、体力较弱者或老年人，可采用此法。方法是先走100～200m，然后慢跑300～500m，重复数次。也可以走1min，跑1min，交替进行；然后逐渐缩短走的时间，加长慢跑的时间，直到可以完成持续慢跑。每次练习时间控制在20～30min，每周至少3次。

2. **匀速跑法**

匀速跑适合有锻炼基础者或体质较好者。这种方法是跑速不发生变化，较容易控制运动强度，根据自己的体力合理地选择速度。如第一周用6～8min跑1000m，两周后加1000m，再过两周再加1000m，直至5000～6000m。

3. **变速跑法**

变速跑即采用快跑与慢跑交替进行。变速跑的形式有很多，如采用等距变速跑、不等距变速跑、直道快跑与弯道慢跑组合、不均匀的快跑与慢跑组合等。这对健康状态较好的中老年锻炼者较为合适，但要注意控制运动强度，尽量使快跑时的强度保持在有氧范围以内。

### （五）跑步健身的注意事项

①要做好充分的准备活动，防止肌肉拉伤和剧烈运动开始时出现心肌缺血。

②长期在水泥地跑步的人要避免小腿胫骨劳损，尽量选择在草地或泥土地上跑，并注意动作要领。

③冬天跑步要注意防寒，夏天跑步出汗多应适当喝些淡盐水补充，以免肌肉痉挛，跑后注意放松。

④感冒、发热、腹泻时，暂不宜跑步。妇女在月经期间，也应暂停健身跑步。

### （六）不适宜跑步健身的人群

①重度肥胖人群。

②老年人群。

③膝关节有伤病者。

④膝关节已出现退行性改变的人群。

分析：膝关节是承受人体体重最大的关节，由于跑步时人体的重心向下，身体还受到地球引力的作用，这两个向下的力量作用于膝关节，增加了膝关节的承受负荷，易使膝关节出现病理性的改变。

## 三、游泳健身运动

游泳时，人体几乎所有的肌肉群和呼吸循环系统都被动员起来，使身体得到全面锻炼。游泳是在水中进行的（水的导热性和密度分别是空气的26倍和820倍），当水温低于人体温度时，因受到冷水的刺激，人会不自主地进行一次深呼吸，介质阻力的加大有利于增强呼吸肌的收缩能力。人体经过长期游泳锻炼，呼吸肌会逐渐强壮起来，呼吸功能将明显提高。游泳健身运动适合于增强心肺耐力、提高心肺功能、减脂、体重较大的肥胖者，以及有颈腰椎疾病、膝关节退行性改变和疼痛等的人群。

## 四、球类健身运动

一些球类活动，如果健身者在强度和持续时间上把握得当，那么也可以起到提高机体有氧工作能力的作用。常见球类健身运动有非竞赛性的篮球、排球、足球、羽毛球、乒乓球、网球，以及适于老年健身用的地掷球、门球等。球类活动趣味性和娱乐性较强，但运动强度变化较大，受个人身体素质、运动技巧及活动时同伴的表现等因素的影响。球类活动一般适合于身体素质较好、有一定健身基础的人群。

## 五、登山健身运动

登山运动可以全面提高人体的身体机能和健康水平，是一种理想的有氧健身运动方式。

健身者登山时全身各大关节及肌群都能得到有效的锻炼。在登山过程中，由于下肢反复屈伸，对腰臀肌、股四头肌、腘绳肌、小腿伸屈肌及脚部小肌群的锻炼作用更大。同时，登山运动可明显提高健身者心脑血管系统和呼吸系统功能。

因为登山需要大量的氧气，这就迫使心脏和肺加强工作，以适应机体的需求。经过一段时间的锻炼，心肺功能会明显增强，人的体力和耐力也会相应的增强。登山运动可改善神经系统、消化系统功能，有些神经衰弱患者和消化功能较差者通过登山运动，睡眠和消化吸收功能都能改善。因此，想改善血脂状况、提高心肺功能、降低体重、提高肌肉力量和耐力的人，可以选择登山健身运动方式。但是，此类运动方式对健身者身体条件要求较高，身体不适者，特别是膝关节有不适的个体不宜进行此类运动。另外，登山时最好结伴而行，一定要控制好运动强度，量力而行。

## 六、有氧舞蹈健身运动

随着人们对健身运动多元化的需求，希望在健身过程中能感受到音乐和身体姿态的美。有氧舞蹈是配合音乐和舞蹈的元素进行健身的一种有氧运动，有氧舞蹈一方面能消耗较多热量，另一方面能把许多舞蹈动作健美操化，通过有氧健美操的锻炼形式，反复或进行组合练习。有氧舞蹈有许多风格，其音乐与舞蹈的紧密结合，锻炼时能达到愉悦身心的效果，同时人的创造、想象、表现和艺术修养等综合能力都能得到提高，在健身俱乐部深受青年人的喜爱。

舞蹈动作健美操化，多种风格，其音乐与舞蹈结合紧密，可以减脂、健脑、愉悦身心、减压，提高身体协调性。

## 七、民族传统健身运动

适宜的保健气功、太极拳、太极剑、民族舞蹈、扭秧歌等活动都有提高心肺功能的作用。由于活动的强度较小，运动方式动作平缓，不易出现运动损伤，比较适合中老年人进行锻炼。研究表明，中国的民族传统健身运动可以提高人体呼吸功能，调节血压，使肌肉力量、肌肉耐力、身体平衡能力和柔韧性等得到较好的发展；可以改善中老年人血脂状况；可以降低人体腰围、臀围。以提高身体平衡能力、柔韧性、协调性和改善心肺功能、调节情绪为主要健身目的的体育锻炼者，可以选择民族传统健身运动。

## 八、普拉提健身运动

普拉提是“Pilates”的音译，它是由德国人约瑟夫·普拉提创立并推广的一种健身运动方式。1926年，约瑟夫·普拉提发明了一种静力性的健身运动——肌肉力量训练。西方人一向注重身体肌肉和生理机能的训练，如腰、腹、背、胸、臀等部位的训练；东方人则着重呼吸和心思集中的训练，如瑜伽和太极。普拉提吸取了东西方文化，兼容了生理与心理的相关研究成果。最初普拉提只运用于专业舞蹈团体进行肌肉的训练和医疗康复机构病人痊愈后的机体功能及肌肉力量的恢复。

### （一）普拉提的发展

1914年，第一次世界大战爆发。当时住在英格兰的约瑟夫·普拉提，因其为德裔而被投入监狱。在监狱里，他帮助卧床病人进行训练，恢复肌肉的力量和控制能力。1926年，约瑟夫·普拉提搬到纽约，他的训练方法在芭蕾舞演员中流传开来，很多名人开始练习，这样逐渐形成了普拉提运动。21世纪普拉提运动在欧美国家得到推广，很多芭蕾舞演员、体操运动员和艺术体操运动员等应用这种方法进行训练。

普拉提在我国是随着“北京国际健身大会”发展起来的。2003年在北京举办的首届“北京国际健身大会”开设了普拉提课程。此后在我国全国连锁的健身俱乐部的团课中便有了普拉提课程。

### （二）普拉提的练习原理

普拉提是训练人体核心部位的肌肉，即人体深层的腹部肌肉、脊柱两侧的肌肉和后背的肌肉，从而达到健身的功效。

### （三）普拉提主要针对的人群

由于普拉提的特点和功效，它适合各年龄段、不同性别、不同职业的人群。

### （四）普拉提的作用

#### 1. 保持良好姿态

普拉提通过对身体核心部位（由腰部和腹部肌肉组成，包括腹横肌、腹内斜肌、腹外斜肌、腹直肌、竖脊肌）肌肉力量的锻炼，使脊柱保持良好的姿势，维持身体的稳定性。

#### 2. 塑形

普拉提通过对身体核心部位深层肌肉的训练，对腰、腹、臀等部位的塑形有非常好的作用，可以起到塑造人体曲线美的作用。

#### 3. 减脂

普拉提对肌肉力量的训练是一种肌耐力训练，可以加强体内脂肪的动员分解，从而达到减脂的目的。

#### 4. 预防疾病

伸展是普拉提中的主要训练之一，普拉提对脊柱的训练，可使脊柱变得柔软而有韧性，因此可预防脊柱、颈椎、腰椎疾病和矫正颈部和脊柱。普拉提的力量训练可延缓人体骨骼骨密度的下降速率，因此可以预防骨质疏松。

#### 5. 提高人体的平衡能力

平衡能力在人类生活中有非常重要的意义，从生理的角度，它反映了身体对来自前庭器官、肌肉、肌腱和关节内的本体感受器以及视觉等各方面刺激的协调能力。通过核心力量和下肢力量的训练，可提高人体的平衡能力。

### （五）普拉提的基本要素

普拉提的基本要素包括专注、控制、重心、呼吸、流畅、准确、放松、持久。

### （六）普拉提的特点

#### 1. 有效

普拉提练习强调完成动作的质量，因此，每一个动作的完成都能让肌肉得到充分的刺激，每一次练习后都能达到效果。只要坚持普拉提训练，肌耐力、身体平衡能力和控制能力就能明显增强，同时还有很好的减脂效果。

2. 简单

普拉提动作简单，易于掌握。

3. 安全

普拉提训练的每个动作都缓慢、可控制，强调身体的稳定性和控制能力，因此不易受伤，具有很高的安全性。

### （七）普拉提的训练原则

1. 呼吸的原则

强调运动时呼吸与动作的配合。

①用鼻子吸气，用嘴呼气，讲究呼吸的深度，尽可能运用胸式呼吸法。

②呼吸的速度不宜太快，与动作的速度基本一致，不要憋气进行训练。

③运动时注意呼气，静止时注意吸气。这样可以缓解因肌肉用力给身体内部带来的压力。

④把注意力集中在呼吸上，减少人体对肌肉酸痛的敏感度。

2. 身体控制的原则

①动作的速度要缓慢，延长肌肉控制的时间，尽可能消耗身体热量，达到减脂、塑形的目的。

②把握好身体的姿态，能够长时间体会训练带给身体的刺激。

③核心力量训练是普拉提训练的核心。

3. 意念控制原则

普拉提练习时应将注意力放到练习的部位上，一心一意保质保量地完成每一个动作。

4. 训练原则

练习普拉提，掌握动作要领非常重要，它要求在掌握正确动作要领的前提下，强调完成动作的次数。

### （八）普拉提的训练方法

普拉提的所有练习都强调核心的概念。无论是站姿、坐姿，还是卧姿，身体的核心就是平衡的关键。

## 九、核心力量训练

20世纪90年代初，一些欧美学者开始认识到躯干肌的重要作用，将这个以往主要用于健身和康复力量训练的方法拓展到竞技体育的领域。他们从解剖学、力学和神经生理学等不同角度对躯干肌进行研究，先后提出核心稳定性和核心力量的概念。1992年，潘亚比（Panjabi）提出了核心稳定性的概念，他认为人体的核心稳定是一种“稳定人体系统，以使椎间的中部区域保持在生理极限范围内的能力”。2000年之后，核心稳定性日益受到运动医学专家的重视，威尔逊（Willson）等提出，核心稳定性是腰、骨盆和髋构成的复合系统预防脊柱弯曲的能力，以及脊柱在受到干扰后恢复平衡的能力。

### （一）基本概念

#### 1. 核心

核心是指脊柱、髋关节和骨盆，它们正好处于上下肢的结合部位，具有承上启下的枢纽作用。身体核心区域如图7-1所示。

#### 2. 核心稳定性

核心稳定性是指人体核心部位的稳定程度，是人体在运动中，核心部位为四肢肌肉的发力建立支点，为上下肢力量的传递创造条件，为身体重心的稳定和移动提供力量的身体姿态。

#### 3. 核心力量

核心力量是人体核心部位的肌肉在神经支配下收缩而产生的力量，即以稳定人体核心部位、控制重心运动、传递上下肢力量为主要目的的力量。

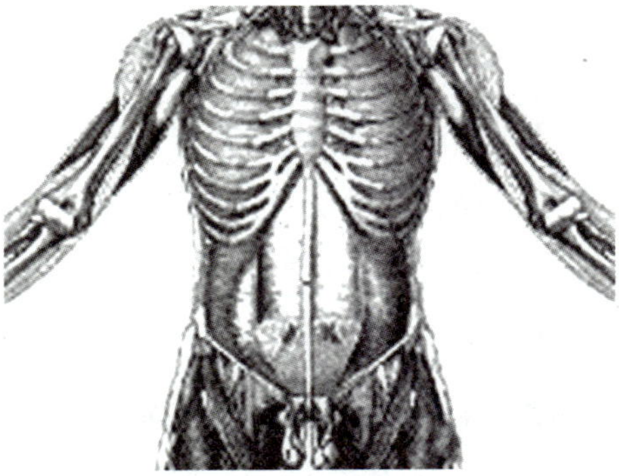

图7-1 身体核心区域

#### 4. 核心肌肉

核心肌肉是指附着在腰椎-骨盆-髋关节周围的肌肉，包括腹横肌、多裂肌、腹内斜肌、腹外斜肌中部、腰方肌、隔肌和骨盆下底肌肉，其中腹横肌和多裂肌是主要的脊柱稳定肌。在对核心肌肉的理解中，一部分以往被定义为下肢肌的肌肉却属于核心肌肉的范围，如臀大肌和臀中肌。

上述概念强调了由腰–骨盆–髋构成的人体核心部位的稳定性和通过其稳定性抵抗脊柱失衡的能力。

## （二）理论依据

霍奇斯（Hodges）等运用肌电图仪对人体做全身运动时的上肢肌、下肢肌和核心肌肉进行了测试，结果表明核心肌肉肌电的发生早于上下肢肌肉，尤其是腹横肌的肌电明显早于三角肌和下肢主要肌肉。研究认为核心肌群的提前动员使身体的核心部位首先做好准备，为四肢的发力建立支点。

霍奇斯等人的研究表明，在髋部运动之前，人体主要的核心肌肉——腹横肌与多裂肌就已经被激活，美津浓（Mizuno）等进一步证明，人体在下肢随意运动之前，首先会出现躯干姿势的调整，这种姿势调整的主要作用在于迅速纠正因肢体运动造成的身体失衡，将运动对身体平衡的干扰降至最低。

人体在运动过程中身体的稳定性是一种动态的稳定，运动中的稳定几乎都发生在一瞬间，其稳定的程度以及稳定与不稳定都一直处于动态的变化中。核心部位的力量不只是涉及单块肌肉收缩力的大小，更重要的是神经对多块肌肉的支配和控制能力。因此，核心力量在几乎所有的运动中都不是直接的发力源，它主要是通过对核心部位稳定性的加强、稳定程度的调整和稳定与不稳定之间转换的控制，为力量的产生创建支点，为力量的传递建立通道。

## （三）核心力量训练的特点

### 1. 训练负荷小

这与核心区域的解剖特点有关。由于在运动中核心肌肉的收缩以保持脊柱的稳定，动作的完成是以核心链包括脊柱为基础，而脊柱在人体骨骼结构中是一个薄弱环节，无论是脊柱本身还是其周围的韧带、结缔组织和肌肉在坚固性和力量上都弱于四肢，且核心肌群都是位于深层的小肌肉群，这些肌肉不可能承受大的负荷重量。有研究证明，没有肌肉支撑的脊柱是极其脆弱的，19.6N的压力负荷就能破坏只有韧带结构包裹的脊柱的稳定，而一个正常人水平行走的每一步都会对脊柱产生140N的压力。若一名健身者以体重0.8～1.6倍的负重进行杠铃半蹲训练，对脊柱产生的压力是体重的6～10倍。也就是说，一个体重为75kg的人进行120kg的杠铃半蹲训练时，对脊柱将产生4500N的压力，最大可达7500N。所以，核心力量训练的负荷一般以克服自身体重和轻负重为主。

**2. 核心力量训练以核心的稳定和协调为目的**

身体核心的稳定性为人体运动时上下肢肌肉力量的传递和衔接创造条件，因此，提高身体的稳定性是核心力量训练的重要任务。而要完成该任务其主要途径是提高神经对多块肌肉在时间和空间上募集和协作的控制能力，这种能力的训练应以突出协调、平衡以及稳定与不稳定、平衡与不平衡之间的快速和精确地转换为主，不负重和轻负重的训练是完成这种类型训练的必要手段。

**3. 非稳定支撑练习是核心力量训练的主要形式**

非稳定的支撑条件加大了训练的难度，这不仅提高了参与工作肌肉的力量投入（相当于增加了负重重量），也增加了人体的平衡能力及躯干的稳定性，从而提高健身者在动态中对身体的控制能力，可以有效发展健身者的核心力量。

### （四）核心肌肉的生理特点

①含有较多的Ⅰ型肌纤维（慢肌纤维）。

②肌肉中的肌梭（存在于肌肉中的微小感受器，能够感受到肌肉长度的变化）具有较高的敏感性。

③这些肌肉主要负责维持腰椎-骨盆-髋部复合体在功能性动作过程中的稳定，而不是完成身体的某一动作。

④肌肉训练的特点是以肌耐力和静力性肌力训练为主。

### （五）核心力量训练的作用

**1. 稳定脊柱、骨盆，保持正确的身体姿势**

正确的身体姿势是内脏机能水平的保障，可减少肌肉疲劳和僵硬，保持人体的美感和良好的精神面貌，是人体健康状况的重要外部标志。正确的身体姿势表现为耳屏点、肩峰点、大转子点、外踝点在同一垂线上，腰弯不超过2～3cm，两肩、两肩胛下角在水平线，脊柱垂直于地面。只有脊柱、骨盆稳定才能保持这一正确的身体姿势。

2. **提高身体的控制力和平衡性**

已有的研究认为，腹内压的增加可以提高腰椎和躯干的稳定性，而核心肌肉的收缩，可以提高身体的控制能力和平衡能力。如可以通过增加胸腰筋膜的张力和腹内压来加固腰椎。

腹横肌是核心肌群的重要组成部分。近年来，研究者通过大量的实验来证实腹横肌在人体活动中的功能，发现腹横肌在核心稳定性中起着重要的作用。从解剖的角度，腹横肌虽然是腹部肌群中最薄的肌肉，但它的纤维环绕腹部，经胸腰筋膜与各个椎体的横突、棘突相连，它的收缩可以将腰部形成一个刚硬的圆柱体，产生外侧的张力横向箍紧腰椎。因此，需要通过增加腹内压来对抗外力的作用以及增加腰椎的稳定性。另外，腹横肌也是运动时最早被激活的肌肉，很多研究表明腹横肌先于其他肌肉产生收缩活动。有学者采用肌电技术研究上肢运动过程中腹横肌的活动，发现正常受试者在上肢肌肉活动之前腹横肌优先被激活（预先的肌肉稳定性收缩）。该收缩不因上肢活动方向的改变而改变，而腰痛患者腹横肌被激活的时间会延长或缺失。此外，研究还发现腰痛患者的腹横肌一旦反应延迟就不会自动恢复，它的恢复需要借助专门化的训练。

3. **提高运动时由核心肌群向四肢及其他肌群的能量输出**

核心力量可以改善近端固定的稳定性，提高末端肌肉的发力，提高不同肌肉之间的协作，以及动员全身不同环节的力量有序地参与运动，加大总体能量的输出以达到理想的效果。核心区域肌肉系统被视为一个盒子或者汽缸，腹部肌肉在前，背部肌肉和臀肌在后，横膈肌作为盖板，盆底肌和环绕髋部的肌肉群为盒底。当肢体发力时，核心肌群蓄积的能量从身体中心向运动的每一个环节传导。

4. **预防运动损伤**

强有力的核心肌群能确保肢体在动作过程中保持在正确的位置，深层小肌肉群的稳定功能起到关键的保护作用，可有效预防急性损伤和慢性损伤的发生。如，下腰痛、骨盆倾斜等，这些损伤会直接影响训练效果。同时，核心力量还有助于健身者在运动过程中把握身体重心，使脚在落地时的支点与身体重心的投影点处在一个合理的位置，从而降低在落地支撑时的受伤概率。

5. 预防老年性退行性损伤

腰痛是一种常见的症状。人体长时间处于脊柱屈曲位时，这种体位很容易产生脊柱姿势性紧张。长时间积累会导致软组织机械性损伤，发生腰痛。过度的腰椎前凸是引起腰痛的重要原因。通过核心屈肌的强化，使椎间孔和椎间关节间隙扩大，减轻对神经根的压迫，紧张的屈髋肌和腰背肌得到牵张，减轻腰椎前凸，从而达到治疗和预防腰痛的目的。

### （六）核心力量训练的难度分级

核心力量的训练应遵循由易到难逐渐增加难度的训练原则，即由稳定到非稳定、由静态到动态、由徒手到负重的难度递增顺序。核心力量训练的各个难度级别都包含姿态的“稳定”因素，充分体现了先内后外、先小后大、先稳定后运动的训练原则。

从核心力量训练的难度分级来看，核心力量训练的特点并不在于训练的大强度和快速度，而在于练习动作的规范性和准确性。需从反复地对肌肉紧张度的控制以及对多块肌肉不同紧张度的调节中逐渐体会，并形成神经对肌肉的准确支配能力，提高核心部位的稳定性以及稳定与不稳定之间的变换速度。因此，高质量的核心力量训练主要体现在对肌肉收缩力度的深入和细致的感觉上，体现在神经对肌肉的精确支配和控制上。

### （七）核心力量训练的方法

核心力量的训练方法主要是肌肉的静力、动力和静动组合性练习，无论哪种训练方法，其主要目的都是改善神经对肌肉的动员和控制能力。核心部位的稳定需要同时调动多块核心肌肉，而这些肌肉需要根据动作需求来同时参与工作，并且需要不同肌肉之间的协作，即神经根据需求精确地募集肌肉并协调不同肌肉收缩增强核心稳定性以及稳定性保持的时间。

核心力量训练是指针对核心区域肌群（主要是腹部、下背部、骨盆部肌群）及其深层小肌肉进行的力量、稳定、平衡等能力的训练。核心力量训练不同于传统的腰腹力量训练，它使核心区域的整体原动肌和局部稳定肌均能通过训练得到强化。核心力量训练就是要努力使整个机体协调起来，确保健身者在做动作时核心区域肌群起到稳定躯体、传输能量的作用。

1. 不借助任何器械的徒手训练方法

此类训练方法适用于核心力量训练的初始阶段，目的在于使健身者深刻体会核心肌群的用力和有效地控制身体。这种类型的训练得到了运动医学专家和健身专家的认可和肯定，普遍认为是核心力量训练的最基础的训练手段。如图7–2所示的俯撑动作，双腿或单腿、双臂肘支撑成俯撑的动作姿势，躯干呈一直线。动作过程中始终保持身体的姿态，臀部不能上下移动，保持均匀的呼吸，不要憋气。侧撑也是如此。

图7–2 俯撑、侧撑和仰撑动作

2. 运用不稳定器械进行的训练方法

不稳定器械有瑞士球、平衡球、平衡板、弹力绳等。在这种练习方式中，运用最多的是平衡球、平衡板和健身球。使用这一类型的器械进行力量练习，可有效动员核心区域的深层肌肉参与运动，并在动作过程中控制躯体始终保持正确的运动姿态。如图7–3所示，身体置于健身球上的身体稳定性练习。其动作方法为：将两腿并拢，身体置于健身球上，两手撑地，手臂与身体呈90°夹角，脊柱保持正常位置，与地面平行，控制身体不改变任何夹角；保持均匀的呼吸，不要憋气。

图7-3 健身球上的身体稳定练习

目前国际上流行的悬吊式训练也属于此训练方法，运用悬吊绳进行身体稳定性的力量练习，以达到发展核心区域的肌群力量的目的。挪威通过对12名足球运动员进行为期8周以稳定性为主的悬吊训练后发现，在不稳定的悬吊绳上进行的稳定性训练可以明显提高静态平衡能力，有效提高足球运动员的速度。由此可以看出，在悬吊绳上进行的这种力量训练是一种能有效加强神经肌肉控制能力的方法。

### 3. 使用综合器械进行的练习

健身者可应用健身球、平衡球、平衡垫等，结合各种轻器械举、推、拉，下蹲及躯干扭转等多种形式的练习。这类练习增加了练习的难度，一般适用于核心肌群能力在中级以上水平的健身者，他们经过初期的徒手或单一器械的训练后，能较好地控制身体，能在动作过程中保持躯干处于正确的身体姿势。如图7-4所示，扩胸推举：根据自己的力量选择适宜重量的哑铃躺在健身球上，头、颈、肩、腰部靠在球上，控制身体，握哑铃在胸部上方，向上推举，同时顶髋向上，使其与地面平行，收回哑铃时下移臀部使其靠在球上，上举收胸同时臀部及背部肌肉收缩。

图7-4　健身球上哑铃扩胸推举

#### 4. 不平衡状态下的负重力量练习

健身者使用自由力量器械进行的力量练习，如在平衡盘上的负重练习：练习者单脚或双脚站立于平衡盘上，做各种上肢持轻器械举、推、拉或下蹲、躯干扭转等多种形式的练习。在不平衡状态下的双人练习可有效提高健身者动态条件下的核心控制能力和整体发力。如图7-5所示，练习者双腿站立在平衡盘上，膝屈曲或伸直，背部平直，保持躯干稳定，然后抓举杠铃做蹲起练习，控制身体，保持均匀呼吸。

图7-5　站立于平衡盘抓举杠铃蹲起

核心力量训练中很关键的一点是强调让健身者在身体处于一种不平衡、不稳定的状态下进行训练，这种非平衡性力量训练是通过自身调整不稳定的身体状态，达到训练神经系统对肌肉的控制能力，以及本体感觉的目的。研究结果表明，经过不稳定训练的练习者，其神经-肌肉系统的增强远远高于稳定的训练。练习者使用不稳定的装置进行力量训练，不仅可以提高所训练肌群的力量水平和本体感受能力，还可激活核心肌群的参与，有效提高整体力量水平和运动能力。

## 十、健身球健身方法

健身球健身是一项新兴、有趣和特殊的健身运动。1963年，健身球在瑞士出现，当时只是作为一种康复医疗设备。之后健身球又传入澳大利亚、美国，欧洲等国家和地区用来治疗腰背疾病及精神紊乱等疾病，用于膝关节和肩部的康复治疗，纠正体态，提高病人的平衡能力。由于健身球在提高某些部位肌肉（腰背、骨盆）方面有显著作用，这项运动逐渐向社会推广。到目前为止，健身球已成为功能最多、用途最广的健身器材之一，它广泛地应用于人体的肌力、核心力量、柔韧性、身体稳定性及平衡训练。

### （一）健身球运动特点

#### 1. 趣味性

健身球运动有很强的趣味性。用健身球可使训练的动作多样化，手拿健身球可训练上肢和腰腹部，双腿夹球可训练腿部和腰腹部等，这些训练动作改变了单一、枯燥的动作，极大地提高了健身者的兴趣和积极性。

#### 2. 安全性

安全性表现在使用健身球训练时，健身球的动作设计力图达到人体与球面的充分接触，而健身球柔软而有弹性，当人体与之接触特别是腰腹部，身体有一个支撑点，避免腰腹部出现损伤。

#### 3. 不稳定性

健身球与地面的接触面积小，因此具有不稳定性，在健身球上训练可提高人体的平衡能力和控制能力。

4. 实用性

健身球运动适合不同年龄、不同性别、不同的健身人群和康复人群。

5. 有效性

应用健身球训练全身各部位肌群，如胸、腹、背、臀、腿等部位的肌肉群，对保持身体平衡、改善身体姿势以及预防运动损伤等有明显效果。

## （二）健身球的选择

1. 根据身高选择

球的大小是从地面到球顶端的直径来衡量的。表7-2可以作为不同身高的人选择使用健身球的参考。

表7-2 健身球的选择标准

| 人体高度 | 健身球大小 |
|---|---|
| 低于137cm | 30cm（12in） |
| 137～152cm | 45cm（18in） |
| 155～170cm | 55cm（22in） |
| 173～188cm | 65cm（26in） |
| 188cm以上 | 75cm（30in） |

注：体重偏重以及手臂较长的人应选择较大号的球进行练习。

2. 根据坐姿选择

人坐在球上中间偏前的位置上，上体挺直，两脚并拢，此时大腿应该与地面平行，小腿与大腿的夹角呈90°。如果大腿未与地面平行，膝关节高于髋关节则表明球小了；如果膝关节低于髋关节，则表明球大了。因此健身者要根据自己的情况正确地选择健身球。

3. 根据球的充气量选择

选择健身球，应注意球的充气情况，一般选择充气量适中的球进行练习。如果球充气不足，则会影响球的弹性；如果球充气太足变硬，则会影响正常的练习。因此，为了确保练习，球的充气量要合适，注意使用安全。

## （三）健身球运动的作用

### 1. 提高肌肉的控制能力和身体的平衡能力

健身球的不稳定性可以促使健身者在训练过程中有意识地收紧核心区域的肌群，以保持骨盆和脊柱的稳定，提高身体的平衡能力。如坐在球上是一种平衡练习，抬高一条腿，平衡难度就增加一点，将抬高的腿稍作移动便会难上加难。而腿搭在球上双手撑地做俯卧撑时，健身者要完成屈伸双臂的动作，首先要保持身体的平衡，不让球滚动，就得靠腿部、腰部、腹部的力量来控制，这使身体的协调性以及对肌肉的控制能力得到了有效的训练。

### 2. 提高人体的柔韧性和协调性

健身球不仅可以发展肌肉力量，还可以最大限度地使肌肉伸展达到训练的最佳效果。

### 3. 提高健身运动的效果

应用健身球进行健身运动时，可利用健身球与身体相接触，使身体在训练时有支撑点，同时训练加强了核心区域的肌肉力量，因此避免对关节造成强大冲击和运动伤害。如有些腰背部有伤的人在做仰卧起坐时，因为腰背部有伤可能做不起来，但是在做健身球运动时，可以利用柔软的健身球来帮助健身者做运动，能够起到依托的作用，达到健身效果。健身球运动还可以在同一时间内进行人体的平衡、柔韧性、力量训练，能让健身者全面发展身体能力。

## （四）训练原则

### 1. 精力集中的原则

健身球不同于其他器械，它的特性圆体有弹性且具有不稳定性，无论是做平衡练习，还是做球上的力量练习，球的形状、位置都会随身体的运动而变化，如果精力不集中，肌肉就不能得到很好的控制，一旦身体失去平衡从球上摔下来，就会对身体造成伤害。平衡能力是保持人体平衡、直立行走的基础。平衡是由神经系统支配的，它通过感觉，特别是眼睛、耳朵和内在的本体感受器给予神经系统身体位置和移动需要的信号。反过来注意力集中也促进平衡能力的提高。

### 2. 循序渐进的原则

健身球训练是一个综合性的训练，在进行练习时不能操之过急，需要从最基本的适应球的特性开始，掌握身体和健身球的结合支撑点，动作由易到难，由浅入深，从坐姿到卧姿逐渐进行，以达到训练的最佳效果。

## （五）健身球训练方法

### 1. 第一组动作：适应健身球的练习

因为健身球具有不稳定性，健身者刚开始练习动作会极不稳定，因此要从最基本的简单动作开始，不论是坐在球上还是卧在球上，都要集中精力去控制每一块肌肉，保持身体的直立和收紧状态。

锻炼目的：适应健身球的特性，逐步提高稳定性和平衡能力。

**基本坐球**

基本坐球如图7-6所示。

图7-6　基本坐球

动作要点：

①先将球置于靠近墙体的位置，两条大腿尽量分开坐在球的正上方。

②耳、肩、臀应在一条线上，两臂侧平举。

③在能达到上述要求后，再让球远离墙体坐在球上。

④髋部向左右摆动，寻找平衡点。

易犯错误及纠正方法：

①刚开始坐在球上，因为球的不稳定性可能会出现身体的不稳定，在练习时先将两脚分开坐下。

②身体的重心要在球的中心线上，头往上延伸，收腹立腰。

③左右摆髋时，上体尽量保持不动。

**坐球前抬腿**

坐球前抬腿如图7-7所示。

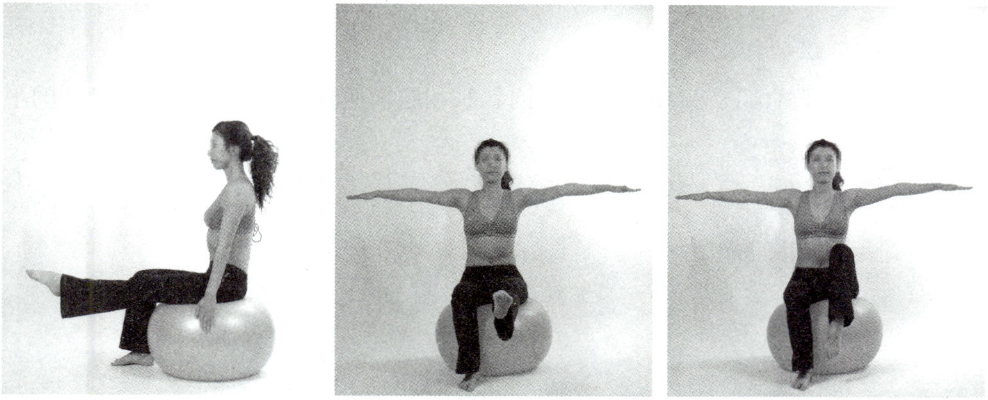

图7-7　坐球前抬腿

动作要点：

①坐在球上，一条腿屈膝贴球，另一条腿伸直前控，两手扶球。

②一条腿伸直控制，两臂侧平举。

③上体和手臂不动，屈膝收腿。

④上体始终保持直立姿态。

注意：

①抬腿时收腹立腰、保持平衡。

②初学者先从手扶球开始，头、肩、髋在一条直线上。

**躺球**

躺球如图7-8所示。

图7-8　躺球

动作要点：

①双腿尽量分开坐在球的正上方。

②两脚慢慢前移，同时球经腰椎、胸椎慢慢过渡到肩部，臀部抬起与地面平行，颈部与头部紧贴球面，感觉身体平放于平面上，两手臂放于体侧。

**2. 第二组动作：腹肌练习**

通过练习腹直肌、腹外斜肌、腹内斜肌和腹横肌，提高核心力量、身体的平衡能力和核心稳定性。

**仰卧起坐**

仰卧起坐如图7–9所示。

图7–9　仰卧起坐

动作要点：

①双腿分开躺在球正上方。

②脚前移直到下背部牢牢地靠在球上。

③双手放在太阳穴处，双肘向外打开，让上背部及肩靠在球上。

④抬起上背部及肩与水平呈45°，臀部在球上且以此为支点稳定球，不要让球跳开。

注意：

①收腹动作，要用腹肌的力量带动上体抬起。

②按照球的轨迹收腹和还原。

**转体仰卧起坐**

转体仰卧起坐增加了对腹斜肌的练习，如图7–10所示。

图7-10 转体仰卧起坐

动作要点：

①双腿分开坐于球正上方，脚前移直到下背部支撑于球上。

②双手指放在太阳穴旁，打开双肘，把上背部及肩靠在球上。

③抬起上背及肩与水平呈45°。这样做的同时躯干向左转，下降换方向再做。

注意：收腹起时，保持身体成一个斜面。

**仰卧夹球收腹举腿**

仰卧夹球收腹举腿如图7-11所示。

图7-11 仰卧夹球收腹举腿

动作要点：

①仰卧，两脚夹球，两臂放于体侧，收腹举腿垂直于地面。

②腿慢慢下放至接近地面。

注意：

①收腹时两腿用力夹球，可同时锻炼大腿内侧肌肉。

②收腿时腰部尽量贴近地面。

③动作的过程中始终保持均匀呼吸。

④如果力量差可屈腿收腹。

**屈腿仰卧起坐**

屈腿仰卧起坐如图7-12所示。

图7-12　屈腿仰卧起坐

动作要点：

①躺在地上，把球置于大小腿之间，小腿搭在球上，双手抱头放在太阳穴处。

②抬起肩胛骨，同时收腹，两臂前伸，两手放于大腿外侧。

易犯错误及纠正方法：

①收腹时，球控制不住，练习时小腿用力压住球，尽量收腹以锻炼腹直肌的上部。

②还原无控制，练习时慢慢还原到头后部接近地面再起。

③呼吸没有配合好，练习动作过程中应保持呼吸均匀。

**3. 第三组动作：侧腰**

**侧卧收侧腰**

侧卧收侧腰如图7-13所示。

图7-13　侧卧收侧腰

动作要点：

①左腿屈，右腿侧伸，侧卧在球上，左手抱住球，右手抱头。

②左侧胸离开球，收右侧腰，换另一侧相同。

易犯错误及纠正方法：

①腿离球太远，练习时大腿外侧上部及身体侧面紧紧贴住球面。

②侧屈时上体旋转，练习时上体保持侧屈位稳定。

**侧撑抬腿**

侧撑抬腿如图7-14所示。

图7-14　侧撑抬腿

动作要领：

①身体的左侧靠近压在球上，左手靠近球体撑地，两腿伸直与右手在一条直线上。

②右腿侧抬，身体保持平稳。

易犯错误及纠正方法：

①体位错误，侧撑动作身体应在一个平面内，保持腹、背肌收紧。

②侧抬腿时大腿的外侧和腹外侧同时收缩。

③没有调整好呼吸，应保持均匀的呼吸。

**4. 第四组动作：腰腹部**

**背部上抬**

背部上抬如图7-15所示。

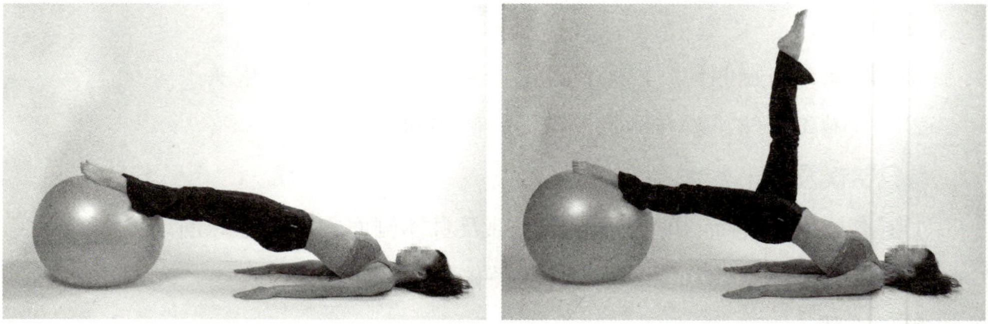

图7-15　背部上抬

动作要点：

①仰卧，两腿伸直两脚放在球的上方，两臂放在体侧。

②两脚和两手臂压地，臀部和背部收缩，腰和臀部离开地面，锻炼臀大肌和竖脊肌。

③身体的控制能力提高后，可以做单腿交替上举动作。

易犯错误及纠正方法：

①球不稳定，上抬臀部时，双脚一定要压住球，臀部收紧，腰、腹部收紧。

②动作不稳定，练习时双腿收紧，待提臀动作稳定后，再做单腿上举动作。

**球上支撑**

球上支撑如图7-16所示。

图7-16 球上支撑

动作要点：

①下腹部近髋关节的位置置于球的正上方。

②双臂在球前的地面支撑，双腿在球后伸直，分开双腿。

③肘关节略微弯曲，轻轻地抬起双腿，膝关节伸直。

④直到头、背、腿以及踝关节在一条直线上，停顿3s后再回到开始的姿势。

⑤稳定性提高后，可以带球收腹。

注意：支撑时，手臂与地面垂直。

**单腿跪抬后腿**

单腿跪抬后腿如图7-17所示。

图7-17 单腿跪抬后腿

动作要点：

①髋部靠在球上，抬起左腿与右臂向两个相反的方向伸展。

②直到手、背部、腿与地面平行，保持30s，然后换另外一边练习。

注意：尽量保持身体的稳定性，注意力集中。

## 十一、健身运动的伸展训练方法

竞技体育一直比较重视对运动员柔韧性的训练，其目的是为了预防运动损伤和提高运动能力。而大众健身群体由于对柔韧性与健康、柔韧性与运动的安全性和柔韧性与生活的关系的重要性认识不够，因此，在锻炼过程中很少关注对柔韧性的训练。已有研究表明，柔韧性与人们静态生活方式导致肩颈腰部疼痛有密切关系。

身体的柔韧能力是通过伸展训练来提高的，伸展训练主要是改变肌肉–肌腱的伸展性和肌肉–肌腱的弹性。

### （一）伸展训练的作用

#### 1. 预防运动损伤

不常运动是造成柔韧性下降的主要原因，具有良好柔韧性的人，肢体的活动范围较大，肌肉不易拉伤，关节也不易扭伤，这样不仅有利于防止身体扭伤、拉伤和摔伤，还可预防腰背疼痛，提高生活质量。若柔韧性不好，则会造成姿势不良的问题，如下背痛和肩颈疼痛等。

在运动前进行伸展练习，可以扩大关节的活动范围，改善肌肉–肌腱的弹性和黏性，可以减少因过度伸展而导致的损伤，能有效预防运动损伤。运动后特别是在肌肉力量的训练后进行伸展练习，可以缓解运动中代谢产物的堆积，促进运动后的恢复。

#### 2. 增加关节营养

关节活动可以促进血液循环，增加关节中血液及营养物质的供应，使周围组织更润滑、更具有弹性，可降低关节及软骨组织的退化。

#### 3. 减少肌肉僵硬

经过适当的静力伸展，可以延缓和降低运动后产生的肌肉僵硬。

#### 4. 改进体型及平衡肌肉

柔韧性训练可改善身体肌力不平衡，还可改变平时不良坐姿和站姿。

5. 减少腰背部疼痛

大量的医学研究证据显示，常进行腰椎、骨盆间柔韧性训练，可以适度地降低腰椎间的压力及减少腰背疼痛的概率。

6. 减轻压力

适当地进行伸展运动，可以使肌肉放松、身体舒展，能有效缓解压力。

### （二）伸展训练的原则

①运动前伸展需先进行热身活动，以提高伸展部位的温度，避免出现拉伤。

②静力伸展，每个部位持续20～30s，避免弹振式伸展。

③以个人身体状况为标准，适度调整，感觉肌肉拉紧的状态，不要出现不适或疼痛感，预防出现肌肉损伤。

④根据人体肌肉和关节结构特点，避免出现关节的超伸和肌肉过度伸展。

⑤配合均匀的呼吸。

### （三）伸展训练的顺序

1. 一般顺序

由大到小：先进行大肌肉群伸展，再对小肌肉群进行调理。

由上至下：颈、肩、臂、胸、背、腰、臀、腿。

2. 特殊顺序

根据训练部位或健身者的需要，有针对地进行肌肉伸展调理。

如跑步运用腿部力量较多，应该加强腿部的伸展练习；健身球运用腹部、手臂力量较多，健身结束前应加强对腹部、手臂部位肌肉的伸展。

### （四）伸展训练的方法

健身者在进行伸展训练时，需要将身体环节移动到关节活动度（ROM）的阻力点，此时，会产生抗阻。伸展训练分为静态伸展和动态伸展。

- 伸展训练
  - 静态伸展
    - 主动式静态伸展
    - 被动式静态伸展
    - 本体感觉神经肌肉促进法（PNF）
  - 动态伸展
    - 弹振式伸展
    - 渐进式动态伸展

### 1. 静态伸展

静态伸展如图7-18所示。

图7-18　静态伸展

静态伸展是指当健身者练习部位拉伸到最大限度时，依靠自我控制或外力保持静止姿势。由于动作缓慢，肌肉不产生牵张反射，因此静态伸展导致受伤的风险低于弹振式伸展。另外，静态伸展易于掌握，能有效地改善关节活动度。坐位体前屈便是一种很好的静态伸展方式，即健身者坐于地上，一条腿弯曲，另一条腿膝关节伸直，弯腰前倾，双手缓慢地向踝部伸展。逐渐增大强直拉伸大腿后侧肌群及下背部肌肉，并感到轻度不适。保持30s后，缓慢回到直立坐姿。静态伸展训练是发展肌肉柔韧性、减轻延迟性肌肉酸痛和缓解肌肉僵硬的好方法。

### 2. 动态伸展

动态伸展是一种有节奏地多次重复同一动作的伸展练习。伸展练习部位，每伸展到有疼痛感时放松，并逐渐加大振动的力度和幅度来拉长肌腱、韧带、肌肉等组织。动态伸展能增加肌肉的弹性、灵活性和协调性，改善肌肉的黏滞性。动态伸展的优势在于其能改善肌肉的动态柔韧性，模仿运动形式，提供专项训练所需要的关节活动度。因此，它也是准备活动中的首选，即人们通常所说的“热身运动”。

动态伸展中的肌肉不是放松，而是积极地进行关节活动度的练习。动态伸展提供的是动作组合，健身者可以在原地进行重复伸展训练（如10次弓箭步），也可以在行进间练习（如15m弓箭步）。任何训练都要缓慢地、渐进地增加关节的活动度、速度或次组数。如，可以先进行15m走步提膝练习，再步行，最后过渡到小跳，重复若干次。这种训练方案在关节活动度与速度方面是递增的。在有效的准备活动中，动态伸展训练可持续10～15min。

### 3. 弹振式伸展

弹振式伸展是通过反弹力量来摆动肢体达到关节活动范围的极限或不适位置的练习。弹振式伸展常用于准备活动前的热身，但它常引发肌肉的牵张反射，阻止相应肌肉的放松，从而导致肌肉伸展失效。如果肌肉伸展幅度过大和伸展速度过快，则容易引发软组织损伤，还有可能导致延迟性肌肉疼痛。因此，弹振式伸展被人们认为是一种有风险的伸展活动。弹振式伸展一般不宜作为首选练习，特别是大腿后侧肌肉或下背部肌肉有损伤时更不能采用。

### 4. 本体感觉神经肌肉促进法

本体感觉神经肌肉促进法（PNF）最初是用于医疗康复中对具有神经功能障碍的肌肉进行治疗，是由神经、肌肉和本体感觉共同参与的训练方法。后来证明它比传统的静力性伸展和弹振式伸展对促进柔韧性的提高更有效。

PNF是一种在被动伸展基础上发展起来的伸展方法。它不但应用了静态伸展中收缩肌因保护性抑制而放松的原理，而且还利用了拮抗肌的交互抑制来放松肌肉。PNF的理论依据是肌肉收缩后放松程度可以加大，同时拮抗肌的收缩也可以加大主动肌的放松。

方法：保持放松伸展。

①目标肌被动伸展到最大幅度。

②目标肌进行等长收缩以产生保护性抑制，从而进一步放松肌肉。或目标肌肉的拮抗肌进行向心收缩以产生交互抑制，从而进一步放松目标肌肉。

③重复次数：3～5次。

④每次维持时间：等长收缩10s左右，最终伸展15s左右，放松时间6s。

⑤组间间歇20s。

伸展小腿后侧肌群，首先练习者俯卧，一条腿屈膝，在同伴的助力下把脚背伸至小腿后肌群和韧带有轻微酸痛感的位置，使踝关节活动到最大被动关节活动度，保持静态伸展，然后练习者进行拮抗肌的强收缩，即试图踝关节跖屈，而运动搭档施加一个向下的阻力，这样练习部位保持在等张收缩状态，并维持肌肉收缩一定的时间（一般是5～8s），接着练习者和同伴都放松。随后练习者在新获得的受限位置上进一步重复以上动作，直到不能获得更大的活动范围为止（一般不少于3次），如图7-19所示。

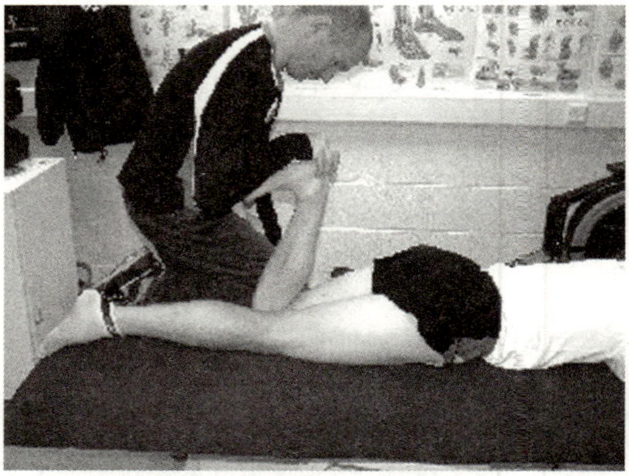

图7-19　本体感觉神经肌肉促进法（PNF）

对伸展训练方法的概括参见表7-3。

**表7-3　伸展训练方法概括**

| | 被动 | 主动 | | 主动及被动 |
|---|---|---|---|---|
| | 静态伸展 | 动态伸展 | 弹振式伸展 | 本体感觉神经肌肉促进法 |
| 执行步骤 | 缓慢伸展到止点后停留 | 在关节可活动范围内进行主动伸展 | 动作快难控制 | ①可活动范围做等长收缩；②放松；③可活动范围止点做被动伸展，等长收缩10s |
| 时间 | 30～60s | 15～60s | 15～60s | 等长收缩10s　放松6s　被动伸展15～30s |
| 组数 | 3～5组 | 1～3组 | 1～3组 | 3～5组 |
| 肌肉收缩类型 | 肌肉放松 | 等张收缩 | 等张收缩 | 等张收缩后肌肉放松 |
| 运动时机 | 整体肌肉伸展，伤后康复 | 普通热身，运动员专项训练 | 运动员专项训练 | 伤后康复，运动员专项训练 |

续表7-3

| | 被动 | 主动 | | 主动及被动 |
|---|---|---|---|---|
| | 静态伸展 | 动态伸展 | 弹振式伸展 | 本体感觉神经肌肉促进法 |
| 注意事项 | 放松，安全有效，适用于任何年龄 | 注意关节活动范围，普通热身或被动伸展后进行 | 不提倡，存在潜在危险，易拉伤 | 需时较长，不能憋气，有效 |

### （五）不同部位的伸展训练方法

#### 1. 颈部伸展

颈部伸展如图7-20所示。

图7-20　颈部伸展

伸展目标：颈部。

动作要领：双腿自然盘坐，上身挺拔，右手放于臀部下侧，左手放于头部右侧，同时轻轻用力将颈部向左肩压下（力度以感觉颈部稍微拉伸为宜）；反方向同。

#### 2. 胸部伸展

胸部伸展如图7-21所示。

图7-21　胸部伸展

伸展目标：肩、胸部。

动作要领：双腿自然盘坐，上身挺拔，双臂尽量向后伸展，或双手于头后交叉，肘部尽量外展，带动胸部伸展，或双手轻触地面展胸；或由一人帮助向后拉肩，伸展胸部。

### 3. 腹部伸展

腹部伸展如图7-22所示。

图7-22 腹部伸展

伸展目标：腹部。

动作要领：俯卧肘撑，脊椎自然向斜上方拉长，腹肌伸展。

### 4. 盘膝臀部伸展

盘膝臀部伸展如图7-23所示。

图7-23 盘膝臀部伸展

伸展目标：臀部。

动作要领：两膝上下重叠，盘膝坐，双手自然放于体侧，身体稍前倾，伸展背部、臀部及大腿外侧肌肉。

### 5. 弓步拉伸大腿前群肌肉

弓步拉伸大腿前群肌肉如图7–24所示。

图7–24　弓步拉伸大腿前群肌肉

伸展目标：大腿前群肌肉和髋关节。

动作要领：右弓步，左膝关节平放于地面，大腿与地面呈135°，上身挺拔，双手自然放于右大腿上，髋关节柔和地向前、向下用力，伸展左大腿前群肌肉及髋关节；反方向同。

### 6. 站姿拉伸大腿前群肌肉

站姿拉伸大腿前群肌肉如图7–25所示。

图7–25　站姿拉伸大腿前群肌肉

伸展目标：大腿前群肌肉。

动作要领：站立，左腿后屈，右手抓住脚踝，大腿并拢，脚后跟贴近臀部，左臂侧平举；反方向同。

**7. 屈膝坐拉伸大腿内侧肌肉**

屈膝坐拉伸大腿内侧肌肉如图7–26所示。

图7–26　屈膝坐拉伸大腿内侧肌肉

伸展目标：大腿内侧韧带及肌群。

动作要领：向外屈膝坐姿，两脚心相对，膝关节尽量靠近地面，双手放在膝关节内侧，柔和向地面用力，拉伸大腿内侧韧带和肌肉。

**8. 单腿屈膝拉伸大腿后群肌肉**

单腿屈膝拉伸大腿后群肌肉如图7–27所示。

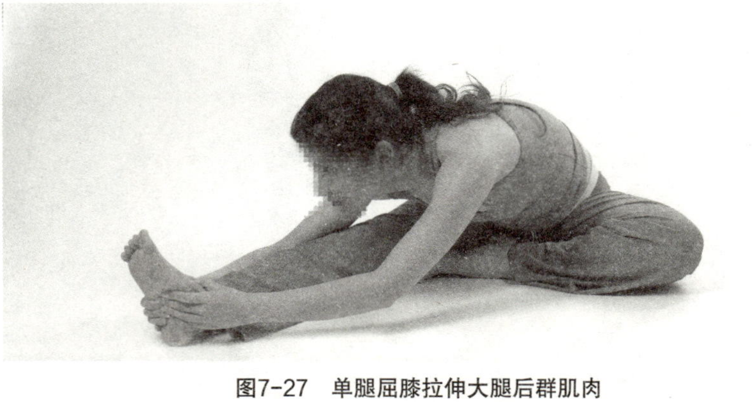

图7–27　单腿屈膝拉伸大腿后群肌肉

伸展目标：大腿后群肌肉。

动作要领：单腿外屈膝坐姿，右腿向右斜前方打开，左腿弯曲，脚心贴近右大腿内侧，双手握脚心，身体保持挺拔稍前倾，伸展大腿后群肌肉；反方向同。

**9. 侧腰伸展**

侧腰伸展如图7–28所示。

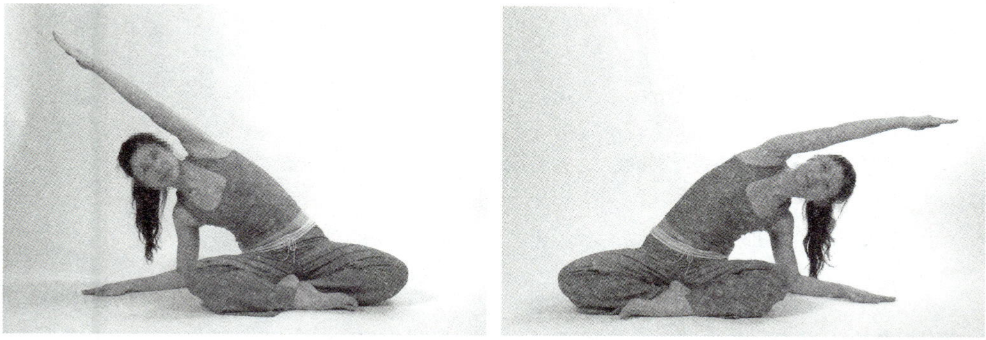

图7–28　侧腰伸展

伸展目标：躯干两侧肌肉。

动作要领：双腿自然盘坐，左手放于体侧，左肘屈，右手臂经头侧向左侧伸展，带动右侧腰伸展；反方向同。

**10. 仰卧收腿臀部伸展**

仰卧收腿臀部伸展如图7–29所示。

图7–29　仰卧收腿臀部伸展

动作要领：仰卧屈腿，双手抱紧大腿后侧，将双腿拉向身体，伸展臀部（初级）；仰卧，右小腿搭在左大腿上，双手抱住左大腿后侧，柔和用力将左腿拉向腹部，伸展臀部及大腿外侧（高级）；反方向同。

11. **背部伸展**

背部伸展如图7-30、图7-31所示。

图7-30 躯干后背部伸展

伸展目标：躯干后背部。

动作要领：双腿自然盘坐，双手体前合十，手指向前，双臂双手用力向前伸带动背部伸展。

图7-31 下背部伸展

伸展目标：下背部。

动作要领：跪姿，胸腹贴膝，手臂向前伸展，背部放松。

## 十二、身体平衡训练方法

身体平衡是指人的平衡感，即控制自己感知身体位置的能力，是一种空间感，由小脑控制。

运动的平衡，其实也是力量平衡的表现，指在运动中能够自然保持正确姿势，从而发挥运动的最大效果。相反，没有经过训练的人，可能会出现不平衡的现象，如背部和胸部的力量不平衡，会造成驼背、肩部松弛下垂等不美观的体态。常见的错误姿态有颈前伸、驼背、含胸、骨盆后倾、膝内扣和长短腿等。

这些不平衡的姿态都可以通过一段时间的身体平衡练习得到纠正，练习方法根据实际情况选择，可以徒手练习、持轻器械练习，可以站立也可以使用垫子。总之，选择适合自己的训练方法，在训练过程中尽量使每一个动作完美地完成，注意肌肉的控制和动作的舒展，并且坚持训练。以下为身体平衡训练常用的练习方法。

第一组：抬腿转体（4×8拍），如图7-32所示。

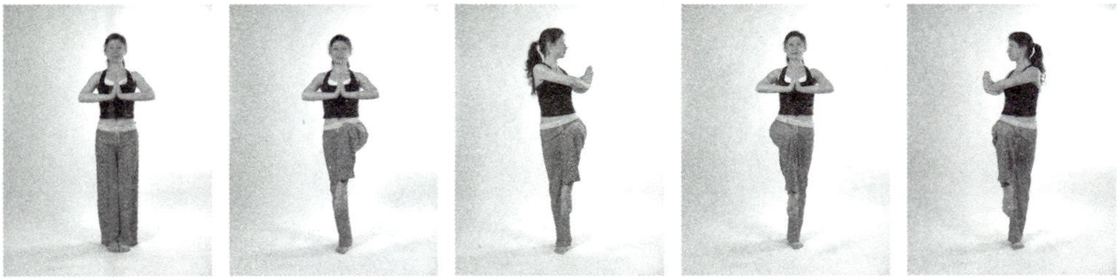

图7-32 第一组：抬腿转体

第二组：侧控腿侧展（4×8拍），如图7-33所示。

图7-33 第二组：侧控腿侧展

第三组：后控腿前展（4×8拍），如图7-34所示。

图7-34 第三组：后控腿前展

第四组：屈膝侧控腿（4×8拍），如图7-35所示。

图7-35　第四组：屈膝侧控腿

第五组：弓步上展（4×8拍），如图7-36所示。

图7-36　第五组：弓步上展

第六组：坐姿三角控制（4×8拍），如图7-37所示。

图7-37　第六组：坐姿三角控制

第七组：跪撑伸展控制（4×8拍），如图7–38所示。

图7–38　第七组：跪撑伸展控制

## 十三、弹力带健身运动方法

弹力带（又称皮筋）是一种时下流行的健身器械，具有伸缩功能，使用弹力带可进行力量、柔韧性、平衡等的训练，弹力带训练方法的多样化是目前健身的趋势。

### （一）弹力带健身的作用

①增加肌力、肌耐力及爆发力。

②减轻体重，减少多余的脂肪。

③提高骨密度，使骨骼更加坚硬。

④改善不良体态，使身材协调匀称。

### （二）弹力带训练的原则

#### 1. 自觉积极性原则

弹力带训练不同于一般的躯体活动，它是一种抗阻力的训练，需要承受因克服自重力而产生的肌肉酸痛，因此在练习中需要明确练习的目的，从主观上认识训练的重要性，积极愉快地进行练习，才能取得好的效果。

#### 2. 针对性原则

弹力带训练应根据主客观需要有针对性地进行练习，因为每个人的训练耐受力和训练适应性是不一样的，因此训练要因人而异，区别对待，不能强求一致。

#### 3. 渐进性原则

循序渐进是人体适应外界环境的基本规律，人体对外界环境的适应过程应该是一个缓慢的由量变到质变的过程，弹力带训练也是如此。长时间没有进行训练的人不能用力过猛，一定是拉力由小到大、数量由少变多的过程，刚开始训练时不能盲目用力，要在教练的指导下逐步进行。

4. 均衡发展原则

弹力带训练要从人体的整体出发，全面训练和发展身体的各个部位，各种身体素质在弹力带的练习中都可运用，如抗阻力和柔韧练习以及平衡训练可同时进行，更好地全面发展身体素质。

### （三）练习时应注意的事项

①练习弹力带前要充分做好热身活动。

②训练目标要事先做伸展练习。

③练习时弹力带的两端要绕到手腕上，以免脱落造成伤害。

④穿着柔软的服装进行练习。

⑤选择质量好、弹性好的拉力带。

### （四）弹力带健身运动方法

弹力带健身运动方法分为肌肉力量训练和伸展肌肉训练。

1. 第一组：肌肉力量训练

**直臂前举**

直臂前举如图7-39所示。

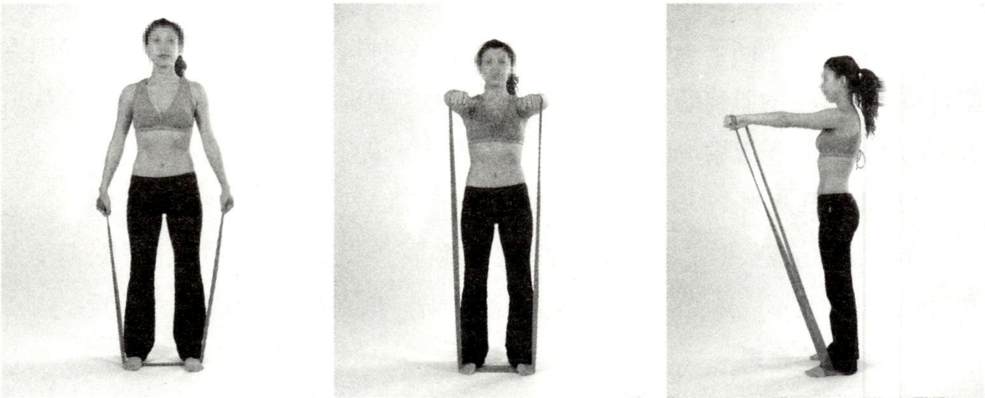

图7-39　直臂前举

动作要领：两脚分开踏在皮筋的中间，两手拉紧皮筋于体前大腿上，呼气，两臂向上举，用力拉皮筋，吸气，两臂慢慢放下。

功效：锻炼三角肌前束。

易犯错误及纠正方法：

①向上拉带时两臂伸得过直，练习时应微微屈肘。

②拉带时上体不直，练习时应收腹立腰，保持身体直立。

**直臂侧举**

直臂侧举如图7-40所示。

图7-40 直臂侧举

动作要领：两脚分开踏在皮筋的中间，两手拉紧皮筋于体侧，呼气，两臂向上举，用力拉皮筋，两肘微屈停3～5s，吸气，两臂慢慢放下。

功效：锻炼三角肌中束。

易犯错误及纠正方法：

①侧上拉带时两臂伸得过直，练习时应微微屈肘。

②拉带时上体不直，练习时应收腹立腰，保持身体直立。

**屈体侧上举**

屈体侧上举如图7-41所示。

图7-41　屈体侧上举

动作要领：两腿屈膝，两脚分开踏在皮筋的中间，两手拉紧皮筋于体前，上体前倾约60°，保持腹部收紧，呼气，两臂向侧上展开，用力拉皮筋，两肘微屈停3～5s，吸气，两臂慢慢放下。

功效：锻炼三角肌后束。

易犯错误及纠正方法：

①上体前倾角度不够，影响后展动作，注意腹部收紧。

②屈膝角度不够，准备动作中的半蹲膝关节不能超过脚尖。

**体后上拉**

体后上拉如图7-42所示。

图7-42　体后上拉

动作要领：两脚分开站立，皮筋环绕双手手腕，两手在头后拉皮筋，两小臂屈，吸气准备；呼气，两小臂、手腕向上伸直，然后吸气，手臂慢慢下落还原。也可以单臂练习。

功效：锻炼肱三头肌。

易犯错误及纠正方法：

①两肘关节朝外，练习时注意夹肘。

②肘关节带动大臂伸展，练习时注意肘关节保持不动。

**“蝴蝶”拉**

“蝴蝶”拉如图7-43所示。

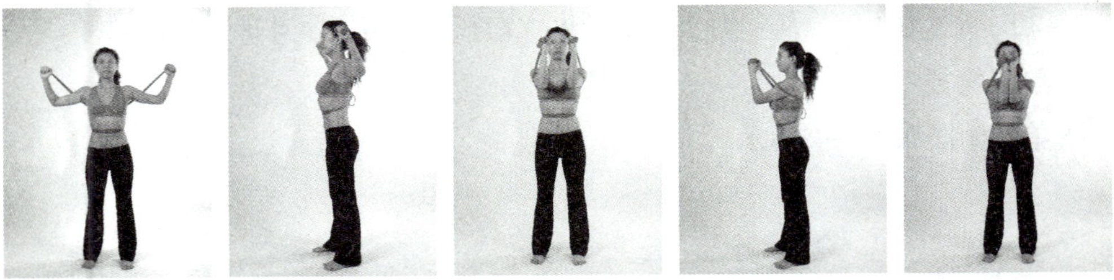

图7-43　“蝴蝶”拉

动作要领：先将皮筋中部绕腰部一周固定皮筋，两手握住皮筋两头拉紧，两臂肩侧屈，吸气准备；呼气，收缩胸大肌两臂向内收，两小臂在胸前并拢，停顿3s，吸气，两臂慢慢还原。

功效：锻炼胸大肌中束。

易犯错误及纠正方法：

①皮筋没有固定好，拉力不够，在练习此动作前应先将皮筋中间部分固定好，再进行练习。

②两臂内收时，胸大肌没有用力，练习中应着重体会胸大肌收缩的感觉。

**体侧拉**

体侧拉如图7-44所示。

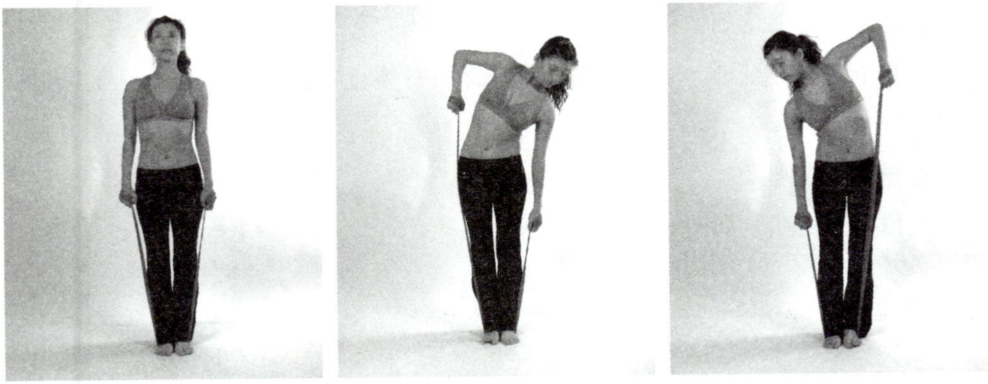

图7-44　体侧拉

动作要领：两脚并拢站立踩住皮筋中间，两手握住皮筋两端拉紧，身体左侧屈，右臂屈肘上拉皮筋，左手沿大腿侧尽量向下伸，收缩腹侧腰肌。

功效：锻炼腹侧腰肌。

易犯错误及纠正方法：

①侧屈时上体不能转动，练习时注意保持身体和头在一个平面。

②皮筋拉力不够，练习时皮筋的长度大约在膝关节以下才能有拉的效果。

**单腿侧摆**

单腿侧摆如图7–45所示。

图7–45　单腿侧摆

动作要领：两脚并拢站立，一只脚踩在皮筋上，另一只脚将皮筋绕在上面，固定皮筋一端，两臂握住皮筋两端侧平举；被固定脚的一侧腿侧摆，收缩大腿外侧肌肉，连续做15～20次，换另一条腿继续练习。

功效：锻炼大腿外侧肌肉。

易犯错误及纠正方法：

①皮筋的拉力不够，在练习时，将固定皮筋的一端和脚踩的一端保持二三十厘米的间距，才能达到效果。

②侧举腿上体变形，身体不直，应在保持身体直立和臀部固定的姿势上进行练习。

**直角坐“划船”**

直角坐“划船”如图7–46所示。

图7-46　直角坐“划船”

动作要领：直角坐，皮筋中端套在两脚上，两手握住皮筋两端，身体稍前倾送肩将皮筋拉紧，吸气准备；呼气，两臂屈肘向体后拉，收缩背阔肌，吸气，两臂慢慢还原。

功效：锻炼背阔肌。

易犯错误及纠正方法：

①准备动作肩太紧，应在收缩时前肩适当向前送出，背部要放松。

②后拉时弓背，正确的做法应该是后拉挺胸，两肩胛骨后缩，肘关节紧贴身体两侧。

**2. 第二组：拉伸肌肉练习**

**腘绳肌拉伸**

腘绳肌拉伸如图7-47所示。

图7-47　腘绳肌拉伸

动作要领：仰卧，将皮筋套在脚上，两手握住皮筋两端向上拉腿，感觉腘绳肌有拉紧的感觉，保持5～10s，换另一条腿继续练习。

易犯错误及纠正方法：

拉伸时膝关节弯曲，练习时根据自身情况拉到自己柔韧范围内，腿保持伸直。

**股四头肌伸展**

股四头肌伸展如图7-48所示。

图7-48　股四头肌伸展

动作要领：站立，皮筋中端环绕在脚背上，两手握住皮筋两端于头后，后屈腿，两手用力拉使皮筋带动脚后屈，拉伸股四头肌，保持5～10s，换另一条腿继续练习。

易犯错误及纠正方法：

后屈腿时屈髋，练习时注意髋部尽量后展。

**小腿三头肌伸展**

小腿三头肌伸展如图7-49所示。

图7-49　小腿三头肌伸展

动作要领：左腿屈，右腿向前伸直，脚后跟着地，用脚心踩住皮筋的中端，上体稍前倾，两手握住皮筋两端向上拉脚，保持5～10s，换另一条腿继续练习。

易犯错误及纠正方法：

拉伸时弓背，虽然用皮筋拉脚，但弓背的动作是错误的，要挺胸前压，同时加上皮筋的拉力，效果才会更佳。

## 第三节 身体功能训练

近十余年来，国际高水平职业运动队广泛采用身体功能训练法（以下简称功能训练），并在运动损伤预防、训练效率提高、竞技能力提升及运动寿命延长等方面均取得了良好的效果。功能训练也随之成为世界运动训练理论领域及大众健身理论与实践的热点。

### 一、功能训练的概念、起源和发展

功能训练可定义为以提升身体在日常生活和活动表现的一种身体练习。也有相关学者和运动训练实践专家将其概括为一种注重身体基本姿态和人体动作模式，整合机体各项素质用于优化人体最基本的运动能力，对动作模式、脊柱力量、动力链、恢复与再生等环节进行系统性优化，达到提高专项运动能力的一种训练理念和方法体系。

功能训练最早始于美国的康复治疗领域。美国的物理治疗师为了帮助受伤运动员尽快重返赛场，恢复其原有的竞技水平，同时避免再次发生运动损伤，在伤者的康复过程中融合了一些相关的身体姿态纠正和身体功能重建的动作练习，之后这种训练向竞技体能训练和大众健身渗透，并逐渐发展形成一个新的训练体系。

在职业体育市场化蓬勃发展和密集型赛制的大背景下，对职业运动员伤病预防、康复、竞技状态保持及职业寿命延长的需求日益增加，功能训练得到迅速的发展。一批学科专家和运动训练实践专家经过多年的探索，以及多学科的相互融合，使得功能训练有了全新的发展，功能训练被认为是根据人体功能情况及运动项目需求来重建动作模式，从而提升竞技能力的一种训练方法。如今各种功能训练方法及体系也进入百花齐放的阶段，其涉及的范围也在不断扩大，已渗透到大众健身、学校体育及军队训练等领域之中。

## 二、功能训练的特征和功效

功能训练不同于以往的一般训练和专项训练，它强调“像准备比赛那样准备训练”，强调体能训练的针对性和实战性，强调训练控制下的多维性和动态性，强调与专项训练的结合和比赛中的有效输出。功能训练认为“竞技就是动作”，强调动作是身体运动的基石，强调机体的系统化功能，通过功能性动作的筛查，发现机体弱链，纠正机体的不对称、不平衡情况，围绕支柱力量、核心稳定、关节灵活性和稳定性的协调发展等要素来增强运动员整个身体动力链的能量传输效果，通过优化动作模式来使运动员的动作更加有效和稳定。

### 1. 功能训练的特征

①训练理念的特征：主要包括强调训练的是动作而不是肌肉；强调要首先解决身体的不对称、不平衡、不协调的问题，恢复机体的“功能”作用，动态姿势的调整和平衡是所有训练的基础；强调构建正确“动作模式”的控制力和精确性练习；强调在专项运动训练前训练基本动作技能；强调多关节、多平面、多维度内身体姿态的参与和协调发展；强调训练中本体感受器官的参与，在负荷与速度的变化过程中完成动作；注重动作的质量和效果，而不是动作的负荷和数量；注重机体的主动恢复和再生训练，休息和训练同样重要。

②训练方法和手段的特征：更强调躯干核心肌群、拮抗肌和大肌群下深层小肌肉的均衡发展，而不是强调某一具体动作中的四肢肌肉力量的过分发展；强调脊柱力量的控制、平衡和稳定性；强调能量在动力链上的有序传递，注重多关节肌群的协调和均衡，使全身肌群参与一体化；强调动作控制下的动态平衡性；在下肢力量训练前训练核心力量；在外载负重的力量训练前用自身的力量进行训练；在训练关节灵活性前训练关节完整性；在训练主要肌群前训练协同肌；在训练力量耐力前训练绝对力量；在训练速度耐力前训练速度本身；强调各种功能器材的应用，而不拘泥于单关节的力量组合器械；强调训练后及时的恢复放松和再生训练。

### 2. 功能训练的作用

功能训练的特性决定了其在训练中的作用。

①改善身体姿势，发展运动员在不同运动状态下调整正确身体姿势的能力，形成主动肌、辅助肌、拮抗肌的合理互动关系，提高动作的经济性和训练效率。

②动态平衡的训练方法可以大幅提升人体的平衡能力，加强运动员的脊柱稳定性和本体感觉，有效协调四肢运动，达到动作完成的最佳状态，从而进一步挖掘运动员的潜力。

③加强动作的稳定性，提升动作的准确性，维持关节的灵活性，通过多种方式的动作控制练习，加强全身关节及周围肌肉、肌腱和韧带的稳定性，确保赛时良好的运动表现，有效预防运动损伤。

## 三、功能训练与传统体能训练的关系

作为一种新的训练体系，功能训练和当前世界竞技体育的特征和发展趋势紧密相关，具有显著的时代性和先进性。相对于传统的训练体系，功能训练是在其基础上的优化，但不是完全否定或取代。需要在系统科学的指引下，以目的为导向，根据实际情况融合各种训练方式，全面发展。

功能训练在发展基础力量、基础耐力等方面仍然需要应用传统体能训练。传统体能训练包括一般体能训练和专项体能训练。一般体能训练即基础性体能训练，用负荷来提升人体各器官的系统功能，提高运动员或健身者的身体素质，改进身体形态的训练模式。专项体能训练是指与运动员专项结合的各种动作练习，如乒乓球和羽毛球的专项步伐练习、跳水的倒立支撑练习、游泳的铁板卧拉等。传统训练的模式有其不可取代的一面，但同时也存在不足。如，传统体能训练还停留在组合式器械的使用上，这对于发展局部肌肉和力量水平效果是显著的，但固定、单一的训练动作，使得身体的部分区域或肌肉群孤立发展，特别是在持续的高强度训练模式下，往往会增加运动员或健身者的潜在伤病风险（见表7–4）。

**表7-4　传统体能训练和身体功能训练特点一览表**

| 类别 | 适用项目 | 动作模式特点 | 训练理念（思路） |
| --- | --- | --- | --- |
| 传统体能训练（大部分） | 健身运动<br>健美运动<br>部分田径项目<br>力量举运动 | 动作单一<br>方法固定<br>多为单关节或身体局部<br>有支撑平面 | ·强调大力量训练，发展力量水平<br>·强调运动员意志品质，过程大多比较“痛苦”<br>·主要基于发展局部肌肉或提高单项运动素质 |
| 功能训练 | 大众健身<br>竞技运动 | 动作多样<br>多维运动<br>随机发生<br>无序变化<br>无稳定支撑 | ·强调发展肌体的弱链和对称性<br>·强调关节灵活性和稳定性的平衡发展<br>·强调发展支柱力量、核心力量来提高机体动力链能量传输效果<br>·强调动作模式的正确、有效和经济性<br>·强调运动损伤的预防和可持续发展<br>·主要基于动作和提升运动能力 |

在功能训练与专项体能训练相结合的问题上，这种强调以实现和发展身体功能为核心的方法体系与传统专项训练的理念从根本上看并不矛盾。首先，功能训练并不能取代专项体能训练，而是为专项训练打基础，通过改善机体不对称和不平衡来提高整体训练质量；其次，在专项体能训练进入瓶颈期的时候，通过身体功能训练能系统性地提升人体动作能力，有助于实现专项成绩的突破。另外，功能训练体系中许多具体的动作模式都是围绕专项体能训练设计的动作，从某种程度上可以看着是专项训练的实战准备阶段或专项体能训练的一种创新方法。

功能训练不是对传统训练方法的否定，在力量发展和强化专项能力等多方面仍需要用到传统方法。两者之间要紧密衔接，填补空隙。在功能训练与传统的一般体能训练和专项体能训练的关系上，国外也有十多年的认知和争论过程，直到现在，也存在多种不同认识。其中一种观点认为，功能训练与一般体能训练、专项体能训练互为依托，共同构筑起现代竞技体能训练的三大支柱（如图7-50）。

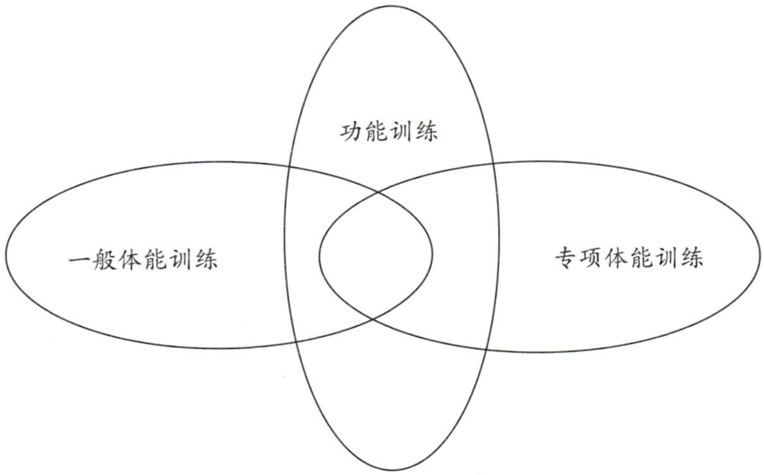


图7-50　功能训练与一般体能训练、专项体能训练的关系

这种观点认为，传统的一般体能训练和专项体能训练有交叉，而功能训练在范畴上包含此部分内容，并且是介于一般体能和专项体能之间符合人体运动能力发展和运动专项需求的一种能力，这种能力可以使机体的基础体能更好地向专项体能转化。实际上，传统的一般体能训练也会渗透功能训练的手段，而专项训练中亦有功能训练的介入。此外，功能训练的范畴还包括之前传统的一般体能和专项体能所没有涉及的区域。如，与康复训练结合的伤病预防练习、恢复与再生训练等等，并融合了更为丰富的方法和手段。但最大的区别在于功能训练的理念和方法包含核心训练、动态平衡、本体感受控制、动作模式、动力链等方面的特征。三者之间是一个有机过渡和循序渐进的过程，共同构成良好竞技表现的基石。

## 四、功能动作筛查

功能动作筛查（FMS）是美国物理治疗专家格雷·库克（Gray Cook）和功能训练专家李·伯顿（Lee Burton）等人设计提出的一套能够简便有效地检测身体各关节部位灵活性、稳定性等基本运动能力是否存在缺陷、身体是否具有潜在损伤风险的测试体系。

功能动作筛查包含七个基本动作的运动损伤风险筛查，通过观察测试对象完成规定动作的质量，快速发现其身体在运动过程中存在的灵活性、稳定性或神经-肌肉控制力等问题，然后通过设计合理的纠正动作练习来矫正人体运动过程中存在的缺陷，从而重建动作模式，并降低运动损伤风险。

### （一）功能动作筛查方法

**1. 深蹲**

（1）测试目的。

评价肩关节、胸椎、髋、膝和踝关节双侧对称性、灵活性和躯干稳定性。

深蹲模式是许多运动动作的组成部分，它充分体现了下肢灵活性、躯干稳定性，以及在对称姿势下髋和肩关节的功能。

把深蹲作为运动筛查中的基本动作，是因为深蹲动作模式可以非常全面地展示受试者的下肢灵活性、姿势控制能力、盆骨和核心稳定性。正确完成深蹲动作要求受试者发挥良好的神经–肌肉控制。

（2）测试方法。

①受试者双脚分开与肩同宽站立，将横杆置于头顶上，调整双手位置，使肘与杆成90°角。

②受试者双臂伸直举杆过头顶，慢慢下蹲至尽可能低的姿势，保持两侧脚后跟着地，身体面向前方抬头挺胸，横杆尽可能高的举过头顶。双膝与双脚在同一垂直面，双膝不得外翻或内扣。

③可重复做三次，但如果第一次完成动作即达到3分标准，则无须重复。若不能完成，将测试板垫在脚跟下再进行以上动作测试。

（3）测试要点。

如有需要，受试者有三次机会完成动作。

如果受试者未能达到3分，则将测试板垫在受试者脚跟下，让受试者再重复动作。

从正面和侧面观察受试者。

用测试板或大小相同的板垫高脚跟进行测试时，包括双脚姿势在内的所有姿势必须与测试内容一致。

（4）深蹲评分标准。

3分：躯干与胫骨平行或趋于与地面垂直；

股骨位于膝关节水平面以下；

双膝与双脚成一条直线；

横杆在双脚正上方保持水平。

2分：躯干与胫骨平行或趋于与地面垂直；

股骨位于膝关节水平面以下；

双膝与双脚成一条直线；

横杆在双脚正上方保持水平；

脚跟抬高。

1分：胫骨和上躯干不平行；

股骨不在膝关节水平面以下；

双膝与双脚不能成一条直线；

横杆不在双脚正上方。

详见图7-51。

3分

2分

1分

图7-51 深蹲评分标准

与测试相关的部位出现疼痛则受试者的评分为0分。疼痛区域应当由专业医疗人士进行全面评估。

2. 跨栏上步

（1）测试目的。

评价髋、膝、踝关节的灵活性和稳定性、骨盆和核心的稳定性及控制力，以及身体两侧在运动中的对称性。

跨栏上步动作是位移动作和加速动作必不可少的基本构成元素。在测试中，要求双侧髋部具有良好的协调性和稳定性来完成不对称运动：运动中，一侧身体承受体重，另一侧身体可以自由移动。完成动作时必须保持骨盆和核心稳定；横杆水平放于肩后，双手握住横杆保持不动，这样便于测试人员观察上肢及躯干是否在运动中保持不动。

身体的灵活性、稳定性、平衡性、姿势良好且运动功能良好时，不会出现上身过度移动，如果运动中上身过度移动可视为补偿性运动。

（2）测试方法。

①受试者双脚并拢脚尖接触测试板；

②调整测试绳的高度（与测试者的胫骨同高），双手握测试杆置于肩上并与地面平行；

③受试者缓慢抬起一条腿跨过栏杆用脚跟触地，重心放在支撑腿上，并保持身体稳定；

④缓慢恢复到起始姿势，运动员有三次机会完成测试；

⑤一条腿测试完毕，换另一条腿进行测试，分别记录得分。

（3）测试要点。

确保弹力绳平齐；

开始测试时，受试者应尽可能挺直站立；

为执行动作的腿评分；

左右两侧的动作均需测试；

如有必要，受试者左右两侧的测试最多各有三次机会；

观察躯干是否稳定；

应从正面和侧面观察；

确保站立腿的脚尖在动作过程中和完成后始终与栏架接触。

（4）跨栏上步评分标准。

3分：髋、膝、踝在矢状面上保持平齐；

腰椎保持不动；

双手握测试杆与栏架保持平行。

2分：髋、膝、踝在矢状面上不能保持平齐；

腰椎移动；

双手握测试杆与栏架未能保持平行。

1分：脚触碰到栏架；

身体失去平衡。

详见图7-52。

3分　　2分　　1分

图7-52　跨栏上步评分标准

与测试相关的部分出现疼痛则受试者的评分为0分。疼痛区域应当由专业医疗人士进行全面评估。

3. 直线弓箭步

（1）测试目的。

评价髋、膝、踝关节的灵活性和稳定性以及股四头肌的柔韧性。

直线弓箭步是日常活动、体育运动和运动训练中常见的减速、转向的一个动作构成。然而直线弓箭步所要求的灵活性、稳定性和控制力比许多日常活动要高。健身运动者在进行旋转、减速和侧向运动时，由于身体姿势的变化而产生压力和扭转力矩，直线弓箭步可以对其躯干及下肢运动功能进行快速评估。

测试过程中，双脚间距狭窄，要求受测者从一开始就有足够的稳定性，并能在髋部不对称的姿势下使髋部两侧平均受力，持续有力地控制骨盆和核心。

直线弓箭步动作下肢为劈叉姿势，上肢保持相反姿势。这种动作模式既符合脊柱的运动力学特点，还与运动过程中上下肢摆动力矩的自然平衡关系一致。此外，该测试还考验髋、踝、脚的灵活性和稳定性，同时考验背阔肌和股直肌等多关节肌的灵活性。

（2）测试方法。

①测量地面至受试者胫骨粗隆的高度；

②以右脚为例，受试者左脚踩在测试板的起始线上，将测试杆放在身体后部，左手在上右手在下握住测试杆，测试杆紧贴头部、脊柱和骶骨，并垂直于地面。

③在测试板上量取与测试者胫骨粗隆高度相同的距离并标记，受试考右脚向前迈出一步，脚跟落在标记线上，随后下蹲至后膝接触测试版，双脚始终保持在一条直线上；

④两侧上下肢交换，再次完成测试，分别记录两侧得分。

（3）测试要点。

评分中的身体左右两侧根据所迈出的左（右）前腿的两侧而定；

动作过程中测试杆始终保持垂直，并与头、胸背、骶骨接触；

前脚脚跟平放在测试板上，恢复到起始姿势时，后脚脚跟与测试板接触，观察是否失去平衡；

与受试者保持较近的距离，以防受试者完全失去平衡；

左右两侧的动作均需测试；

如有必要，受试者左右两侧的测试最多各有三次机会。

（4）直线弓箭步评分标准：

3分：测试杆始终与身体接触；
测试杆保持与地面垂直；
躯干保持不动；
测试杆与双脚保持在同一矢状面；
后膝触碰前脚脚跟后方的测试板。

2分：测试杆未能始终与身体接触；
测试杆未能保持垂直；
躯干出现晃动；

测试杆和双脚未能保持在同一矢状面；

后膝未能触碰前脚脚跟。

1分：身体失去平衡；

无法完成该动作。

详见图7-53。

3分　　2分　　1分

图7-53　直线弓箭步评分标准

与测试相关的部分出现疼痛则受试者的评分为0分。疼痛区域应当由专业医疗人士进行全面评估。

4. 肩部灵活性

（1）测试目的。

评价双侧肩关节活动范围，以及一侧肩关节的伸展、内旋和内收与另一侧的屈曲、外旋和外展的能力。可以观察到颈椎及胸椎的代偿动作，排查肩关节存在的疼痛症。

（2）测试方法。

①测量腕横纹至中指尖之间的距离，即为受试者的手长。

②受试者直立，双手握拳，拇指在四指内。一手握拳由下向上以手背贴后背部，尽力向上；另一手握拳由上向下以手掌贴后背部，尽力向下；记录两手最近点之间的距离，此距离即反映受试者肩关节的灵活度；

③上下交换双手位置，重复以上测试，受试者最多有三次机会。

（3）测试要点。

评分中的左右侧依据上举的是左臂还是右臂而定；

确保受试者双拳一次到位后没有再尽力让双手靠近；

重复测试并对两侧进行排除性测试；

如有必要，受试者左右两侧的测试最多各有三次相会。

（4）肩部灵活性测试评分标准。

3分：双拳距离不超过一只手臂的长度；

2分：双拳距离不超过一只半手臂的长度；

1分：双拳距离超过一只半手臂的长度。

详见图7–54。

3分　　2分　　1分

图7–54　肩部灵活性评分标准

与测试相关的部位出现疼痛则受试者的评分为0分。疼痛区域应当由专业医疗人士进行全面评估。

5. 肩部碰撞测试

（1）测试目的。

检测肩部的疼痛隐患。

（2）测试方法。

①受试者身体自然站立，将一侧手放到对侧肩上；

②保持手掌与肩的接触，尽可能地高抬肘关节。

（3）测试要点。

双脚并拢站直，另一侧手臂自然下垂。右手手掌放在左肩前部。保持手掌位置不动，将右肘尽可能向上抬起，观察受试者是否存在疼痛。然后换至对侧进行测试。

（4）肩部碰撞评分标准。

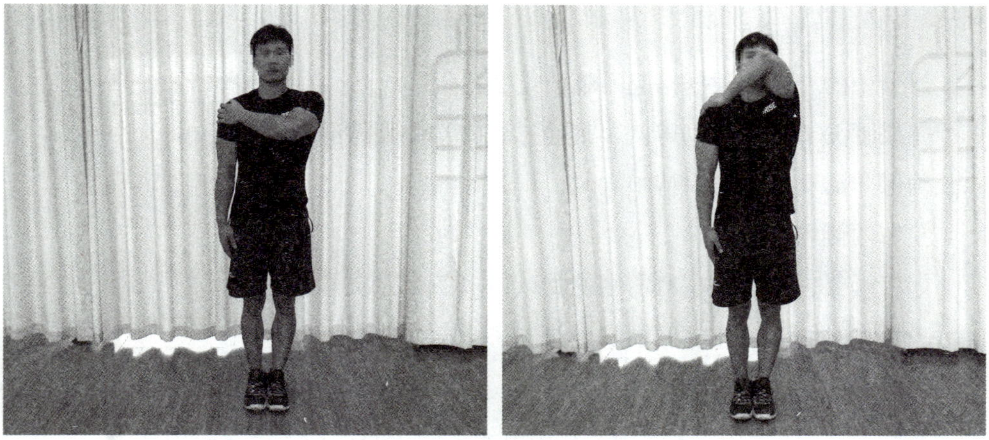

图7-55　肩部碰撞评分标准

如果出现疼痛，肩部灵活性测试得0分。

**6. 主动直膝抬腿**

（1）测试目的。

评价骨盆的稳定性和大腿后部肌群及小腿肌群的主动柔韧性。

这个动作不仅可以识别膝关节屈曲的主动灵活性，还可以判断运动中核心肌群的初始稳定性和持续稳定性。人体的臀大肌、髂胫束复合体和腘绳肌腱是最容易限制关节屈伸的。该动作可一方面考察腘绳肌肌腱和小腿三头肌的柔韧性，另一方面可观察髂腰肌和腰部肌群对骨盆的稳定性。

（2）测试方法。

①受试者仰卧，双手置于身体两侧，掌心向下，双膝下放置测试板。双脚呈

中立位，脚掌与地面垂直。

②将横杆放置在髂前上棘和膝关节中线中间，与地面垂直。测试者主动抬起一侧腿，脚踝背屈，膝关节伸直。活动腿上抬至最高位时，非活动腿保持中立位不移动。

③一侧腿测试完毕，换另一侧腿进行测试，分别记录两次得分。

若活动腿踝骨垂直线超过横杆，则记录为3分；若活动腿骨垂直线未超过横杆，则像移动铅垂线一样移动横杆观察活动腿踝关节垂直线是否超过非活动腿膝关节中线，超过则记录为2分；若活动腿踝骨垂直线未超过非活动腿膝关节中线，则记为1分。

（3）测试要点。

评分中的左右侧根据抬起的腿而定；

如果膝关节中线难以辨认，则通过屈曲、伸直膝部加以确定；

确保非活动的下肢保持中立位；

左右两侧均须测试。

如有必要，受试者左右两侧的测试最多各有三次机会。

（4）主动直膝抬腿测试评分标准。

3分：踝骨垂线落在大腿中部和髂前上棘之间，非活动下肢保持中立位；

2分：踝骨垂线落在大腿中部和关节线之间，非活动下肢保持中立位；

1分：踝骨垂线落在膝关节以下，非活动下肢保持中立位。

详见图7-56。

3分　　2分　　1分

图7-56　主动直膝抬腿评分标准

与测试相关的部位出现疼痛则受试者的评分为0分。疼痛区域应当由专业医疗人士进行全面评估。

7. **躯干稳定俯卧撑**

（1）测试目的。

评价脊柱的稳定性，双侧对称性和肩带的稳定性。

躯干稳定俯卧撑是一种特殊的单次俯卧撑练习，主要反映核心稳定性，良好的躯干稳定俯卧撑动作要求受试者不借助脊柱和髋部运动来独立完成该动作。

在该项测试中，常出现伸展和旋转等代偿动作。这些代偿动作会揭示受试者在完成俯卧撑时上肢及躯干的发力顺序。躯干稳定俯卧撑动作测试的是受试者在上身闭合运动链中，脊柱是否能稳定在同一矢状面的能力。

（2）测试方法。

①受试者俯卧，两手与肩同宽撑地，腰椎保持自然伸直姿势；双膝完全伸展，双脚呈中立位，脚掌与地面垂直。

②男受试者双手位置与上额平行，女受试者与下颌平行，受试者以此姿势完成一次俯卧撑。

③男受试者如果不能完成此动作，可以将双手放在与下颌平行的位置，再完成一次动作；女受试者如果不能完成此动作，可以将双手放在与肩部平行的位置，再完成一次动作。

（3）测试要点。

受试者须将身体整体撑起；

确保受试者完成动作时手部姿势不变，准备撑起时双手没有向下移动；

确保胸部和腹部同时离地。

如有需要，受试者有三次机会完成动作。

如有需要，让受试者双手摆放在恰当的位置，重复动作。

（4）躯干稳定俯卧撑测试评分标准。

3分：男受试者完成拇指与头顶在同一线上的一次动作
女受试者完成拇指与下颌在同一线上的一次动作
受试者将身体整体撑起，脊柱未出现弯曲

2分：男受试者完成拇指与下颌在同一线上的一次动作

女受试者完成拇指与锁骨在同一线上的一次动作

受试者将身体整体撑起，脊柱未出现弯曲

1分：男受试者无法完成拇指与下颌在同一线上的一次动作

女受试者无法完成拇指与锁骨在同一线上的一次动作

详见图7–57。

3分 2分 1分

图7–57 躯干稳定俯卧撑评分标准

受试者在测试过程中，与测试相关的部位出现疼痛测试得0分。疼痛区域应当由专业的医疗人士进行全面评估。

说明：5至7为排除性测试之一。

**8. 伏地起身测试**

（1）测试目的。

检测躯干的疼痛隐患。

（2）测试方法。

①身体俯卧，贴紧地面，双手掌心向下接触地面；

②双手缓慢撑起上体，使脊柱充分伸展。

（3）测试要点。

腹部贴地俯卧，双手置于肩膀下方，手掌朝下。身体下部不动，双肘慢慢挺直，尽量使胸部远离地面。如图7–58所示。

图7-58 伏地起身评分标准

（4）评分标准。

如果测试过程中，身体某些部位出现疼痛，则躯干稳定性俯卧撑测试得0分。

**9. 躯干旋转稳定性**

（1）测试目的。

评价上下肢在联合动作中，骨盆、核心区和肩带在多个平面上的稳定性。

躯干旋转稳定性动作要求受试者通过上下肢协同运动检查骨盆、身体核心及肩带的稳定性。这是一个综合动作，需要保持躯干能量传递的能力及神经控制肌肉的能力。该测试能展示冠状面和矢状面躯干稳定性的能力，其反映在基本攀爬动作中为躯干灵活性和稳定性所起的协调作用。

（2）测试方法。

①四肢着地，在双膝与双手之间放置测试板，脊柱与测试板平行，双侧肩、髋关节与躯干呈90°，双脚勾脚尖，脚掌与地面垂直；

②抬起同侧手和腿，使身体保持在同一水平面上，保持脊柱伸展；

③肘关节与膝关节相互触碰，保持身体与测试板平行，肘关节和膝关节靠拢时允许脊柱出现弯曲，然后恢复起始姿势；

④若不能完成同侧动作，可以采取上抬对侧肢体的方式（呈对角线）来完成测试动作；

⑤测试完成后交换对侧肢体进行相同动作测试，分别记录两侧的得分。

（3）测试要点。

双手双脚横跨测试板，双手置于双肩正下方，双膝置于髋正下方；

双手拇指、双膝、双脚脚趾必须与测试板侧面接触，勾脚尖；

同时将同侧手臂向前伸展，同侧腿向后伸展，肘关节与膝关节相互触碰后恢复原状。

（4）躯干旋转稳定性测试评分标准。

3分：受试者能以同侧肢体上抬方式完成标准测试动作，同时保持腰椎自然伸直姿势，躯干与地面平行，肘、膝与测试板边线在同一平面内。

2分：受试者能以对侧肢体上抬方式完成标准测试动作，同时保持腰椎自然伸直姿势，躯干与地面平行，肘、膝与测试板边线在同一平面内。

1分：受试者不能以对侧肢体上抬方式完成标准测试动作。

0分：测试过程中任何时候，受试者感觉身体某部位出现疼痛。疼痛区域应当由专业的医疗人士进行全面评估。

详见图7-59。

说明：8至9为排除性测试之二。

3分　　2分　　1分

图7-59　躯干旋转稳定性评分标准

10. **跪姿下腰伸展测试**

（1）测试目的。

检测脊柱的弯曲程度和躯干的疼痛隐患。

（2）测试方法。

受试者从四点支撑姿势开始，后移上体，使臀部接触脚跟，胸部接触大腿，双手尽量向前方伸展。如图7–60所示。

图7–60　跪姿下腰伸展评分标准

（3）测试要点。

四肢着地，将髋部向脚后跟移动。胸部缓慢下沉，并尽量贴近大腿，双手尽可能向身体前方伸展。

（4）评分标准。

如果身体某部位出现疼痛，转动稳定性测试得0分。

说明：10为排除性测试之三。

## （二）FMS动作筛查评分方法

FMS评分标准分为0～3分四个等级。

3分：受试者能够按照要求完成动作。

2分：受试者可以完成动作，但是出现了动作代偿。

1分：受试者不能完成动作。

0分：受试过程中，受试者感觉身体某些部位出现疼痛。

如果最终得分小于或等于13分，建议对受试者进行物理治疗或医学检查。

## （三）优先等级问题排序

### 1. 评分优先等级排序

根据下面列出的得分等级对FMS所测动作进行由低分到高分的排序。0分是最先考虑解决的问题，独立动作或双侧动作3分是最后要考虑解决的问题。优先解决问题得分排序按照最急需解决的问题至最不着急解决的问题的顺序自上而下排序。

出现疼痛，得0分

得分不对称，得1分（如左1右3或右1左3）

得分不对称，得1分（如左1右2或右1左2）

独立动作，得1分

得分对称，得1分（深蹲、躯干稳定性俯卧撑）

得分不对称，得2分（左2右3或右2左3）

独立动作，得2分

得分对称，得2分（深蹲、躯干稳定性俯卧撑）

独立动作或双侧动作，得分3分

**2. 动作优先等级排序**

在得分等级的基础上运用动作等级对测试结果进行二次排序。在已有的优先等级排序基础上，按照动作难易度进行二次排序。按照动作功能障碍受关注的程度排序如下：

主动直膝抬腿

肩部灵活性

躯干旋转稳定性

躯干稳定俯卧撑

跨栏上步

直线弓箭步

深蹲

通过得分等级排序以及动作等级排序，可以得到个人FMS测试结果最终的等级清单（1～7）。然后根据优先等级选出最重要的三个问题，并设计相应的解决方案修正错误动作。

**3. 评分及评价分析原则**

得0分项，应当首先评估并处理；灵活性居首——主动直膝抬腿和肩部灵活性；基本动作其次——躯干旋转稳定性和躯干稳定俯卧撑；不对称性必须优先；

最后是功能重新塑造。

### （四）设计解决方案原理

**1. 躯干支柱力量练习**

该部分练习为第一重要问题及第二重要问题设计1～2个动作练习（包含灵活性、稳定性及纠正动作练习部分）。

**2. 再生动作练习**

该部分练习为第二重要问题及第三重要问题设计2～3个动作练习。

**3. FMS解决方案**

利用提供的解决方案及软组织放松方式设计练习动作。以下介绍躯干支柱力量练习及软组织放松训练的内容和方法。如果测试者的FMS测试结果中有0分及1分项目，应按FMS解决方案训练三周后再进行FMS测试（假如允许的话）。

关于FMS解决方案的软组织放松练习、柔韧动作练习、矫正动作训练练习详见FMS解决方案列表。当执行FMS解决方案进行3个月训练后，建议安排受试者按照如下顺序重新测试。

①对受试者进行重新测试（如果时间不够，可以只测试得0分或1分项目）；

②重新分析主要问题；

③依据FMS解决方案，制订适当的训练计划；

④重新测试，直到所有分数都达到或超过2分。

**4. FMS测试结果解决方案**

FMS测试结果解决方案详见表7-5。

表7-5 FMS测试结果解决方案列表

| 动作得分 | 每周1次课 | 每周2次课 | 每周3次课 |
| --- | --- | --- | --- |
| 0分 | 软组织放松 | 软组织放松<br>软组织放松 | 软组织放松<br>软组织放松<br>软组织放松 |
| 1分 | 增加灵活度练习 | 增加灵活度练习<br>纠正动作练习 | 软组织放松<br>增加灵活度练习<br>纠正动作练习 |

续表7-5

| 动作得分 | 每周1次课 | 每周2次课 | 每周3次课 |
| --- | --- | --- | --- |
| 2分 | 纠正动作练习 | 增加灵活度练习<br>纠正动作练习 | 增加灵活度练习<br>纠正动作练习<br>纠正动作练习 |
| 3分 | 纠正动作练习 | 纠正动作练习<br>纠正动作练习 | 增加灵活度练习<br>纠正动作练习<br>纠正动作练习 |

# 第八章 健身运动的效果测量与评价方法

Jianshen Lilun yu Fangfa

科学的健身不仅要求健身行为过程的科学性，而且强调健身效果对健身行为的信息反馈。健身效果的好坏直接影响健身者健身观念和健身行为的持久性，它是实现全民健身计划的“全民性”与“终身性”的突破口。因此，健身效果的评价是健身运动的一个重要环节。健身效果的测试和评价方法种类繁多，有些特别适合成年人，有些特别适合儿童，各有特色。这些方法都经过严谨的科学验证，具有较高的可信度与有效度。本章所介绍的测量和评价方法适宜大众健身人群，方法简便易行，从循环机能、运动系统功能、身体成分等对健身效果进行评价，并附设各测试的标准及健康标准以做参考。

## 第一节　身体姿势评价方法

身体姿势是指身体各部位在空间上的相对位置，它反映人体骨骼、肌肉、内脏器官、神经系统等各组织间的力学关系。正常的身体姿势有赖于肌肉、韧带、骨骼、关节、筋膜等组织的支持和良好的姿势习惯以及正常的平衡功能。正确的身体姿势应具备如下条件：具有能使机体处于稳定状态的力学条件，肌肉为维持正常姿势所承受的负荷不大，不妨碍内脏器官功能，表现出人体的美感和良好的精神面貌。

### 一、正常身体姿势及其评价方法

#### （一）正常身体姿势

人体正常姿势包括静态姿势和动态姿势。静态姿势表现为站位、坐位、跪位和卧位等相对静止的姿态；动态姿势是指活动中的各种姿势，如行走姿势、运动姿势、劳动姿势和舞蹈姿势等。身体姿势的表现受性别、年龄、身体状况、文化背景及性格等因素的影响，同时也受病理因素的影响。理想的身体姿势应满足以下几点：能很好地分散重力压力进而平衡肌肉功能；允许关节在中央范围运动，减少对韧带和关节面的压力；能有效地进行个人的日常生活；有满足个体避免受伤的能力。

在静态姿势评价中，直立姿势是人体最基本的和最具有区别于其他动物的特定姿势，其特性是双脚着地、身体直立，上肢能够自由地进行各种粗大运动和精细动作，下肢能够站立、行走和奔跑。站立的高重心和脚底的小支撑面使得人体在站立时相对不稳定。这也是人类在长期的进化过程中，形成的特有的外形特征。

（二）正常直立姿势的测量与评价方法

人体处于直立位的标准姿势时，从各个不同方向进行观察，要符合以下条件。

**1. 前面观**

从前面看，双眼应平视前方，两侧耳屏上缘和眶下缘中点应处同一水平面上，左右髂前上棘应处同一水平面上。

**2. 后面观**

从后面看，头后枕部、脊柱和两脚跟夹缝线都应处于一条垂直线上；与脊柱相邻的两肩和两侧髂嵴，对称处于垂直脊柱的水平线上。

**3. 侧面观**

从侧向看，耳屏、肩峰、股骨大转子、膝、踝应五点一线，位于一条垂直线上。同时可见脊柱的四个正常生理弯曲，即向前凸的颈曲、向后凸的胸曲、向前凸的腰曲和向后凸的骶曲。颈曲和腰曲最大，颈曲弯曲度为3～4cm，腰曲弯曲度为2～3cm，胸曲次之，骶曲最小。

**4. 胸廓形态**

胸廓是由肋骨、胸骨、脊柱和肋间肌构成的骨性笼状支架。内有心、肺、气管、支气管、纵隔等重要内脏器官。胸廓的后方为脊柱，肋骨、肋间隙位于两侧，胸骨和肋软骨位于前方。胸廓具有一定的弹性和活动性，起着支持和保护胸腹腔脏器避免外力损伤的作用。但其主要作用，还在于它的参与呼吸运动。

正常胸廓上方略小，下方稍宽，呈锥形，横径和前后径的比例为4∶3。

**5. 腿型**

正常腿型两膝内侧、两踝、脚跟均可靠拢，或间距小于1.5cm。

## 二、常见的异常身体姿势及其评价方法

影响身体姿势的因素通常有以下方面：过度使用，神经问题，疼痛，缺乏认识，女性弱点，不平衡等。对异常身体姿势的评价主要是通过对被评估者前面、后面和侧面三个方向的观察来判断是否有姿势异常。常见的异常身体姿势有以下几种。

### （一）侧面观

从侧面观察，正常颈曲度和腰曲度为3～5cm。

**1. 头向前倾斜（探颈）**

头向前倾斜主要表现为下颈段和上胸屈曲增加，上颈段伸展增加，颈椎的体位在中心线的前面，颈部的屈肌放松，伸肌紧张。这种情况常见于颈部长期前屈姿势的职业，如IT行业人员、银行工作人员等。

**2. 胸脊柱后凸（驼背）**

胸脊柱后凸是胸椎体向后凸增加的表现，重心位于椎体的前方，颈曲度超过5cm，腰曲度小于2～3cm，耳屏点落后于肩峰及大转子前方。这种情况常见于脊柱结核病、长期前倾疲劳、脊柱的退行性变化以及长期过度的屈肌训练等。

**3. 平背（直背）**

平背是由脊柱胸段和腰段的生理弯曲弧度变小造成的。其特征是胸曲度和腰曲度小于2～3cm，从而使背部相应呈扁平状，常伴有骨盆后倾的表现。

**4. 鞍背**

鞍背是因脊柱腰段过度前凸造成的。其特征是腰曲度过大，超过5cm，背及臀部后凸。为维持身体直立平衡，鞍背者与驼背者相反，头颈部或上部躯干重心落于标准姿势的后方。产生这种情况通常与腰骶角增大、骨盆前倾、髋屈曲和椎体后部受压等因素有关，此外，还与妊娠、肥胖症、不良站立习惯有关。

**5. 胸部畸形**

①扁平胸：胸部呈扁平状，前后径较小，横径与前后径比例增大，大于

4：3，常见于瘦弱体型。

②桶状胸：胸廓的前后径与横径的比例近似1：1，呈圆柱形。常见于支气管炎和哮喘患者，婴幼儿胸廓未发育成熟时也呈桶状胸。

③鸡胸：胸骨处明显隆突，胸廓前后径大于横径，比值小于1。常见于佝偻病患者。

④漏斗胸：胸前部呈凹陷状。

⑤不对称胸：左右胸廓歪斜，大小、高低不一，明显呈不对称状。常见于胸廓发育异常以及上肢用力不均衡的运动员。

上述五种胸部畸形，详见图8-1。

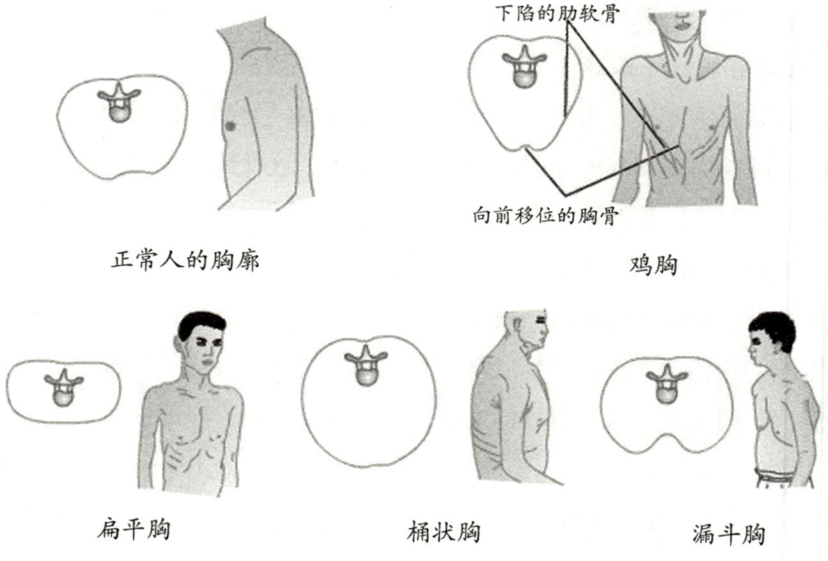


图8-1　胸部畸形

**6. 骨盆后倾**

骨盆后倾是指耻骨联合位于髂前上棘之前，髂前上棘位于重心线的后方。

**7. 骨盆前倾**

骨盆前倾是指耻骨联合位于髂前上棘之后，髂前上棘位于重心线的前方。

**8. 膝过伸**

膝过伸是指踝关节常呈跖屈位，膝关节位于重心线的后方，股四头肌、腓肠肌紧张。

9. 膝屈曲

膝屈曲是指伴踝关节背屈位、髋关节屈曲，膝关节位于重心线的前方，股四头肌被拉长。

## （二）后面观

1. 头部倾斜

头部倾斜与同侧椎体受压有关，一侧颈部屈肌紧张，对侧颈部屈肌被牵拉，头部在冠状面上向一侧倾斜。有时和长期优势上肢的运动有关，如有些专业的乒乓球运动员有功能性的头部倾斜现象。

2. 肩下垂

在肩下垂的情况下，两肩在冠状面上不在同一水平面上，一侧的肩关节下垂，另一侧的肩关节抬高或内收，菱形肌和背阔肌紧张。

由此形成的高低肩可引起脊柱变形，脊柱侧弯，压迫脊柱周边神经，引起颈部酸痛、头昏、睡觉质量低下等问题。

3. 肩内旋、外旋

肩内旋与肩关节屈曲、外旋受限有关。常见于长期使用腋杖的截瘫患者和小儿麻痹症患者。肩外旋者少见。

4. 脊柱侧弯

脊柱侧弯时，脊椎的棘突在冠状面上向外偏离重心线，为了保持身体的平衡，可引起肩和骨盆的倾斜。通常还伴有脊柱的旋转和矢状面上后突或前突的增加或减少，同时还有肋骨左右高低不平、骨盆的旋转倾斜畸形及椎旁的韧带和肌肉异常，它是一种症状或X射线体征。功能性胸腰段侧弯可能与长期不对称姿势、优势手、下肢不等长有关，在肌肉方面可见凹侧组织紧张、凸侧组织薄弱、被牵拉。

测量方法：可采用重锤悬垂法测量脊柱侧弯程度，即令受试者直立，测量者将重锤的端线置于受测者枕骨粗隆中心点，或置于第七颈椎棘突中心点上，待垂线稳定于两腿夹缝时，测量脊柱每一呈侧凸区域偏离垂线的最远点到垂线的水平距离，如图8-2所示。

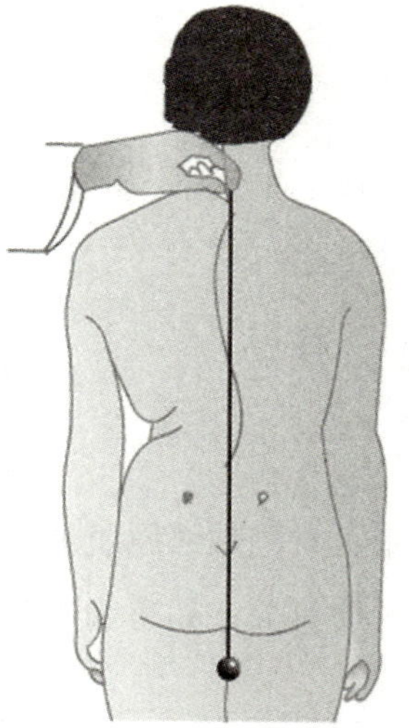

图8-2 重锤悬垂法测量脊柱侧弯程度

轻度侧弯：侧弯最突出点与垂直线距离小于2cm；

中度侧弯：侧弯最突出点与垂直线距离2～5cm；

重度侧弯：侧弯最突出点与垂直线距离大于5cm。

胸段脊柱侧弯容易影响心肺功能，两侧骨骼肌肉受力不平衡，容易导致肌肉劳损、紧张而出现腰背疼痛的症状。

**5. 骨盆向侧方倾斜**

骨盆向侧方倾斜时，骨盆在冠状面偏向一侧。如骨盆右侧方倾斜时，伴有左侧髋关节内收和右侧髋关节外展。在肌肉方面右侧腰方肌紧张，髋关节外展时，对侧髋内收肌紧，对侧髋外展肌力减弱。

**6. 骨盆旋转**

重心线落在臀裂的一侧，可见内旋肌和屈髋肌软弱，这种情况常发生于偏瘫患者。

**7. 高弓足和扁平足**

足弓的形态是生来的，但是在生长发育过程中，如果不注意保护，再好的足弓也会塌陷，变得平坦，甚至消失，这就是人们所说的“扁平足”。从生理解剖上看，正常足弓符合人体起跳的基本要求，正常足弓的人跳得高，也往往跳得远，他们具有较强的跳跃能力。

印迹法测量足弓：在足印迹内侧作第一条切线，自足跟中心点至第三趾中心点作第二条切线，两线相交成角，再作角平分线为第三条切线。正常足弓的弓内缘应超过第二条切线，位于第二条切线的外侧；轻度扁平足的足弓内缘超过第三条切线，在第三条切线外侧；中度扁平足的弓内缘在第一条切线外侧；重度扁平足的弓内缘在第一条切线的内侧。见图8-3所示。

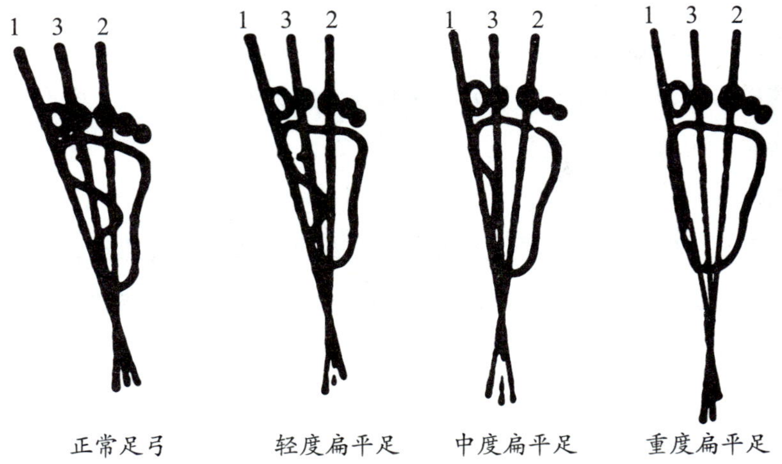


图8-3　印迹法测量足弓

## （三）前面观

### 1. 下颌骨不对称

下颌骨不对称可能是发育性的，也可能是由外伤引起的。

### 2. 锁骨和其他关节不对称

锁骨和其他关节不对称一般是由外伤引起的。

### 3. 髋外旋、髋内旋

髋内旋时髌骨转向腿内侧，髋外旋时髌骨转向腿外侧。

### 4. 膝外翻（“X形腿”）

膝外翻既可能是单侧也可能是双侧。膝外翻的特点是膝关节的中心在大腿和小腿中线的内侧，两腿呈“X”形。膝关节外侧的肌肉及其他软组织紧张，膝关节内侧的组织被拉长。

评判标准：

两膝关节可靠拢，而踝关节之间相距3cm以下为轻度“X”形畸形，3～6cm的间距为中度“X”形畸形，大于6cm为重度“X”形畸形，如图8-4所示。

5. 膝内翻（“O形腿”）

膝内翻既可能是单侧也可能是双侧。膝内翻的特征是膝关节的中心在大腿和小腿中线的外侧，两腿呈“O”形。在肌肉方面，髋内旋紧张，膝关节过伸，髋外侧旋转肌、胫后肌、腘绳肌被拉长。

评判标准：

人体在直立的状态下，两足跟靠拢，如果两膝关节不能靠拢，相距3cm以下为轻度“O”形畸形，相距3～6cm为中度“O”形畸形，两膝间距大于6cm，为重度“O”形畸形，如图8-4所示。

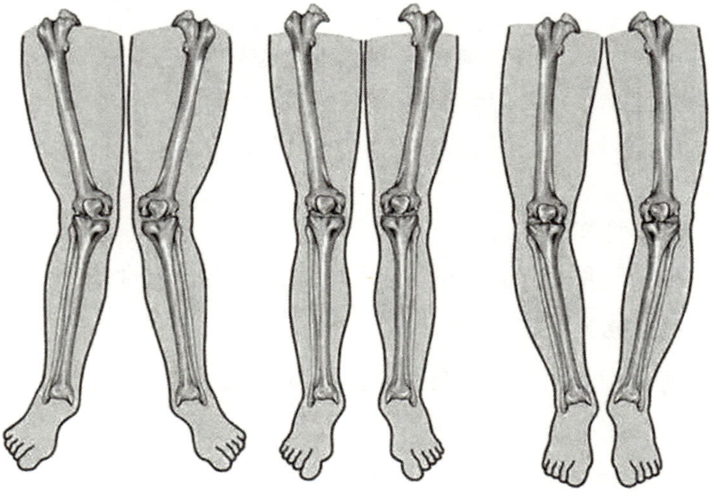


图8-4　膝外翻与膝内翻与正常腿型比较

6. 胫骨外旋

胫骨外旋表现为髌骨向前，足趾向外，髂胫束紧张。胫骨外旋常与股骨后倾，后交叉韧带撕裂、胫骨结构畸形（骨折或发育问题）等因素有关。

7. 胫骨内旋

胫骨内旋表现为髌骨向前，足趾向内，内侧腘绳肌和股薄肌紧张。胫骨内旋常与股骨前倾，前交叉韧带撕裂、胫骨结构畸形（骨折或发育问题）、足内翻和外翻等因素有关。

**8. 踇外翻**

踇外翻表现为第一足趾的跖趾关节向外侧偏斜。这种情况一般是由跖骨头内侧过度生长、跖趾关节脱位、踇趾滑膜囊肿引起的。

**9. 爪形趾**

爪形趾表现为跖趾关节过伸，这与近侧趾间关节屈曲、趾长伸肌紧张缩短有关。

## 三、异常姿势的影响

人体长时间的姿势异常必然导致身体组织结构的变化，从而影响人体的正常功能，表现出一系列的临床改变。

### （一）肌肉和韧带失去平衡

①肌肉长时间被牵拉，将变得薄弱。

②肌肉长时间处于收缩（痉挛或挛缩）状态，使收缩的随意性和灵活性降低。

③韧带长期牵拉而变得薄弱和松弛，从而使支持和保护关节的功能降低。

④关节一侧的肌肉和韧带支持减弱，导致关节稳定性降低，甚至出现关节半脱位或脱位。

### （二）关节负重增加和压力分布异常

关节长期的异常负重压力可以引起关节软骨的异常，导致关节过早的退行性变化。如膝内翻引起内侧膝关节面异常受压，增加了下肢外侧韧带的牵拉。

### （三）继发性功能障碍

人体保持直立姿势时，躯体负重部位的异常可引起其他相关部位的连锁性改变。人体闭合运动链系统中任何环节的异常都将导致整个运动链各组成部分的相应代偿性改变。如增加腰部负荷，可以通过增加胸椎和颈椎的负荷来相应地代偿，同时也加速了胸椎和颈椎退行性变化的速度；膝关节屈曲畸形，增加了股四头肌的负荷，同时增加了髌骨关节的压力。为了维持直立的姿势和重心，需要增加髋关节、踝关节的屈曲，这样就增加了腰部的负荷，可能会导致逐步出现腰部的退行性变化。

### （四）诱发疼痛

过度的压力和牵拉会引起疼痛反应，导致关节和周围组织的慢性无菌性炎症，称之为疼痛综合征。通常有以下两种情况。

①原发性姿势异常：在平时的生活和工作中，不正确姿势的维持可引起姿势性疼痛，如长时间过度弯腰工作、伸颈看电脑屏幕会引起腰部和颈部的疼痛，通过腰、颈部的适当活动可以减轻疼痛。

②继发性姿势异常：长时期不良姿势导致的炎症、损伤和退行性病变，继发性加重原有的姿势障碍和导致新的姿势障碍，并诱发或加重疼痛。

# 第二节　循环呼吸机能测量与评价方法

## 一、心率测量与评价

由于心脏的搏动次数与动脉的搏动次数一致，因此，在运动训练、体育教学、健身运动和休闲体育活动中，人们通常通过测量脉搏来反映心率的快慢。

### （一）心率测量的意义

心率是指每分钟心脏搏动的次数，它是心血管系统最容易测量的指标。其测量方法简易，不需任何仪器，评价客观，在运动实践中得到广泛的应用。它可反映以下几方面的情况。

**1. 心血管机能水平**

成年人正常心率为60～80次/分，通过心率测试，可了解健身者的心血管机能水平和健康状况，机能水平高的人其心脏搏动的次数相对较低，反之则相对较高。

［案例5］假设在任何条件都相同的情况下，我们对欲参加健身运动的两名男性进行机能测试，测得甲的静息心率为61次/分，而乙的静

息心率为79次/分，则甲的心血管机能较乙好。

#### 2. 心血管机能的能量节省化程度

长期参加有氧运动的人，随着机能水平和健康状况的提高、心脏收缩功能的提高、心血管神经调节的改善，心血管机能会出现能量节省化改善，表现为心率趋于平稳下降。

［案例6］对47岁的长期进行游泳健身和长期进行乒乓球健身的两组中年女性进行三年的跟踪研究表明，游泳组三年后的静息心率为63次/分，较三年前静息心率71次/分出现明显下降。而乒乓球组三年前后的心率无显著变化。

#### 3. 运动强度

从事群众体育运动的人大都知道“运动强度”的概念，运动强度与摄氧量有关。20世纪50年代阿斯特兰德对80名成年男女的研究就证明，心率和摄氧量及最大摄氧量呈线性关系，并发现最大心率百分比与最大摄氧量百分比也呈线性相关，而运动中的摄氧量是运动负荷对机体刺激的综合反映。因此，在运动实践中通常用心率来反映运动强度。大强度的运动心率上升幅度大，小强度的运动心率上升幅度小，所以运动中心率的变化与运动强度的大小有关。

#### 4. 运动后机能水平的恢复情况

运动后可用心率反映恢复情况。运动后心率恢复快，表明机能水平高，反之则差。

### （二）影响心率的因素

#### 1. 遗传

遗传对心血管机能影响较大，对心肌收缩特性、每搏排血量、每分钟排血量等的影响较大。

#### 2. 不同健身方式对心率的影响

健身方式不同对心率的影响也不同。长期健身者安静状态下心率比不健身的人低，而长期进行有氧耐力运动的人的心率比采取其他健身方式的人低。

**3. 心率与年龄、性别关系**

少儿心率较快，随年龄的增长逐渐减慢；同年龄女性比男性快；最大心率（每个人的极限心率）随年龄增长而逐渐减慢。

据美国体育运动医学学会的相关资料显示，男女最大心率出现在10～11岁。

## （三）脉搏的测量方法

**1. 脉搏的测量**

测量仪器：秒表。

测量方法：

①取坐姿或站立姿式，把示指及中指放在桡动脉或颈动脉上可感觉到脉搏，不可用太大力压下去，感觉到搏动即可。不可用大拇指，因为它也有微弱搏动，会影响准确性。

②开始计时可数10s、15s或1min的搏动次数。

脉搏的测量方法如图8-5、图8-6所示。

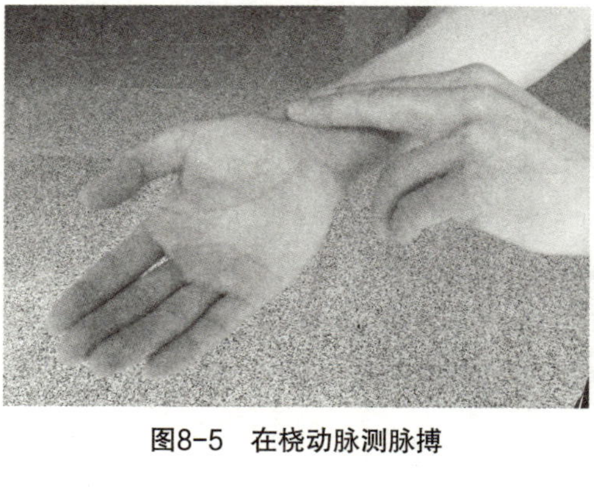

图8-5　在桡动脉测脉搏

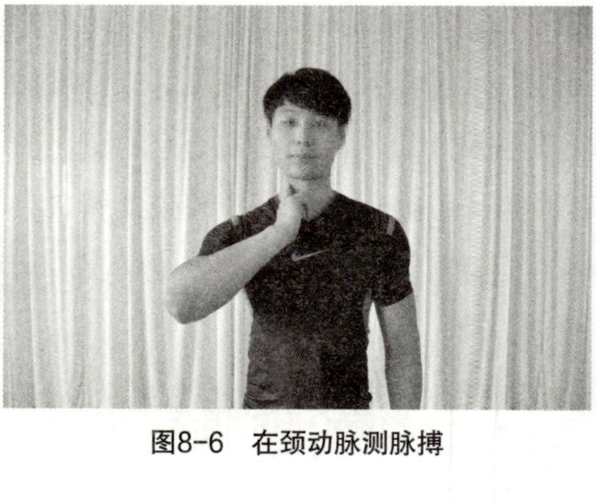

图8-6　在颈动脉测脉搏

## （四）身体不同状态下心率的测量及在健身运动中的应用

不同状态下心率的测量方法及应用见表8-1。

表8-1　不同状态下心率的测量方法及应用

| 状态 | 测量部位 | 测量时间 |
|---|---|---|
| 安静状态，晨脉 | 桡动脉 | 10s或30s |
| 运动中心率 | 心率遥测 | – |
| 运动后即刻心率 | 桡动脉或颈动脉 | 6s或10s |
| 运动后恢复心率 | 桡动脉 | 30s或60s |

**1. 机能良好的标志**

①安静状态心率较低。

②中低强度运动后，心率上升幅度较小（能量节省化）。

③极限强度运动心率很快达到最高心率，且能维持较长时间。

④运动后心率恢复较快。

**2. 安静状态心率的评价**

①连续测量晨脉，可了解健身过程中运动量的大小，判断是否出现过度疲劳。若晨脉稳定，表明循环机能状态良好；连续出现晨脉波动或上升，表明身体机能处于疲劳状态或运动量过大，这时需调整运动量，避免出现运动损伤。

②安静状态心率稳定，表明循环机能良好。

③长期进行有氧运动，安静状态心率下降，表明循环机能良好。

**3. 运动中心率和运动后即刻心率的评价**

运动中和运动后即刻心率均反映运动强度，心率高则运动强度大，反之则小。

在进行定量负荷运动时，心率上升幅度较小者循环机能状态好，心率上升幅度大者循环机能状态较差。

**4. 运动后恢复期心率**

机能水平的恢复情况与运动量大小、运动能力水平高低和身体机能状态有关。在相同情况下，心率恢复越快，机能水平越好。

## 二、肺活量测量与评价方法

**1. 测量目的**

肺活量测量可反映人体肺的容积和扩张能力。

### 2. 测量仪器

肺活量计测试。电子式肺活量计精度为1ml，翻转式肺活量计精度为20ml，桶式肺活量计精度为50ml。

### 3. 测量方法

测试时，受试者深吸气至不能再吸气，然后将嘴对准肺活量计口嘴做深呼气，直至呼尽为止。测试两次，取最大值，记录以毫升为单位。

### 4. 评价

分值越高越好，表8-2是2003年我国国民体质监测报告成年人肺活量评分表。

**表8-2　20～59岁成年人肺活量评分表**

单位：ml

| 年龄 | 性别 | 1分 | 2分 | 3分 | 4分 | 5分 |
|---|---|---|---|---|---|---|
| 20～24岁 | 男 | 2369～2847 | 2848～3464 | 3465～3984 | 3985～4634 | ＞4634 |
| 20～24岁 | 女 | 1423～1873 | 1874～2354 | 2355～2779 | 2780～3259 | ＞3259 |
| 25～29岁 | 男 | 2326～2849 | 2850～3459 | 3460～3969 | 3970～4624 | ＞4624 |
| 25～29岁 | 女 | 1396～1834 | 1835～2364 | 2365～2769 | 2770～3244 | ＞3244 |
| 30～34岁 | 男 | 2240～2749 | 2750～3344 | 3345～3874 | 3875～4544 | ＞4544 |
| 30～34岁 | 女 | 1320～1781 | 1782～2339 | 2340～2759 | 2760～3242 | ＞3242 |
| 35～39岁 | 男 | 2135～2619 | 2620～3209 | 3210～3739 | 3740～4349 | ＞4349 |
| 35～39岁 | 女 | 1295～1734 | 1735～2249 | 2250～2674 | 2675～3159 | ＞3159 |
| 40～44岁 | 男 | 2007～2449 | 2450～3084 | 3085～3599 | 3600～4223 | ＞4223 |
| 40～44岁 | 女 | 1228～1629 | 1630～2149 | 2150～2573 | 2574～3074 | ＞3074 |
| 45～49岁 | 男 | 1900～2307 | 2308～2964 | 2965～3464 | 3465～4099 | ＞4099 |
| 45～49岁 | 女 | 1160～1519 | 1520～2049 | 2050～2459 | 2460～2979 | ＞2979 |
| 50～54岁 | 男 | 1770～2164 | 2165～2779 | 2780～3254 | 3255～3914 | ＞3914 |
| 50～54岁 | 女 | 1115～1469 | 1470～1977 | 1978～2374 | 2375～2899 | ＞2899 |
| 55～59岁 | 男 | 1669～2059 | 2060～2644 | 2645～3124 | 3125～3769 | ＞3769 |
| 55～59岁 | 女 | 1095～1374 | 1375～1854 | 1855～2249 | 2250～2769 | ＞2769 |

引自国家体育总局：《国民体质测定标准手册（成年人部分）》，人民体育出版社，2003年。

### 5. 注意事项

呼气不可过猛，防止漏气；不得二次吸气；肺活量计口嘴应严格消毒。

## 三、心血管机能测量与评价方法

### （一）布兰奇心功能测量

**1. 测量目的**

测量安静状态心血管机能水平。

**2. 测量仪器**

秒表、血压计、听诊器。

**3. 测量方法**

测量时，让受试者采取坐位，待完全安静以后，测1min的心率，然后测量血压。

**4. 评价**

按以下公式计算布兰奇心功能指数：

布兰奇心功能指数＝心率×（收缩压＋舒张压）/100

布兰奇心功能指数在110～160范围内为心血管机能正常，平均数为140。如果超过200应进行心血管机能检查。

这一方法的特点是在测量心率的同时，考虑了血压的因素，因而能较全面地反映心血管机能。

［案例7］测得某人静息心率为70次/分，收缩压为119mmHg，舒张压为75mmHg，根据布兰奇心功能指数＝心率（收缩压＋舒张压）/100＝70×（119＋75）/100＝135.8

［案例8］测得某人静息心率为78次/分，收缩压为147mmHg，舒张压为96mmHg，根据布兰奇心功能指数＝心率（收缩压＋舒张压）/100＝78×（147＋96）/100＝189.54

分析：案例7受试者的布兰奇心功能指数为135.8，表明该受试者心功能良好。案例8受试者的布兰奇心功能指数为189.54，表明该受试者心功能较差。从案例8可见该受试者心率正常，但已出现高血压，所以布兰奇心功能指数较高，则表明心功能不良。

## （二）30秒30次蹲起试验

长期健身的人群与普通人群在安静状态下心脏机能的差异并不十分明显，只有通过定量负荷试验，不同群体的个体差异才能表现出来。“30秒30次蹲起”是瑞典体育联合会制订的一种测量心脏机能的简易方法，该方法属于定量负荷试验，由于方法简便实用，作为测量一般人的心血管机能指标被广泛应用。

**1. 测量目的**

测量心血管机能水平。

**2. 测量方法**

①静坐5min，测量受试者15s脉搏数然后乘以4，即得1min的脉搏数，标为P1。

②令受试者30s内完成30次蹲起动作（每秒钟1次）。最后一次站起来时，测量即刻15s脉搏数然后乘以4，即得1min的脉搏数，标为P2。

③负荷后休息1min，测15s脉搏数然后乘以4，为运动后1min的脉搏数，标为P3。

④按以下公式计算心功能指数。

$$\text{心功能指数} = (P1 + P2 + P3 - 200)/10$$

心功能指数评价标准：指数越小越好，指数小于或等于0，心脏机能为最好；0～5为较好；6～10为一般；11～15为较差；大于16为最差。

［案例9］测得某大学生静息心率为68次/分，“30秒30次蹲起试验”即刻心率为110次/分，负荷后休息1分钟的心率为70次/分，该学生的心功能指数为：

$$\begin{aligned}\text{心功能指数} &= (P1 + P2 + P3 - 200)/10\\ &= (68 + 110 + 70 - 200)/10\\ &= 4.8\end{aligned}$$

分析：心功能指数评价是指数越小越好，该学生的心功能指数为

4.8，表明该学生的心功能较好。因“30秒30次蹲起试验”负荷量较小，心功能好则负荷后即刻心率上升幅度较小，且负荷后心率恢复较快，所以心功能指数小。

## 四、心血管机能耐力测量与评价方法

### （一）3分钟台阶试验

1. 测量目的

测试运动后心率恢复情况，反映人体心血管系统机能水平，以评价其心肺耐力水平。

2. 测量器材

使用台阶（男子台高30cm，女子台高25cm）、秒表和节拍器（频率为120次/分）或台阶试验仪。

3. 测量方法

①测试时，受试者直立站在台阶前方，如图8-7中①所示。

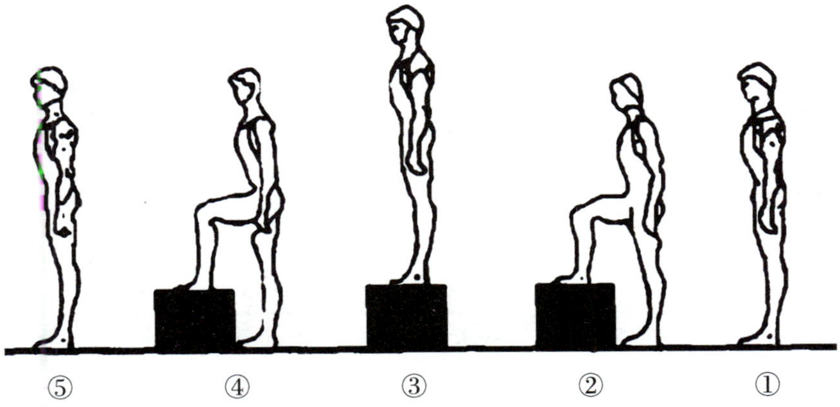

图8-7　台阶测试

②按照节拍器发出的提示声做上下台阶运动。当节拍器发出第一声时，一只脚踏上台阶如图8-7中②所示；第二声时，另一只脚踏上台阶，双腿伸直如图8-7中③所示；第三声时，先踏上台阶的脚退下台阶如图8-7中④所示；第四声时，另一只脚下台阶如图8-7中⑤所示。

③踏台阶运动时间：3min。

④测量心率：测量运动后1～1.5min、2～2.5min、3～3.5min的三次心率数。

如果受试者三次不能按照节拍器发出的节奏完成上下台阶或不能坚持运动，应立即停止运动，记录运动持续时间，并以同样方法记录三次脉搏数，然后，以下面公式计算台阶指数。

⑤评价：

$$台阶指数=\frac{运动持续时间（s）}{3次测量脉搏之和}\times 100$$

评价标准：台阶指数越大越好，见表8-3。

**表8-3　20～59岁我国成年人台阶指数评分标准**

| 年龄 | 性别 | 1分 | 2分 | 3分 | 4分 | 5分 |
|---|---|---|---|---|---|---|
| 20～24岁 | 男 | 42.1～46.1 | 46.2～52.0 | 52.1～58.0 | 58.1～67.6 | ＞67.6 |
| 20～24岁 | 女 | 40.9～46.1 | 46.2～52.2 | 52.3～58.0 | 58.1～67.1 | ＞67.1 |
| 25～29岁 | 男 | 42.1～46.1 | 46.2～51.9 | 52.0～58.3 | 58.4～68.1 | ＞68.1 |
| 25～29岁 | 女 | 40.7～46.8 | 46.9～53.2 | 53.3～59.1 | 59.2～68.6 | ＞68.6 |
| 30～34岁 | 男 | 41.4～46.1 | 46.2～52.2 | 52.3～58.3 | 58.4～68.1 | ＞68.1 |
| 30～34岁 | 女 | 39.5～47.0 | 47.1～53.7 | 53.8～59.9 | 60.0～69.1 | ＞69.1 |
| 35～39岁 | 男 | 41.3～46.1 | 46.2～52.2 | 52.3～58.7 | 58.8～68.1 | ＞68.1 |
| 35～39岁 | 女 | 37.0～46.8 | 46.9～53.8 | 53.9～60.3 | 60.4～69.7 | ＞69.7 |
| 40～44岁 | 男 | 37.8～46.5 | 46.6～53.5 | 53.6～59.9 | 60.0～70.2 | ＞70.2 |
| 40～44岁 | 女 | 31.5～46.8 | 46.9～54.8 | 54.9～61.5 | 61.6～71.3 | ＞71.3 |
| 45～49岁 | 男 | 35.5～46.3 | 46.4～53.5 | 53.6～60.3 | 60.4～70.2 | ＞70.2 |
| 45～49岁 | 女 | 30.0～45.6 | 45.7～54.4 | 54.5～61.5 | 61.6～71.3 | ＞71.3 |
| 50～54岁 | 男 | 31.5～45.8 | 45.9～53.5 | 53.6～59.9 | 60.0～69.7 | ＞69.7 |
| 50～54岁 | 女 | 27.9～43.8 | 43.9～54.1 | 54.2～61.5 | 61.6～71.3 | ＞71.3 |
| 55～59岁 | 男 | 29.9～44.7 | 44.8～53.2 | 53.3～59.9 | 60.0～69.7 | ＞69.7 |
| 55～59岁 | 女 | 27.3～39.8 | 39.9～52.8 | 52.9～60.3 | 60.4～70.2 | ＞70.2 |

注：引自《2003年国民体质监测报告》。

注意事项：心血管疾病患者，不得进行此项测试。

简易方法：完成3分钟踏台阶后，5s内立刻开始测量1min的脉搏，并依照表8-4评价心功能水平。

**表8-4　分钟踏台阶心率测量常模表**

单位：次/分

| 性别 | 年龄 | 欠佳 | 尚可 | 一般 | 良好 | 优异 |
|---|---|---|---|---|---|---|
| 男性 | 18～25岁 | >115 | 105～114 | 98～104 | 89～97 | <88 |
| | 26～35岁 | >117 | 107～116 | 98～106 | 89～97 | <88 |
| | 36～45岁 | >119 | 112～118 | 103～111 | 95～102 | <94 |
| | 46～55岁 | >122 | 116～121 | 104～115 | 97～103 | <96 |
| | 56～65岁 | >119 | 112～118 | 102～111 | 98～101 | <97 |
| | 65岁以上 | >120 | 114～119 | 103～113 | 96～102 | <95 |
| 女性 | 18～25岁 | >125 | 117～124 | 107～116 | 98～106 | <97 |
| | 26～35岁 | >128 | 119～127 | 111～118 | 98～110 | <97 |
| | 36～45岁 | >128 | 118～127 | 110～117 | 102～109 | <101 |
| | 46～55岁 | >127 | 121～126 | 114～120 | 103～113 | <102 |
| | 56～65岁 | >128 | 118～127 | 112～127 | 104～111 | <103 |
| | 65岁以上 | >128 | 122～127 | 115～121 | 101～114 | <100 |

应用：适用于普通人群。

［案例10］一名52岁的女性，身高165cm，体重71kg，血压154/98mmHg。该女性欲进行减脂运动，在运动前进行了台阶试验，测得负荷后的第一次心率为138次/分，第二次心率为130次/分，第三次心率为100次/分。

分析：该女性的台阶指数为

$$台阶指数 = \frac{运动持续时间（s）}{3次测量脉搏之和} \times 100$$

$$= 180/（138 + 130 + 100）\times 100$$

$$= 48.91$$

台阶试验的评价是台阶指数越大越好，该女性的台阶指数为48.91，其心功能水平差。由于台阶试验方法是负荷后测量三次恢复期的心率，心功能差者负荷后的心率恢复时间就长，所以心功能指数就小。

## （二）1000m步行测试

**1. 测量目的**

测量心肺耐力。

**2. 测量仪器**

秒表、标杆筒6个，记录表（每人一张）及计算器。

**3. 测量方法**

①在一标准篮球场（长28m、宽15m）上放好标杆筒（如图8-8所示）。

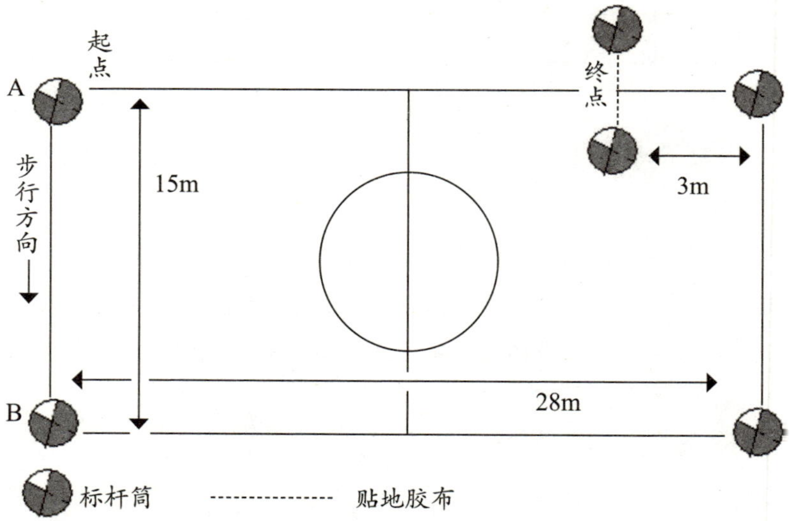


图8-8 1000m步行测试

②两人一组，一人负责为同伴数圈数，记录步行时间及测量运动后心率（取15s数值后乘以4）。

③同伴发令“预备”“开始”。

④受试者在开始后，应以个人既快又稳的步速来完成整段距离。

⑤同伴在受试者经过转角点（一周）时，报上已完成的圈数，在报完第18圈后，数圈同伴应立刻到正确的终点线以记录受试者过终点的时间，然后尽快开始测量其运动后心率（取15s数值乘以4），并做记录。

⑥评价：

依公式计算其最大摄氧量，并参考常模表对照评价。最大摄氧量的值越高，表示心肺耐力越好。

最大摄氧量计算公式：

$$最大摄氧量=132.853-(0.0769\times 体重)-(0.3877\times 年龄)+(6.3150\times 性别系数)-(3.2649\times 时间)-(0.1565\times 心率)$$

性别系数：女性0，男性1。

运动时间：分钟（取小数点后2位）。

心率：次/分。

1000m步行测试计算表，见表8-5。

**表8-5　最大摄氧量——心肺耐力指标**

单位：ml（kg·min）

| 性别 | 年龄 | 欠佳 | 尚可 | 一般 | 良好 | 优异 |
|---|---|---|---|---|---|---|
| 男性 | 20～29岁 | <40 | 40～42 | 43～46 | 47～50 | ≥51 |
| | 30～39岁 | <37 | 37～40 | 41～44 | 45～49 | ≥50 |
| | 40～49岁 | <35 | 35～37 | 38～41 | 42～47 | ≥48 |
| | 50～59岁 | <32 | 32～34 | 35～38 | 39～44 | ≥45 |
| | 60～69岁 | <29 | 29～31 | 32～34 | 35～42 | ≥43 |

续表8-5

| 性别 | 年龄 | 欠佳 | 尚可 | 一般 | 良好 | 优异 |
|---|---|---|---|---|---|---|
| 女性 | 20～29岁 | ＜32 | 32～34 | 35～37 | 38～43 | ≥44 |
| | 30～39岁 | ＜31 | 31～33 | 34～36 | 37～40 | ≥41 |
| | 40～49岁 | ＜28 | 28～30 | 31～33 | 34～39 | ≥40 |
| | 50～59岁 | ＜26 | 26～27 | 28～30 | 31～34 | ≥35 |
| | 60～69岁 | ＜24 | 24～25 | 26～28 | 29～34 | ≥35 |

应用：适用于中老年普通人群。

［案例11］一名54岁的女性，身高165cm，体重60kg，血压154/98mmHg，该女性欲进行减脂运动，在运动前进行1000m步行测试，用80min完成了整段距离（18圈＋61m）的步行，测得步行完后即刻心率为112次/分。

分析：先按公式计算。

最大摄氧量＝132.853－（0.0769×体重）－（0.3877×年龄）＋（6.3150×性别系数）－（3.2649×时间）－（0.1565×心率）

＝132.853－（0.0769×60）－（0.3877×54）＋（6.3150×0）－（3.2649×20）－（0.1565×112）

＝132.853－10.151－20.936＋0－65.298－17.528

＝18.94

根据常模表评价，该女性的心肺耐力水平很差。

### （三）12min耐力跑测试

#### 1. 测量目的

测量心肺耐力（最大摄氧量）。

#### 2. 测量仪器

秒表1只，标杆筒18个及记录表。

### 3. 测量方法

①在一标准篮球场上放好标杆筒（如图8-9所示）。

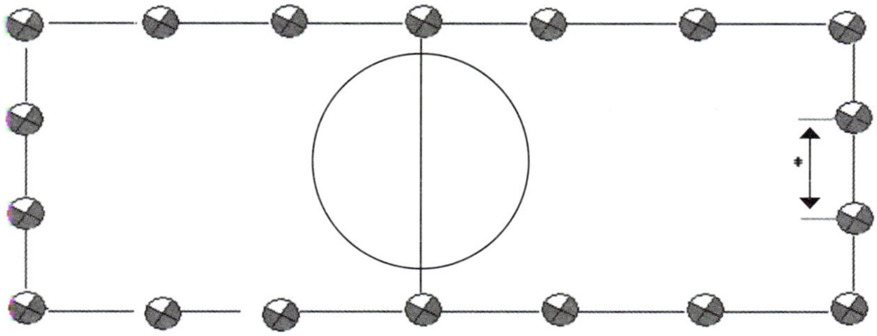


图8-9　12分钟耐力跑测试

②两人一组，一人负责为同伴数圈/距离。

③开始后，尽量在12min内完成最多距离，途中如有需要的话可暂停或步行。

④计算最后一圈所完成的距离并加上先前总圈数的86倍即为总距离（m），并记录。

⑤评价：12min内跑的距离越长，其心肺耐力越好，见表8-6。

表8-6　12分钟跑测试评定标准

单位：m

| 性别 | 年龄 | 极差 | 差 | 稍差 | 好 | 极好 |
|---|---|---|---|---|---|---|
| 男子 | 小于30岁 | ＜1 600 | 1 600～1 999 | 2 000～2 399 | 2 400～2 799 | ≥2 800 |
| | 30～39岁 | ＜1 500 | 1 500～1 799 | 1 800～2 199 | 2 200～2 599 | ≥2 600 |
| | 40～49岁 | ＜1 400 | 1 400～1 699 | 1 700～2 099 | 2 100～2 499 | ≥2 500 |
| | 50岁以上 | ＜1 300 | 1 300～1 599 | 1 600～1 999 | 2 000～2 399 | ≥2 400 |
| 女子 | 小于30岁 | ＜1 500 | 1 500～1 799 | 1 800～2 199 | 2 200～2 599 | ≥2 600 |
| | 30～39岁 | ＜1 400 | 1 400～1 699 | 1 700～1 999 | 2 000～2 399 | ≥2 400 |
| | 40～49岁 | ＜1 200 | 1 200～1 499 | 1 500～1 799 | 1 800～2 299 | ≥2 300 |
| | 50岁以上 | ＜1 000 | 1 000～1 399 | 1 400～1 699 | 1 700～2 199 | ≥2 200 |

应用：适用于体质好的普通人群。

## 第三节　运动系统机能测量与评价方法

### 一、肌力测量与评价方法

#### （一）握力测量

**1. 测量目的**

测量手部肌肉的等长收缩能力。

**2. 测量仪器**

握力器及记录表。

**3. 测量方法**

①首先调整握距，以第二手指紧握手柄为宜。

②身体直立，手放身旁。

③手握握力器，指针向外。

④在无其他手部动作的情况下，用力紧握手柄。

⑤左、右手各做3次，每次之间可休息30s，各取最佳成绩，然后取其总和作为记录。

⑥评价：对照表8-7进行评价。数值越高，表示前臂肌肉力量越强，一般该值也用来表示上肢肌力的强弱。

**表8-7 握力测试表（左、右手）**

单位：kg

| 性别 | 年龄 | 欠佳 | 尚可 | 一般 | 良好 | 优异 |
|---|---|---|---|---|---|---|
| 男性 | 6岁 | ≤13 | 14～17 | 18～20 | 21～24 | ≥25 |
| | 7岁 | ≤17 | 18～19 | 20～23 | 24～27 | ≥28 |
| | 8岁 | ≤19 | 20～23 | 24～28 | 29～31 | ≥32 |
| | 9岁 | ≤22 | 23～26 | 27～30 | 31～36 | ≥37 |
| | 10岁 | ≤25 | 26～30 | 31～35 | 36～40 | ≥41 |
| | 11岁 | ≤28 | 29～34 | 35～40 | 41～48 | ≥49 |
| | 12岁 | ≤36 | 37～44 | 45～57 | 58～65 | ≥66 |
| | 20～29岁 | ≤60 | 61～69 | 70～81 | 82～91 | ≥92 |
| | 30岁 | ≤60 | 61～68 | 69～80 | 81～89 | ≥90 |
| 女性 | 6岁 | ≤11 | 12～14 | 15～19 | 20～21 | ≥22 |
| | 7岁 | ≤13 | 14～17 | 18～20 | 21～24 | ≥25 |
| | 8岁 | ≤17 | 18～20 | 21～24 | 25～29 | ≥30 |
| | 9岁 | ≤19 | 20～23 | 24～28 | 29～32 | ≥33 |
| | 10岁 | ≤23 | 24～28 | 29～34 | 35～40 | ≥41 |
| | 11岁 | ≤27 | 28～32 | 33～38 | 39～44 | ≥45 |
| | 12岁 | ≤31 | 32～37 | 38～43 | 44～48 | ≥49 |
| | 20～29岁 | ≤34 | 35～39 | 40～47 | 48～54 | ≥55 |
| | 30岁 | ≤36 | 37～40 | 41～49 | 50～55 | ≥56 |

## （二）背肌力测量

**1. 测量目的**

测量背部肌肉的最大力量。

**2. 测量仪器**

背肌力计。

**3. 单位**

千克（kg）。

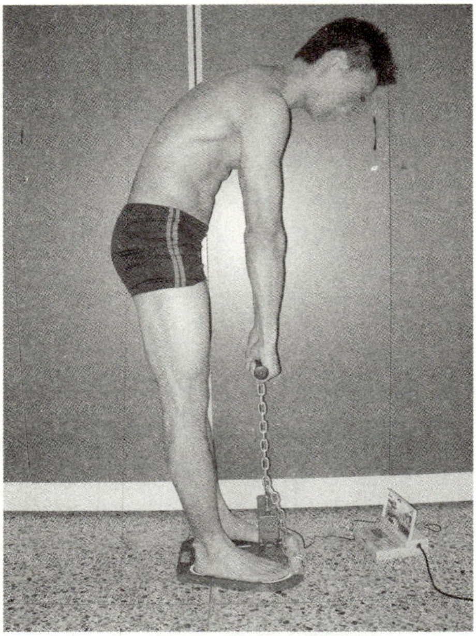

图8-10　背肌力测量示意图

4. 测量方法

如图8-10所示。

①受试者两脚站在背力计的底盘上。

②调节手柄至膝关节上方，即为链长的长度。

③测量时，受试者两腿伸直，两臂伸直，上体前倾约30°，紧握手柄，用最大力量向上拉起，记录背肌力计上的读数。测两次。

④要求：不弯手臂，不弯膝，背力计不能与身体接触，不能用爆发力，身体不能后仰。

⑤评价：取最大的读数，越大越好，见表8-8。

表8-8　参考评价标准

| 标准 | 男性 | 女性 |
|---|---|---|
| 好 | ＞110 | ＞80 |
| 一般 | 90～109 | 60～79 |
| 较差 | 70～89 | 40～59 |

## 二、肌耐力测量与评价方法

### （一）腹肌耐力测量

1. 1min仰卧起坐

测量目的：测量腹部肌肉耐力。

测量仪器：垫子、秒表及记录表。

测量方法：

①两人一组，受试者仰卧于垫子上，屈膝约90°。另一同伴按住其双踝，以固定身体，并为同伴记录次数。

②受试者双臂交叉平放胸前，手掌放在双肩上，以此仰卧姿势开始。

③同伴发令“预备”“开始”（如图8-11所示），受试者由仰卧开始，蜷腹团身至肘部触及大腿，然后还原至仰卧姿势（肩胛骨触垫）计一次，进行过程双臂需紧贴上身。

图8-11　1min仰卧起坐

④受试者在1min内完成最多次数。途中可休息，然后再继续。

⑤评价：对照测试表（表8-9）评价。1min内的完成次数越多，表明腹肌耐力越好，更容易维持身体正确的坐、立、行姿势，也可降低腰背痛及脊椎变形的概率。

表8-9　1min仰卧起坐

| 性别 | 年龄 | 欠佳 | 尚可 | 一般 | 良好 | 优异 |
| --- | --- | --- | --- | --- | --- | --- |
| 男性 | 12～14岁 | ≤14 | 15～26 | 27～35 | 36～42 | ≥43 |
| | 15～17岁 | ≤15 | 16～27 | 28～37 | 38～47 | ≥48 |
| | 18～29岁 | ≤16 | 17～28 | 29～40 | 41～50 | ≥51 |
| | 30～39岁 | ≤12 | 13～23 | 24～32 | 33～43 | ≥44 |
| | 40～49岁 | ≤10 | 11～22 | 23～27 | 28～38 | ≥39 |

续表8-9

| 性别 | 年龄 | 欠佳 | 尚可 | 一般 | 良好 | 优异 |
|---|---|---|---|---|---|---|
| 男性 | 50～59岁 | ≤7 | 8～16 | 17～21 | 22～33 | ≥34 |
| | 60岁以上 | ≤5 | 6～12 | 13～17 | 18～30 | ≥31 |
| 女性 | 12～14岁 | ≤13 | 14～21 | 22～26 | 27～34 | ≥35 |
| | 15～17岁 | ≤14 | 15～22 | 23～27 | 28～35 | ≥36 |
| | 18～29岁 | ≤13 | 14～21 | 22～26 | 27～34 | ≥35 |
| | 30～39岁 | ≤10 | 11～19 | 20～25 | 26～32 | ≥33 |
| | 40～49岁 | ≤8 | 9～18 | 19～23 | 24～30 | ≥31 |
| | 50～59岁 | ≤5 | 6～12 | 13～17 | 18～28 | ≥29 |
| | 60岁以上 | ≤4 | 5～10 | 11～14 | 15～25 | ≥26 |

### 2. 仰卧蜷腹测试方法一

测量目的：测量腹部肌耐力。

测量仪器：垫子、节拍器、胶纸、记录表。

测量方法：

①两人一组，受试者仰卧于垫子上，屈膝约90°。另一同伴按其双踝，以固定身体，并为同伴记录次数。

②受试者双臂伸直置于身体两旁，在手指前的地面上贴一张胶纸，在这一胶纸前方8cm米处（45岁以上）或12cm处（45岁以下）贴另一张胶纸。仰卧蜷腹测试方法如图8-12所示。

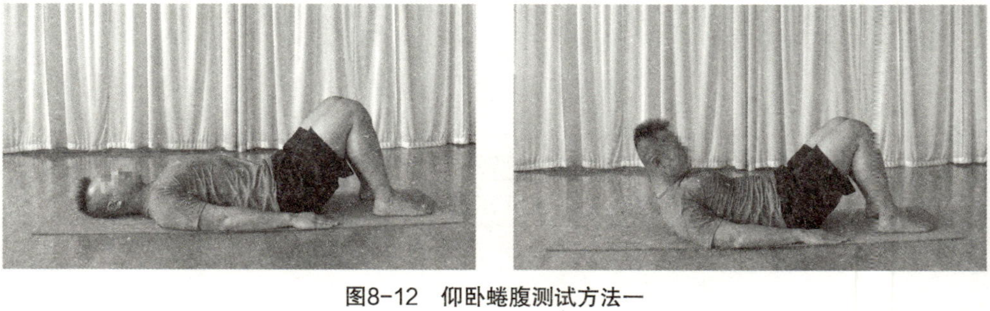

图8-12　仰卧蜷腹测试方法一

③将节拍器调至每分钟40拍，受试者跟着节拍起、落，每分钟做20次蜷腹。

④同伴发令："预备""开始"。受试者由仰卧开始，背部先平直，慢慢蜷

腹至肩离开垫子，约成30°，手指接触地面，并要碰到前面的贴纸。肩部放松，不可刻意探肩。然后还原至仰卧姿势（手指触回先前的贴纸）为一次。

⑤同伴计数，受试者尽力跟着节拍做，不可停顿，跟不上节拍便停止。男性完成75次者、女性完成70次者可得满分。

⑥评价：完成次数越多，表明腹肌耐力越强，越持久，更容易维持身体正确的坐、立、行姿势，也可降低腰背痛及脊椎变形的概率。其具体评价见表8-10。

**表8-10　仰卧蜷腹测试表**

| 性别 | 年龄 | 欠佳 | 尚可 | 一般 | 良好 | 优异 |
|---|---|---|---|---|---|---|
| 男性 | 20～29岁 | ≤19 | 20～26 | 27～40 | 41～74 | ≥75 |
| | 30～39岁 | ≤18 | 19～30 | 31～45 | 46～74 | ≥75 |
| | 40～49岁 | ≤25 | 26～28 | 39～66 | 67～74 | ≥75 |
| | 50～59岁 | ≤18 | 19～26 | 27～44 | 45～73 | ≥74 |
| | 60～69岁 | ≤5 | 6～15 | 16～25 | 26～52 | ≥53 |
| 女性 | 20～29岁 | ≤16 | 17～26 | 27～33 | 37～69 | ≥70 |
| | 30～39岁 | ≤11 | 12～20 | 21～33 | 34～54 | ≥55 |
| | 40～49岁 | ≤13 | 14～24 | 25～32 | 33～49 | ≥50 |
| | 50～59岁 | ≤2 | 3～12 | 13～23 | 24～49 | ≥50 |
| | 60～69岁 | 0 | 0～8 | 9～22 | 24～47 | ≥48 |

其他修正方法：

①仰卧开始两手交叉胸前，头和身体蜷曲至30°位置，如图8-13所示。

图8-13　仰卧蜷腹修正方法一

②仰卧开始时两手放在大腿上，蜷腹时手及前臂紧贴并慢慢将手指尖移至膝关节部，蜷起身体离地约30°，如图8-14所示。

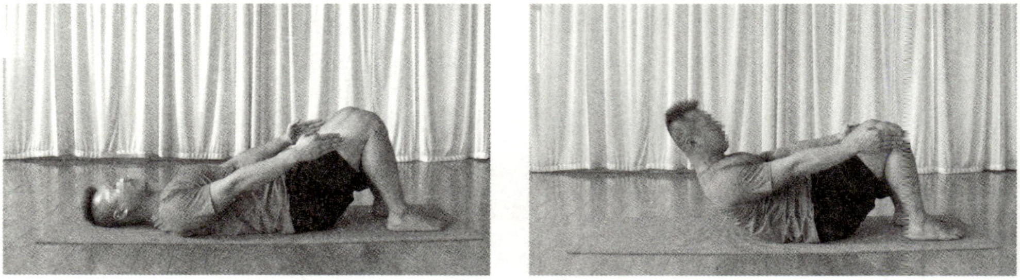

图8-14　仰卧蜷腹修正方法二

**3. 仰卧蜷腹测试方法二**

测量目的：测量腹部/肌耐力。

测量仪器：垫子、节拍器、长椅或30cm高的木箱。

测量方法：

①节拍器的节拍调至50次/分，并把木箱放于地上。

②受试者仰卧于垫子上，把小腿放于木箱上，大腿与地面垂直。

③受试者两手臂伸直放身体旁，手心向下，然后由手指尖位置开始贴一条长7cm的胶纸。

④受试者听到测试员发令“预备”“开始”后，便开始把上背蜷起向前，使手指尖向前移动7cm至胶纸的边缘，然后返回开始位置（肩胛骨触地），便完成一次。其速度要依节拍来做（节拍第一声蜷身上，第二声还原仰卧位）（如图8-15）。

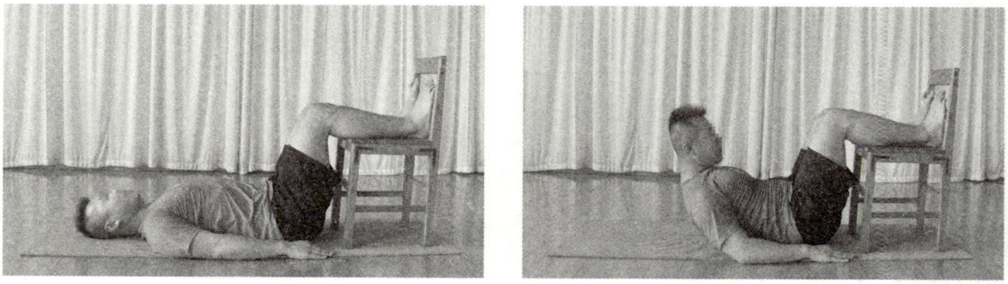

图8-15　仰卧蜷腹测试方法二

⑤当受试者出现以下情况时，测试员便可以叫停，受试者便结束测试。

·受试者不能维持节拍器的节奏。

·受试者脚部离开木箱。

·受试者不能蜷起至手指尖触及7cm胶纸的边缘。

评价：测试员记录正确的蜷腹次数。此项测试没有时间的限制。具体评价见表8-11。

表8-11　仰卧蜷腹测试表　（节拍为50次/分）

| 评级 | 男性（次） | 女性（次） |
|---|---|---|
| 优异 | ＞61 | ＞58 |
| 良好 | 53～61 | 50～58 |
| 一般 | 35～52 | 31～49 |
| 尚可 | 27～34 | 21～30 |
| 欠佳 | ＜27 | ＜21 |

## （二）俯卧撑测试

### 1. 测量目的

测试上肢肌力/肌耐力。

### 2. 测量仪器

无。

### 3. 测量方法

①两人一组，受试者俯撑于地，与肩同宽，保持腰背挺直，头望前方，男性以脚尖着地；女性以膝部触地支撑，双脚并拢，小腿离开软垫，脚腕屈曲。

②同伴发令："预备""开始"，记录其完成的次数。

③受试者手肘屈曲至下巴触垫才算一次，腹部不可触垫。若中途停顿，便立刻终止测试。记录完成次数，并对照表8-12进行评价。

④评价：俯卧撑的连续次数越多，表示上肢肌肉力量及耐力越好。这也有助于应付日常工作及特别需要。

表8-12　俯卧撑测试表

单位：次

| 性别 | 年龄 | 欠佳 | 尚可 | 一般 | 良好 | 优异 |
|---|---|---|---|---|---|---|
| 男性 | 20～29岁 | ≤17 | 18～23 | 24～29 | 30～40 | ≥41 |
| | 30～39岁 | ≤13 | 14～18 | 19～23 | 24～31 | ≥32 |
| | 40～49岁 | ≤9 | 10～12 | 13～18 | 19～24 | ≥25 |
| | 50～59岁 | ≤6 | 7～9 | 10～13 | 14～23 | ≥24 |
| | 60～69岁 | ≤5 | 6～8 | 9～10 | 11～23 | ≥24 |
| 女性 | 20～29岁 | ≤10 | 11～15 | 16～21 | 22～31 | ≥32 |
| | 30～39岁 | ≤9 | 10～13 | 14～20 | 21～30 | ≥31 |
| | 40～49岁 | ≤6 | 7～11 | 12～17 | 18～27 | ≥28 |
| | 50～59岁 | ≤2 | 3～8 | 9～12 | 13～22 | ≥23 |
| | 60～69岁 | ≤1 | 2～5 | 6～11 | 12～28 | ≥23 |

### （三）核心稳定性的评价

核心力量训练效果是通过核心稳定性进行评价的。

**1. 测量仪器**

测量仪器包括秒表、垫子、夹板、笔。

**2. 测量方法**

让测试者保持俯卧姿势，以肘部及双脚脚趾撑起整个身体，骨盆处于中立位，头、肩、髋、膝、踝呈一条直线，屈肘90°，前臂平行与肩同宽，然后依次完成表8-13的动作。

表8-13　核心稳定性测试对照表

| 阶段 | 评分 | 控制时间 | 动作 | 图示 |
|---|---|---|---|---|
| 1 | 0 | 1′ | 维持起始姿势 |  |

续表8-13

| 阶段 | 评分 | 控制时间 | 动作 | 图示 |
|---|---|---|---|---|
| 2 | 1 | 1′15″ | 在阶段1的基础上，抬起右臂15s，然后保持阶段1动作 | 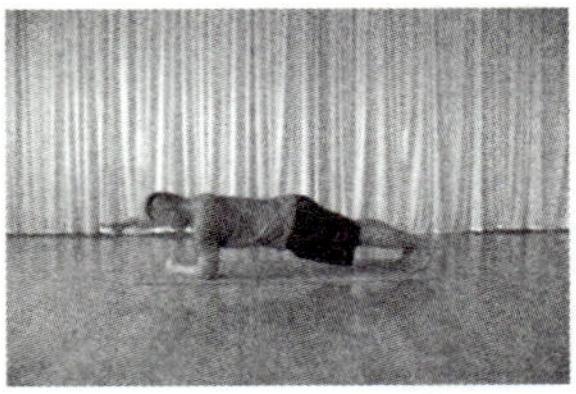 |
| 3 | 1 | 1′30″ | 在阶段1的基础上，抬起左臂15s，然后保持阶段1动作 | 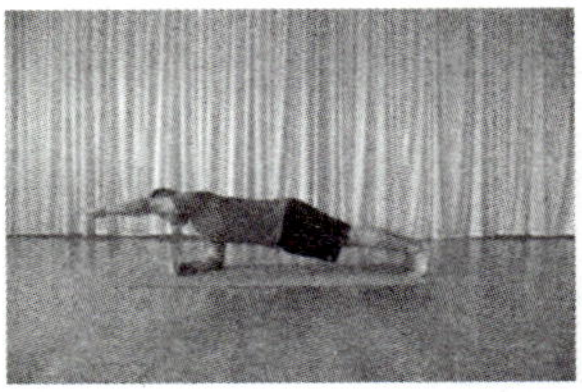 |
| 4 | 1 | 1′45″ | 在阶段1的基础上，抬起右腿15s，然后保持阶段1动作 |  |
| 5 | 2 | 2′ | 在阶段1的基础上，抬起左腿15s，然后保持阶段1动作 |  |
| 6 | 2 | 2′15″ | 在阶段1的基础上，抬起右臂及左腿15s，然后保持阶段1动作 |  |
| 7 | 2 | 2′30″ | 在阶段1的基础上，抬起左臂及右腿15s，然后保持阶段1动作 |  |

续表3-13

| 阶段 | 评分 | 控制时间 | 动作 | 图示 |
|---|---|---|---|---|
| 8 | 3 | 30″ | 维持起始姿势 |  |

根据受试者能够维持标准身体姿势（身体呈一条直线，骨盆处于中立位）的时间对照表格中的时间标准进行评价，测试中允许受试者有轻微偏差，一旦骨盆离开中立位置（髋抬起或腰部下沉）或身体任何部分接触地面，计时应立即结束。

评价标准及应用见表8-14。

**表8-14　核心稳定性测试评分标准及应用对照表**

| 得分 | 状况 | 训练目标 | 训练方式 | 训练负荷 |
|---|---|---|---|---|
| 0分 | 差 | 静态稳定性 | 基础动作 | 极小 |
| 1分 | 一般 | 动态稳定性、力量 | 初级动作 | 小 |
| 2分 | 好 | 整合稳定性、力量 | 中级动作 | 一般 |
| 3分 | 优秀 | 整合稳定性、爆发力 | 高级动作 | 大 |

## 二、柔韧性测量与评价

### （一）坐位体前屈测量

坐位体前屈是一种应用广泛的评价身体后部肌群柔韧性的间接方法。其测量结果反映腘绳肌、脊柱中部以上、脊柱上部周围的肌群及小腿后部肌群的柔韧性。

影响坐位体前屈测量结果的因素有：

关节解剖结构，肌肉体积的大小，肢体和躯干长度，肩关节、髋关节的伸展性，腰部、下肢后部肌群的伸展性等。

测量目的：测量腘绳肌、脊柱中部以上、脊柱上部周围的肌群及小腿后部肌群的伸展能力。

测量仪器：坐位体前屈箱、垫子及记录表。

测量方法：

①受试者必须先做适量的热身和伸展运动，以免受伤。两人一组，受试者赤脚，面对箱子坐在垫子上，脚掌抵住箱子底板，双腿与肩同宽，伸直（不可屈曲）。

②双手拇指可互扣，中指重叠，放于箱子上面，以指尖慢慢地向前移动。保持直膝，移至最远的位置并保持1s。

③受试者停顿1s，取其读数并记录。重复动作3次，取最好成绩。

④评价：读数越高，表示髋、背弯曲及腘绳肌伸展的能力越好，也能更好预防腰背痛及运动损伤。

### （二）YMCA坐位体前屈测试

测量目的：测量腰背及大腿后肌的柔韧性。

测量仪器：胶纸、24～36cm的长尺。

测量方法：

①受试者必须先做适量的热身和伸展运动，以免受伤，受试者赤脚坐在地上。

②把长尺放在地上，在15cm的位置贴一条胶纸。受试者坐在地上两脚分开10～12cm，与胶纸成直角、脚跟在胶纸之后，脚跟的位置应该正好在长尺15cm处两侧延伸的胶纸上。

③受试者两腿必须伸直，两手平衡放在身前，不可一前一后，双掌可以叠放，同时向前，以指尖触尺，慢慢移动，保持直腿，移至最远的位置并保持1s，便可完成。

④动作不要过快，也不要抽动，避免拉伤肌肉。

⑤受试者须保持呼吸，不宜憋气，可于向前伸时呼气，头放在两臂中间，还原时吸气。

⑥重复3次，取最好成绩。如手指到达脚跟平行线时，即记录15cm，如越过

脚跟平行线1cm，记录为16cm，以此类推。

评价：读数越高，表示其腰背及大腿后肌的柔韧性越高，也能更好预防腰背痛及运动损伤。具体评价见表8-15。

表8-15　YMCA坐位体前屈测试表

单位：cm

| 性别 | 年龄 | 欠佳 | 尚可 | 一般 | 良好 | 优异 |
|---|---|---|---|---|---|---|
| 男性 | 18～25岁 | ≤13 | 14～16 | 17～18 | 19～21 | ≥22 |
| | 26～35岁 | ≤12 | 13～14 | 15～16 | 17～20 | ≥21 |
| | 36～45岁 | ≤12 | 13～14 | 15～16 | 17～20 | ≥21 |
| | 46～55岁 | ≤9 | 10～12 | 13～14 | 15～18 | ≥19 |
| | 56～65岁 | ≤8 | 9～10 | 11～12 | 13～16 | ≥17 |
| | 65岁以上 | ≤7 | 8～9 | 10～12 | 13～16 | ≥17 |
| 女性 | 18～25岁 | ≤16 | 17～18 | 18～20 | 21～23 | ≥24 |
| | 26～35岁 | ≤15 | 16～18 | 19 | 20～22 | ≥23 |
| | 36～45岁 | ≤14 | 15～16 | 17～18 | 19～21 | ≥22 |
| | 46～55岁 | ≤13 | 14～15 | 16～17 | 18～20 | ≥21 |
| | 56～65岁 | ≤12 | 13～14 | 15～16 | 17～19 | ≥20 |
| | 65岁以上 | ≤12 | 13～14 | 15～16 | 17～19 | ≥20 |

### （三）改良式坐位前伸测试

测量目的：评估下背部和臀部至大腿的柔韧性。

测量仪器：长凳（约12cm高）、长铁尺（100～120cm）、胶纸。

测量方法：

①受试者必须先做适量的热身和伸展运动，以免受伤。

②在长凳上贴上铁尺，在50cm处贴上胶纸。

③受试者脱去鞋子，坐在长凳上。一只脚伸直，使脚跟刚好在胶纸50cm处不可越过（如图8-16所示）。

④受试者双手交叠，伸直双臂，慢慢将身体前倾，手指触着铁尺前移，同时保持呼吸。

⑤保持直腿，至最远位置，维持1s，放松还原。测量者可蹲在受试者身旁，按住其膝盖帮助直腿，并记录读数。

图8-16 改良式坐位前伸测试

⑥重复动作3次，取最好成绩。

⑦同法测试另一只脚。

评价：见表8-16。

表8-16 改良式坐位前伸测试评价表

单位：cm

| 性别 | 左右脚 | 欠佳 | 尚可 | 一般 | 良好 | 优异 |
|---|---|---|---|---|---|---|
| 男性 | 左脚 | ≤46 | 46.1～49 | 49.1～57 | 57.1～60 | ≥60 |
| | 右脚 | ≤45 | 45.1～48 | 48.1～57 | 57.1～60 | ≥60 |
| 女性 | 左脚 | ≤53 | 53.1～56 | 56.1～63 | 63.1～66 | ≥66 |
| | 右脚 | ≤52 | 52.1～56 | 52.1～62 | 62.1～66 | ≥66 |

## 第四节 身体成分测量与评价方法

身体成分一直被医生、体质专家作为评价健康、运动能力和体质的主要依据，特别是对于成年人和老年人群。随着人们生活水平的提高，丰富的营养膳食和快节奏、高压力的工作，使身体活动时间减少和身体活动能力下降，体内的能量失衡，身体的储存增加、消耗减少而导致肥胖人群增加。大量流行病学调查证实，体脂过高达到肥胖是引发心血管疾病、高血压、高血脂、糖尿病、某些肿瘤和骨关节病等20多种疾病的危险因素和健康评价的负面因素，也是导致运动损伤和运动能力低下的主要原因。身体成分保持“理想水平”或维持机体适宜的身体成分比例，是保持健康和避免疾病发生的基础。

身体成分是机体脂肪组织和非脂肪组织的含量及其在体重中所占的百分比，包括身体脂肪量和瘦体重。其中，瘦体重包括肌肉、骨骼、身体体液和其他非脂肪组织。除肌肉组织外，其他组织器官的重量一般不会发生很大变化，瘦体重的变化可以反映肌肉重量的变化。而脂肪重量又称体脂重，可变性比较大，成人身体脂肪率有性别差异，女性的身体脂肪率一般高于男性，但不论男女，脂肪率都会随着年龄的增长而增加。

目前，由于实验技术的迅速发展，对身体成分测量的研究手段越来越丰富。从研究方法上大致可以分为4个层次——原子水平、分子水平、细胞水平和整体水平。从研究手段上有直接测量法、间接测量法和双重测量法等。直接测量方法主要用于尸体解剖分析人体脂肪含量，活体人只能通过间接方法进行测量和计算。根据目前国内外使用的身体成分间接测量方法，从测量的精确度看，主要应用的是水下称重法、双能X射线扫描法、磁共振法、生物电阻抗法、空气置换法等。从应用性较广泛和适用的角度，主要有体重指数法、皮褶厚度法、围度法。少年儿童还可采用身高标准体重法、皮褶厚度法以及身高标准皮脂厚度和体重评价相结合的方法。

## 一、水下称重法（黄金法）

### 1. 测量原理

人体不同组织有不同的密度，如骨骼、肌肉和脂肪组织的密度是不同的，专家们通过对人体脂肪组织的测量，求出人体脂肪组织密度为$0.9g/cm^3$（36℃时），瘦组织的密度为$1.1g/cm^3$。大量的实验研究表明，对不同性别、不同种族和不同年龄的人来说，这两个值基本恒定，这就为通过测量人体密度来测量体脂成分的方法提供了依据。

原理：根据阿基米德定律，通过测量人体在空气和水中的重量，根据其差值，即可算出人体密度。

### 2. 测量方法

①测量仪器：水箱、体重仪、水温计、肺活量计。

②测量前受试者应排空大小便，身着泳装，先测量人体在空气中的重量。

③测肺活量并计算肺残气量。

④受试者进入水下称重器的水箱，称水下重量。

⑤测体温。

⑥计算身体成分。

**3. 特点**

①科学性和可靠性强，常作为其他测量方法的校正标准。

②适用人群有限。

③不利于推广。

**4. 应用**

应用于科研。

图8-17是最标准的体脂测量方法——水下称重法。

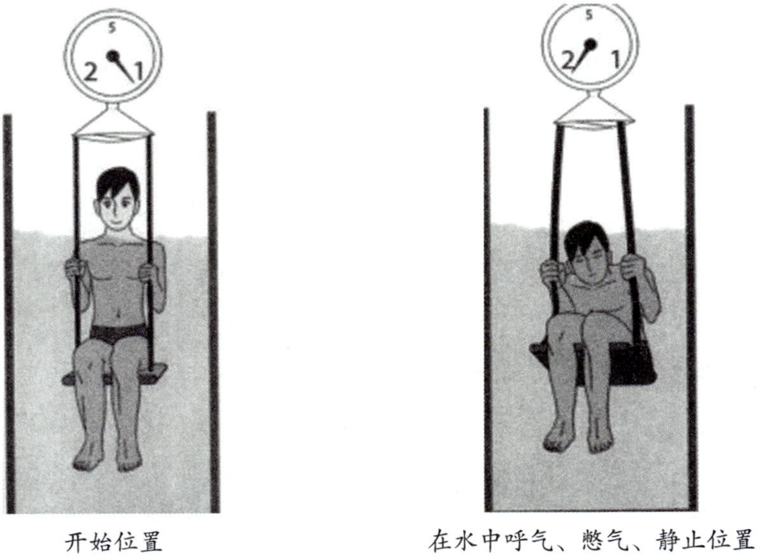


图8-17 水下称重法

## 二、皮褶厚度法

由于水下称重法测量身体成分，需要在实验室的条件下进行，所需时间较长，且需在水中呼气并憋气，不适合所有人士。而皮褶厚度法简单易行，仪器携带方便，在测试方法熟练后，其准确度可比肩水下称重法，因此被广泛应用。

1. **测量原理**

人体脂肪组织有2/3是分布在皮下组织的，通过测量人体皮下脂肪组织，可推算人体脂肪组织的总含量。

2. **测量方法**

①测皮褶厚度。测量者以左手拇指和示指、中指呈钳形，间距3cm，捏起受试者的测量部位，然后右手持皮脂钳置于捏起部位下方1cm处，钳入的深度是提起皮褶高度的一半左右（如图8-18所示），而右手在钳住皮褶后可放开2s。读数稳定后，记录该读数。

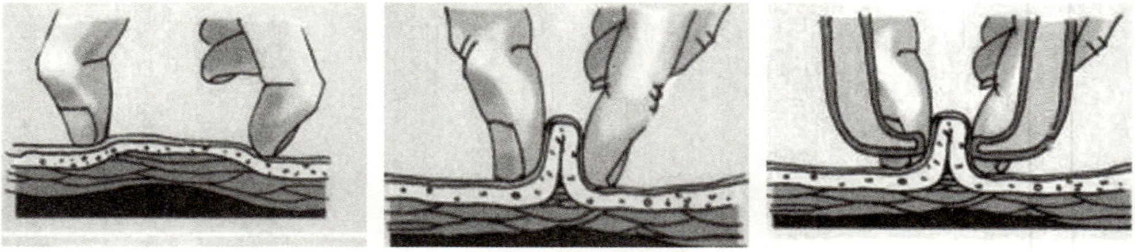

图8-18　测皮褶厚度

每个位置重复测量2次，若读数差距不超过2mm便可，取其平均数作为该位置的读数。若超过2mm，便需再测量第三次，然后再看其中是否有两个读数相差少于2mm，若有的话以此两读数计算平均值，否则需测量第四次，以此类推。

测量的部位（如图8-19所示）：

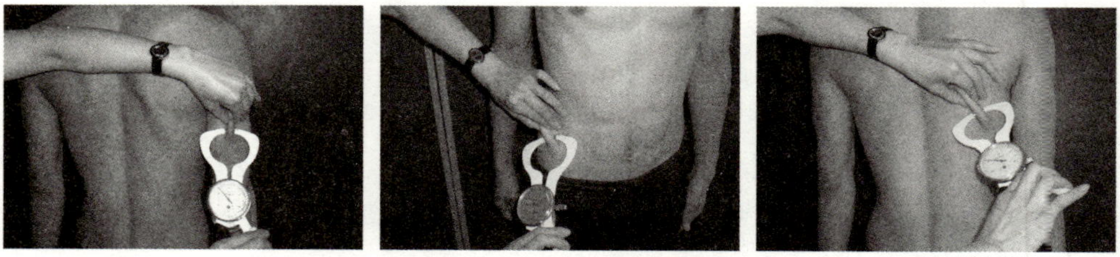

图8-19　皮褶厚度测量部位

上臂部：肩峰与上臂后面鹰嘴连线的中点，方向与肱三头肌走向平行。

肩胛部：肩胛下角点下方1cm处，方向斜下方。

髂部：髂嵴上缘与腋中线相交处上方1cm处，皮褶走向前下方。

②计算体密度（D），见表8-17。

**表8-17　体密度推算回归方程式**

| 年龄 | 男性 | 女性 |
|---|---|---|
| 9～11岁 | $D=1.0879-0.00151X$ | $D=1.0794-0.00142X$ |
| 12～14岁 | $D=1.0868-0.00133X$ | $D=1.0888-0.00153X$ |
| 15～18岁 | $D=1.0977-0.00146X$ | $D=1.0931-0.00160X$ |
| 18岁以上 | $D=1.0913-0.00116X$ | $D=1.0897-0.00133X$ |

注：$X$=上臂部皮褶厚度+肩胛部皮褶厚度

③计算体脂百分比：

体脂百分比=（4.570/体密度×4.142）×100%

④计算体脂重：

体脂重=体重×体脂百分比

⑤计算瘦体重：

瘦体重=体重－体脂重

**3. 评价**

①评价健康状况：应用体脂百分比指标，体脂百分比在体内含量要适度。

②评价运动能力：应用瘦体重指标，瘦体重大则运动能力强。

③评价肥胖标准：应用体脂百分比，女性肥胖标准为体脂百分比>30%，男性肥胖标准为体脂百分比>25%。

［案例12］某男性50岁，测得体重为75kg，上臂部皮褶厚度为15mm，肩胛部皮褶厚度为18mm，试分析该男性的身体成分。

分析：要分析该男性的身体成分，需按公式算出体密度、体脂百分比、体脂重和瘦体重。

体密度 = 1.0913 − 0.00116$X$

= 1.0913 − 0.00116 ×（15 + 18）

= 1.0530

体脂百分比 =（4.570/体密度 − 4.142）× 100%

=（4.570/1.0530 − 4.142）× 100%

= 19.80%

体脂重 = 体重 × 体脂百分比 = 75 × 19.80% = 14.85（kg）

瘦体重 = 体重 − 体脂重 = 75 − 14.85 = 60.15（kg）

该男性的身体成分体脂百分比为19.80%，属于正常体重。

**4. 特点**

①简单，易于推广，适用于所有人群。

②科学性和可靠性次于水下称重法。

③测量结果易受测量操作的影响。

**5. 应用**

科研、教学和国民体质监测。

## 三、体重指数法

**1. 测量原理**

体重指数也称凯特勒（Kettler）指数，是目前国际公认的判断人体肥胖程度的方法。参照个体的身高来评价其体重是否正常。

**2. 方法**

计算公式为：

$$体重指数 = 体重/身高^2$$

式中体重的单位为千克（kg），身高的单位为米（m）。

**3. 评价参考标准**

评价参考标准见表8-18。

表8-18　体重指数（BMI）评价标准

| 组别 | 中国标准 | 世界卫生组织标准 | 美国运动医学会标准 |
| --- | --- | --- | --- |
| 体重过轻 | $<18.5$ | $<18.5$ | $<18.5$ |
| 体重正常 | $18.5\leqslant BMI<24$ | $18.5\leqslant BMI<25$ | $18.5\leqslant BMI<24.9$ |
| 超重<br>肥胖Ⅰ<br>肥胖Ⅱ<br>肥胖Ⅲ | $24\leqslant BMI<28$<br>$\geqslant 28$ | $25\leqslant BMI<30$<br>$30\leqslant BMI<35$<br>$35\leqslant BMI<40$<br>$\geqslant 40$ | $25\leqslant BMI<29.9$<br>$30\leqslant BMI<34.9$<br>$35\leqslant BMI<39.9$<br>$\geqslant 40$ |

［案例13］某女性从事的工作是公司的人力资源管理，年龄44岁，身高163cm，体重60kg，不常参加运动锻炼。试分析该女性的体重是否正常。

分析：首先算出该女性的体重指数。

体重指数＝体重/身高$^2$＝$60/1.63^2=22.58$

该女性的体重指数为22.58，按照中国体重指数的标准该女性体重为正常。

**4. 特点**

体重指数法简单，易于推广。

**5. 应用**

体重指数法可用于国民体质监测。

**6. 体重指数变化的意义**

①体重指数的增高与个体患心血管疾病的危险度密切相关，建议个体的体重指数保持在18.5～24，当体重指数在25～27时，患心血管疾病的概率比正常人大。

②体重指数每增加1，5年内出现高血压的危险性增加9%。

③体重指数每增加3，4年内发生高血压的危险性，男性增加50%，女性增加57%。

研究表明，应用腰围的切点反映腹部脂肪的聚集程度，再结合体重指数更能评价个体的肥胖体型与疾病的关系。体重指数与肥胖相关疾病的危险程度，如表8-19所示。

**表8-19　体重指数与肥胖相关疾病的危险程度**

| 体重指数 | | 与肥胖相关疾病的危险程度* | |
|---|---|---|---|
| 数值 | 分类 | 腰围　男＜85cm<br>女＜80cm | 腰围　男≥85cm<br>女≥80cm |
| ＜18.5 | 体重过低** | – | – |
| 18.5～23.9 | 体重正常 | – | 疾病危险程度增加 |
| 24.0～27.9 | 超重 | 疾病危险程度增加 | 疾病危险程度高 |
| ≥28 | 肥胖 | 疾病危险程度高 | 疾病危险程度高 |

注：*相关疾病指高血压、糖尿病、血脂异常和危险因素聚集。
**体重过低可能预示其他健康问题。

在应用体重指数评价肥胖时，我们要考虑被测量者是否从事运动锻炼，尤其是力量锻炼。因为人体肌肉的密度大于脂肪，在相同的条件下，肌肉较多的体重指数较大。经常从事力量锻炼的人体重增加是瘦体重增加所致，而不从事运动锻炼的人体重增加是脂肪过多所致。有研究结果表明，从某种意义上而言，体重指数实际上不是肥胖指标而是质量指标，即使是体重指数相同的两个人，体内脂肪水平也存在较大差异，体重指数不能精确反映人体的身体成分。将皮褶厚度法和体重指数法结合起来综合评价人体体重，这样可以避免体重指数法对于经常进行力量健身人群评价的不足。综合评价方法见表8-20。

**表8-20　皮褶厚度法测试和体重指数法测试综合评价方法**

| 体脂百分比 | 体重指数 | | | |
|---|---|---|---|---|
| | 偏低 | 正常 | 超重 | 肥胖 |
| 偏低 | 增肌人群 | 低体脂人群 | 肌肉超重人群 | 健美运动员 |
| 正常 | 增肌人群 | 正常人群 | 肌肉超重人群 | 健美运动员 |
| 偏高 | 减肥人群 | 减肥人群 | 轻度减肥人群 | 减肥人群 |

注：体脂百分比判断标准——偏低：男子＜10%，女子＜18%；正常：男子10%～20%，女子18%～28%；偏高：男子＞20%，女子＞28%。

## 四、围度测量法

体脂总量虽然对诊断肥胖很重要，但其分布状况也是一个重要方面。许多研究发现，以腹部脂肪积累过多为特征的向心性肥胖，比非向心性肥胖与心脑血管疾病、糖尿病等慢性疾病的关系更为密切，是威胁健康的重要危险因素。由于腰围与臀围的比值可以反映脂肪区域分布，因此，被认为是一个有价值的评价健康危险的指标。

男女皮下脂肪的分布存在差异。女性皮下脂肪大于男性，但男性心血管疾病的发病率高于女性，这除了与饮酒、吸烟等多种因素有关，还与脂肪分布不合理有关。男性的脂肪大多数存在于腹部，而臀部较少。腹部积蓄大量的脂肪，不同程度地影响呼吸、消化、心脑血管系统的生理功能，较易患心脑血管疾病和糖尿病。而女性的脂肪则多积蓄在臀部和大腿。女性腹部脂肪过多同样是诱发心脑血管疾病、糖尿病、脑卒中等的危险因素，而且患病的危险性明显超过臀部脂肪过多者。因此，腰臀比不仅可以作为反映腹部脂肪积聚的良好指标，还可以用来预测健康危险因素。

**1．测量方法**

测量方法主要是测量腰围和臀围。

腰围和臀围的测量方法如图8-20所示。

腰围测量：在腰部最细部位水平环绕一周。

臀围测量：在臀部最高点水平环绕一周。

腰臀比＝腰围/臀围

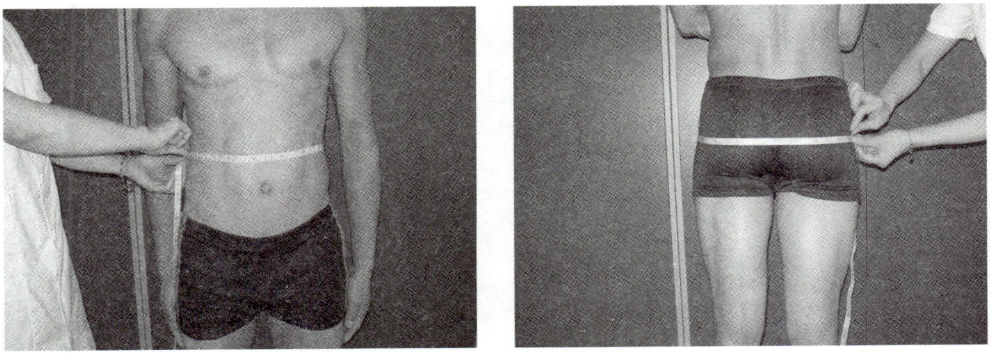

图8-20　测量腰围和臀围

**2. 评价参考标准**

美国运动医学会的腰臀比推荐标准：正常：0.75～0.80，偏瘦：＜0.7，肥胖：＞1。

腰臀比：男性为0.85～0.9，女性为0.80～0.85，被视为腰部肥胖的切点。

［案例14］某男性30岁，公司销售员，平时嗜酒，测得腰围90cm，臀围85cm，试分析该男性的健康状况。

分析：计算该男性的腰臀比＝腰围/臀围

＝90/85

＝1.06

该男性的腰臀比为1.06，达到美国运动医学会推荐的肥胖标准，结合该男性的工作性质和生活习惯，该男性的健康状况不良，易患心脑血管系统疾病。

**3. 腰臀比的意义**

①腰臀比可作为有价值的评价健康危险的指标。

②腰臀比可作为反映脂肪区域性分布的有效指标。

③腰臀比可作为大规模的流行病学调查的指标。腰臀比值与疾病的关系见表8-21。

**表8-21 腰臀比值与疾病的关系**

| 等级（疾病的危险程度） | 男 | 女 |
|---|---|---|
| 高危险 | ＞1.0 | ＞0.85 |
| 较高危险 | 0.90～1.0 | 0.80～0.85 |
| 较低危险 | ＜0.90 | ＜0.80 |

在相同体重值和超重肥胖状态下，腰围越大，对健康的危害也越大，见表8-22。

表8-22 体重指数及腰围与健康风险的关系

| 体重指数 | 健康风险 | |
|---|---|---|
| | 腰围 | 腰围 |
| | 男≤102cm，女≤88cm | 男＞102cm，女＞88cm |
| 超重25.0～29.9 | 增加 | 高 |
| 轻度肥胖30.0～34.9 | 高 | 非常高 |
| 中度肥胖35.0～39.9 | 非常高 | 极高 |
| 重度肥胖≥40 | 极高 | 极高 |

注：在相同体重指数值和超重肥胖状态下，腰围数值越大，健康风险也越大。

## 五、空气置换法

### 1. 测量原理

空气置换法是依据气体置换的原理以及波义耳定律（即压强与体积的乘积保持不变），通过计算受试者在测试舱内置换出的气体量来测出受试者的体积，进而计算其身体密度，最终测算出人体成分。其测试原理与水下称重法相同，都是利用人体密度来计算人体脂肪。

### 2. 特点

①空气置换法是当今世界最先进的测试技术。

②测试精确度高。

③测试过程安全。

④测试速度快。

⑤适合各类人群。

⑥仪器费用昂贵。

### 3. 应用

此法可应用于科研、教学和健身俱乐部（中心）。

## 六、生物电阻抗分析法

生物电阻抗分析法的原理是根据人体各种组织的导电不同，在构成身体的组织中，水分多的组织（肌肉、血管、骨骼等）易导电，其电阻小，而脂肪组织几乎不导电，其电阻大。根据身体内流过的弱电流来测量身体的电阻值，从而推算出脂肪与其他组织的比率。

### 七、双能X射线吸收法

**1. 原理**

把身体分为脂肪、骨矿物质和非骨的瘦组织，X射线穿过人体时，受到不同程度的吸收，那么每种成分在X射线下都显示出不同密度的阴影，脂肪的密度低于骨矿物质和瘦组织成分的密度。

**2. 方法**

全身X射线照射。

**3. 特点**

①使用双能X射线吸收法评价身体成分时，还可测量骨密度。

②有效性高。

③放射线照射剂量低（约为牙齿X射线照片照射量的1/4）。

④仪器费用昂贵。

**4. 应用**

此法可用于科研和临床医学。

## 第五节　身体平衡能力测量与评价方法

平衡是身体完成动作的基本保证，身体要在活动中保持平稳并完成一定的动作，就必须具有良好的平衡能力与协调能力。身体平衡能力与协调能力之间关系密切，二者既互相联系，又互相影响，共同维持人体正常的活动。身体平衡能力是人体的一项重要生理机能，它反映了人体对来自前庭器官、肌肉、肌腱、关节内的本体感受器以及视觉等方面刺激的协调能力。身体平衡能力对于人们进行各种活动以及对外界干扰产生适宜的反应起着重要的作用。

## 一、平衡的定义

人体平衡是指身体重心偏离稳定位置时，通过自发的、无意识的反射性的活动，以恢复质心稳定的能力。

支撑面是指人体在各种体位下（卧、坐、站立、行走）所依靠的接触面。人体站立时的支撑面为两脚及两脚之间的面积。当身体的重心落在支撑面以内时，人体就保持平衡；当身体的重心落在支撑面以外时，人体就失去平衡。支撑面大小与人体平衡的维持能力密切相关。支撑面大，机体稳定性好，容易保持平衡；支撑面小，身体重心提高，机体的稳定就需要较强的平衡能力来保持。

## 二、人体平衡的维持机制

人们一般认为，人体平衡的维持需要感觉输入、中枢整合和运动控制这三个环节的参与。前庭系统、视觉调节系统、身体本体感觉系统、大脑平衡反射调节系统、小脑共济协调系统以及肌群的力量在维持人体平衡方面也起着重要的作用。

**1. 感觉输入**

人体站立时身体所处位置与地球引力及周围环境的关系通过视觉躯体感觉、前庭觉的传入而被感知。适当的感觉输入，特别是躯体感觉、前庭感觉和视觉对平衡的维持和调节具有前馈和反馈的作用。

①视觉系统：由视网膜收集经视通路传入视中枢，提供周围环境、身体运动和方向信息。在环境静止不动的情况下，视觉系统能较准确地感受环境中物体的运动以及眼睛和头部的视空间定位。当身体的平衡因躯体感觉受到干扰或破坏时，视觉系统通过颈部肌肉收缩使头部保持向上直立位和保持水平视线来使身体保持或恢复到原来的直立位，从而获得新的平衡。如果去除或阻断视觉输入，如闭眼或戴眼罩，姿势的稳定性较睁眼站立时显著降低。这也是视觉障碍者或老年人平衡能力降低的原因之一。

②躯体感觉：平衡的躯体感觉包括皮肤感觉（触、压觉）和本体感觉。在维持身体平衡和姿势的过程中，与支撑面相接触的皮肤触、压觉感受器向大脑皮质传递有关体重的分布情况和身体重心的位置；分布于肌肉、关节及肌腱等处的本

体感受器（螺旋状感觉神经末梢）收集随支撑面变化的信息，经深感觉传导通路向上传递。正常人站立在固定的支撑面上时，足底皮肤的触、压觉和踝关节的本体感觉输入起主导作用，当足底皮肤和下肢本体感觉输入完全消失时，人体失去感受支撑面情况的能力，姿势的稳定性立刻受到严重影响，此时，闭目站立时身体会出现倾斜、摇晃，甚至摔倒的情况。

③前庭系统：它包括三条半规管。感知人体角加速度运动和椭圆囊、球囊（耳石器）感知的瞬时直线加速运动及与直线重力加速有关的头部位置改变的信息，经第四对脑神经进入脑干。头部的旋转刺激了前庭系统中两个感受器。其一为半规管内的壶腹嵴（运动位置感受器），能感受头部在三维空间中的运动角加（减）速度的变化引起的刺激。在躯体感觉和视觉系统正常的情况下，前庭冲动在控制人体质心位置上的作用很小。当躯体感觉和视觉信息输入均不存在（被阻断）或输入不准确而发生冲突时，前庭系统的感觉输入在维持人体平衡方面就变得非常重要。

**2. 中枢整合**

三种感觉信息在包括脊髓、前庭核、内侧纵束、脑干网状结构、小脑及大脑皮质等多级平衡觉神经中枢中进行整合加工，并形成运动的方案。当体位或姿势变化时，为了判断人体重心的准确位置和支撑面情况，中枢神经系统将三种感觉信息进行整合，迅速判断何种感觉所提供的信息是有用的，何种感觉所提供的信息是相互冲突的，从中选择出提供准确定位信息的感觉输入，放弃错误的感觉输入。

**3. 运动控制**

中枢神经系统在对多种感觉信息进行分析整合后下达运动指令，运动系统以不同的协同运动模式控制姿势变化，将身体重心调整到原来的范围内或重新建立新的平衡。当平衡发生变化时，人体通过三种调节机制或姿势协同运动模式来应变，包括踝调节机制、髋调节机制及跨步调节机制。

①踝调节机制：它是指人体站在一个比较坚固和较大的支撑面上，受到一个较小的外界干扰（如较小的推力）时，身体质心以踝关节为轴进行前后转动或摆动（类似钟摆运动），以调整重心，保持身体的稳定性。

②髋调节机制：正常人站立在较小的支撑面上（小于双足面积）受到一个较

大的外界干扰时，稳定性明显降低，身体前后摆动幅度增大。为了减少身体摆动，使身体质心重新回到双足范围内，人体通过髋关节的屈伸活动来调整身体重心和保持平衡。

（3）跨步调节机制：当外力干扰过大，使身体的摆动进一步增加，重心超出其稳定极限，髋调节机制不能应答平衡的变化时，人体启动跨步调节机制，自动地向外力的方向快速跨出或跳跃一步，来重新建立身体重心支撑点，使身体重新确定能实现稳定站立的支撑面，避免摔倒。

人体的平衡能力与肌肉力量和年龄有关，平衡能力在成年以前，随年龄的增加而提高，成人后期平衡能力随年龄的增加开始降低，平衡能力的减退极大地增加了中老年人跌倒的风险。目前对于身体平衡能力的测量方法较多，有用仪器测量的方法如动、静态平衡测试训练系统，也有简易的闭目单脚平衡测量，还有静态平衡测量和动态平衡测量方法。

## 三、闭目难立征加强试验

本试验是反映静态无干扰姿势维持能力的测试方法。

试验步骤：受试者采用两脚前后站立，脚尖接脚跟的直立方式，站立好后开始计时，两脚有移动或身体出现失稳时停表。测试时保持环境安静，受试者心态平和，情绪稳定。本实验在室内进行，受试者脱鞋进行测试。时间记录以秒为单位，测试分三次进行，取最大值。

## 四、闭目单脚站立试验

本试验主要是反映受试者的平衡能力。

测量步骤：受试者闭眼，采用习惯脚单脚站立，另一脚屈膝，脚离开地面。本试验在室内进行，受试者脱鞋进行测试。时间记录以秒为单位，记录保持姿势持续的时间，测试进行三次，取最大值。

注意事项：

①测试前，受试者双脚依次踏上测试台，站稳后，方可进行测试。

②在测试过程中，受试者不能睁眼。

### 五、闭目原地踏步试验

本试验主要反映了受试者在主动运动过程当中的动态平衡能力。

试验步骤：受试者闭目站立在一个直径40cm的圆圈中央，当听到“开始”口令后，以120步/分钟的频率踏步，直到任意脚踏出圈为止。本试验在室内进行，受试者脱鞋参与测试。时间记录以秒为单位，记录持续的时间，测试分三次进行，取最大值。

## 第六节　感觉机能测量与评价方法

感觉机能是发展和提高人体运动技能的重要因素，它反映大脑皮质运动中枢与感觉中枢之间神经联系的稳定性，对于健身运动和日常生活都具有重要意义。

测量目的：通过双脚跳的用力程度来测量受试者的感知跳跃距离的动觉能力。

测量仪器及场地：皮尺、粉笔、蒙眼布。场地规格见图8-21所示。跳距可根据年龄适当调整，由61cm减至46cm、38cm、30cm均可。

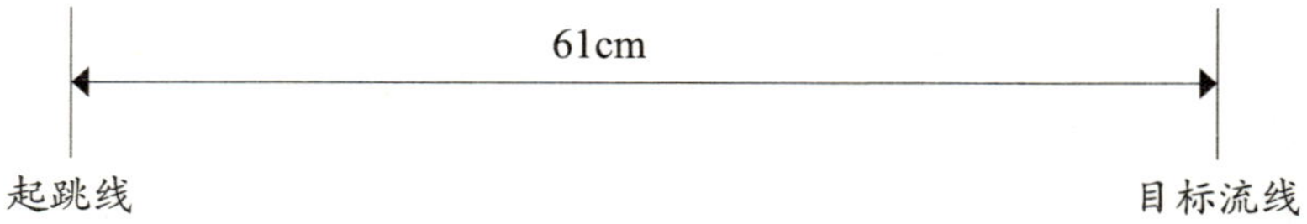


图8-21　感觉机能测量场地

测量方法：测验前首先让受试者在不蒙眼的情况下，先练习1～2次，使其感知和体验两线之间的空间距离。然后让受试者蒙住双眼。测验时双脚从起跳线的后缘（不准踩线）跳至目标线的前线。要求双脚跟尽量靠近目标线。每次测验后，可允许受试者观看脚跟落地与目标线之间的距离，以求得信息反馈。每人测试10次，每次丈量由目标线前缘至脚跟落地点的距离。如两脚跟不一致时，以远侧脚跟为准测量与记录成绩（总成绩越小越好）。

评价标准详见表8-23。

**表8-23 感知跳跃距离评价标准**

| 阶段 | 差 | 中 | 优 |
| --- | --- | --- | --- |
| 初中 | 21cm以上 | 20～9cm | 8cm以下 |
| 高中 | 21cm以上 | 20～8cm | 7cm以下 |

引自《体育测量评价》教材小组：《体育测量评价》，人民体育出版社，1995年。

生命在于运动，更在于科学运动！

# 第九章

# 儿童及青少年健身理论与方法

Jianshen Lilun yu Fangfa

儿童及青少年身体素质和运动能力的提高，是以身体形态和身体机能的发育作为生物学基础的，并受生长发育规律的支配。了解和掌握儿童及青少年生长发育的基本规律，对研究如何运用科学的训练方法不断促进和改善儿童及青少年的生长发育，增强他们的体质，提高其健康体适能水平十分重要。

## 第一节　儿童及青少年生长发育与运动

### 一、基本概念

**1. 成长**

成长是指一个人从出生到身体的各个组织器官完全发育成熟，成长为成人的过程，也叫作人体成长。

**2. 生长**

生长是指人体随着年龄的增长，机体内细胞的繁殖、增大及细胞间质的增加，表现为组织、器官及身体形态和重量的变化，以及身体化学组成成分的改变。人们对生长的认识，是随着生物科学的发展而变化的，早期的认识主要局限于机体的整体或局部的变化；生物科学发展至细胞生物学阶段，人们认为生长包含细胞大小和数量的改变；在分子生物学快速发展的今天，生长还包含身体化学组成成分的变化。

**3. 发育**

发育是指人体各组织、器官、细胞形态的改变与功能逐渐完善的过程，包括心理、智力持续发展和运动技能不断获得和提高。儿童的发育过程主要涉及感知发育、思维发育、语言发育、功能发育、人格发育和学习能力发育等，是质的改变。

4. 成熟

成熟是指人体的生长发育达到一个比较成熟的阶段，标志着个体在身体形态、生理、心理方面全面达到成人标准。如身高、体重达到一定水平，骨骼和牙齿的钙化基本完成，性发育也已成熟，具备繁殖后代的能力等。

5. 生长和发育的关系及作用

生长和发育的关系：生长是量的增加，而发育是质的变化。生长和发育有着不同的概念和内涵，然而在人体生长和发育的过程中，两者是相互依存的，我们通常所讲的“发育”一词，实际上包含生长和发育两个方面。

生长和发育的作用：人体生长发育的过程也是机体与周围环境进行物质交换和自我更新的过程。这个过程包括同化作用和异化作用两个方面。

机体不断从外界摄取各种物质并将它们变成身体的一部分，或者转化成能量储存在体内，这叫同化作用。

变成身体一部分的物质不断地氧化分解，释放能量，供人体所需，并把分解产生的废物排出体外，这叫异化作用。

儿童及青少年时期同化作用占优势，人体不断地生长发育，成年时期同化作用和异化作用处于平衡状态；老年时期异化作用逐渐占优势，以致身体形态和功能逐渐衰退。

## 二、儿童及青少年生长发育的一般规律

儿童及青少年的生长发育受多方面因素的影响，并存在个体差异，但其基本规律是相同的。

1. 生长发育是一个由量变到质变的复杂过程

人体的生长发育是从婴儿、幼儿、少年到青年的完整过程。在生长发育过程中，不仅是身高、体重的增加，而且器官也在逐渐成熟。如大脑在逐渐增大和增重的过程中，大脑的思维记忆和分析综合能力也在不断地发展完善。儿童及青少年的骨骼由软骨变成硬骨，睾丸和卵巢由不成熟到成熟，都是由缓慢的、不显著的量变到突然的、根本的质变。

儿童及青少年生长发育量变与质变的关系：儿童及青少年不仅身体比成人矮小，而且是一个没有成熟的机体。儿童及青少年的生长发育由形态上的量变

到整个身体的质变；在质变的过程中又有量变，如肌肉体积的增大能提高动作完成的速度和效率。但儿童及青少年不是成人的缩影，故在进行运动训练时，必须根据儿童及青少年生长发育的特点来制订训练方案。

**2. 生长发育的连续性和阶段性**

儿童及青少年的生长发育过程，一方面体现在顺序上，即各阶段间按照顺序衔接，不能跳跃，前一个阶段的生长发育为后一个阶段奠定必要的基础，任何一个阶段的生长发育受到阻碍，都将对后一个阶段产生不良影响。如幼儿没有经历爬行动作，直接通过其他辅助走步器等学会走步，这样会导致成长过程中动作不协调、僵硬，甚至出现感觉系统失调等问题。因此，身体在每个阶段的正常生长发育都非常重要。另一方面体现在速度上，在不同时期生长发育的速度不一样，有时快、有时慢，呈波浪式发展，身体各器官的生长发育表现出连续性和阶段性。如，儿童及青少年心脏的重量和容积随年龄的增长而增大，心率随年龄的增长而减缓。儿童及青少年在生长发育过程中，表现出连续性和阶段性的特点。13～15岁时，心脏的容积和重量是7～8岁时的2倍，但心率却显著减缓。在运动器官和神经系统的发育过程中，身高、体重不断增长，动作技能逐渐完善，同样显示出不同年龄阶段发育的特征。新生儿的肌肉几乎是强直的，动作很不协调。1岁以后婴儿学会走路，这时也能进行一些其他的随意活动。6岁儿童能通过控制自己的肌肉来完成一些动作，但是精细的动作只有到10岁以后才能完成。生长发育在不同年龄阶段有不同的特点，但各阶段间又是互相衔接、逐渐过渡的。

身高、体重作为儿童及青少年发育的重要形态指标，其在生长发育过程中的变化表现出连续性和阶段性。在1岁时，出现第一次生长发育的高峰期，此时身高和体重迅速增长，随后增长速度变缓，到了青春期，出现第二次生长发育的高峰期，身高和体重快速增长。两次生长发育高峰期即是阶段性变化，两次高峰期之间是缓慢的连续性变化。

体重和身高的增长存在性别差异。10岁之前，男生和女生身高、体重差异并不明显，由于女生的性成熟期比男生早，因此在10岁左右，女生的体重和身高增长速度开始超过男生，但13～15岁以后，又被男生超过，因此在生长发育一些指标的曲线上就出现两次交叉。了解儿童及青少年生长发育的高峰及交叉的一般规律，为儿童及青少年的运动促进健康发育提供了生理学依据。

3. 身体各器官系统发育的不平衡

人体是一个有机的整体，儿童及青少年各器官系统的发育既互相影响，又与它们担负的功能相适应，各器官系统的发育是不平衡的，有的早，有的晚。神经系统调节着人体的各种生理活动，因此它的发育最早。在大脑的生长发育过程中，新生儿脑重约380克，只有成年时期的26%（成人脑重1 450克），到6岁时，脑重约1 200克，已达到成年时期的90%，8岁时，脑重约1 400克，已接近成年时期的脑重。而生殖系统是用于繁殖后代的，在10岁以前几乎没有发育，青春期才迅速发育，因为它需要在其他器官发育成熟的基础上发育，所以发育较晚。淋巴系统在出生后的10年之内，发育特别迅速，12岁左右淋巴系统会达到成年时的200%，从而使机体对疾病抵抗能力增强，10～20岁期间，随着机体各系统的成熟和抵抗力的增强，淋巴系统逐渐退缩。

由于遗传因素和环境条件的不同，随着年龄逐渐增加，儿童及青少年必然会出现高矮、胖瘦等个体差异。因此，要了解儿童及青少年身体发育的规律，以便科学地安排他们进行体育运动。

## 三、影响儿童及青少年生长发育的因素

儿童及青少年的生长发育是机体与外界、遗传性与适应性对立统一的过程。遗传因素决定机体发育的可能性，是先天条件。而环境因素影响发育的进程，是后天条件，现将影响儿童及青少年生长发育的几个主要因素叙述如下。

### （一）运动对儿童及青少年生长发育的影响

在诸多环境因素中，营养是生长发育的物质基础，运动是生长发育的源泉。儿童及青少年正处于生长发育时期，体内新陈代谢活跃旺盛，身体组织、器官的结构和功能，智力和心理的发育都具有很大的发展潜力和可塑性。因此，应抓住一生中这一重要时期，通过运动来促进其身体发育和增强其体质。运动可通过调节机体的新陈代谢及神经内分泌系统，对儿童及青少年的生长发育产生不同程度的影响。但是，这种影响是一个长期积累的过程，只有培养儿童及青少年的运动习惯和终身运动意识，才能获得运动对生长发育产生的良好效果。

**1. 运动对运动系统的影响**

（1）运动对骨骼发育的影响。

运动可加快人体的全身血液循环，使正处于成骨细胞活跃时期的骨组织中的血液供应得到改善，骨骼能获得更多的营养物质，以促进骨的生长，使管状骨变长，横径增粗，重量增加，有利于平衡全身及骨骼的钙磷代谢，加速矿物质在骨内沉积，使骨皮质变厚、骨密度增大，加速其钙化过程，使骨质坚实，能够承受更大的压力。我们通过X射线摄片可看到，青少年运动员股骨的皮质比一般青少年厚0.5～3mm；骨松质的骨小梁排列也比一般人整齐。

运动中骨所承受的压力会增加对骨端骺板的刺激，加速骨细胞的增殖，促进软骨板的增长，进而促进骨骼的生长。

（2）运动对肌肉韧带的影响。

运动时肌肉紧张工作，为了保证肌肉对氧气及营养物质的需要，肌肉开放的毛细血管数量增加，可达到安静时的15～30倍。长期运动使肌肉获得更多的营养物质，使肌纤维变粗，肌肉的体积增大，弹性增强，肌力增强。有研究表明，15～16岁的运动员右手平均握力为42kg，而同年龄段的普通少年右手平均握力仅为34kg。对比观察，坚持2年以上业余体校训练的2～4年级女生的右手握力每年增长约5.6kg，而同年级对照组女生此值仅为1.1kg；坚持5年以上业余体校训练的8～10年级男生右手握力每年增长约5.7kg，同年级对照组男生此值仅为1.79kg。

儿童及青少年进行适度的抗阻训练可以调节体重，可使脂肪消耗增加，增加瘦体重，从而改变身体成分，使他们的体格能够协调均匀地发育，这对于预防早期肥胖具有重要意义。抗阻训练还可使关节韧带更加坚韧结实，关节自身也可以更加灵活、牢固，能够有效增加身体的稳定性和预防运动损伤。

**2. 运动对神经系统的影响**

神经系统由神经组织构成，包括神经元和神经胶质细胞两类。神经元是神经系统的结构和功能单位，神经系统是控制和协调全身各种功能活动的主要调节系统。

（1）运动对学习记忆及注意力的影响。

学习与记忆是脑的高级功能，是在中枢神经系统控制下的极其复杂的过程。

学习是指人和动物依赖于经验来改变自身行为以适应环境获得新的知识或新的技能的神经活动过程。记忆是指将学习到的新知识或技能编码、储存和“读出”的神经活动［获得的信息或经验在脑内储存和提取（再现）的神经活动过程］。学习与记忆既有区别，又是不可分割的神经活动过程。海马体是大脑中负责长期学习和记忆最主要的区域，海马体的突触可塑性是学习和记忆的神经基础。突触可塑性是指突触在一定条件下调整功能、改变形态和增减数目的能力，包括突触形态结构的改变和突触传递效应的变化等。研究证实，神经生长相关蛋白-43（neuronal growth-associated protein-43，GAP-43）、突触素（synaptophysin，SYP）和神经细胞黏附因子（neural cell adhesion molecule，NCAM）与海马体突触可塑性的形成有着密切的关系，是反映突触可塑性的重要分子标志。而长期适量的运动训练可通过增加海马齿状回的突触数量以及线粒体数量，促进突触结构可塑性改变，提高学习记忆能力。

（2）运动对大脑血液循环的影响。

大脑的高度发达主要表现在大脑皮质的面积增大，皮质各质细胞的分化程度高和构筑严密，它是人类高级神经活动的基础。运动时循环血液量的增加可使神经细胞获得更充足的能量物质和氧气，从而使大脑及整个神经系统在紧张的工作中能获得充分的营养。据研究，当脑细胞工作时，它所需的血液量比肌肉细胞多15～20倍。

（3）运动对神经系统灵活性的影响。

经常运动可以提高中枢神经系统的可塑性，包括神经网络、神经环路及突触连接等不同水平的可塑性。在运动过程中，每一个动作都以刺激的形式作用于神经系统，大脑皮质只有处于良好的状态，才能迅速地对各种刺激做出准确的分析和判断，当机立断下达指令调控运动器官完成相应的动作，同时还要求大脑皮质神经的兴奋与抑制过程合理交替，避免神经系统过度紧张。

（4）运动对神经系统建立条件反射的影响。

经常运动，大脑皮质有关中枢间建立的暂时性神经联系越多，掌握的运动技能就越多、越牢固，机体运动时动作将更加协调、稳定，而且易达到高度的自动化。经常运动使神经的传入、中枢的整合分析及传出效能提高，掌握运动技能学习的泛化过程缩短，这表明运动对神经系统具有积极的作用。

3. 运动对呼吸系统的影响

当人体在运动时，肌肉活动所产生的二氧化碳能刺激呼吸中枢，使呼吸加快、加深，以促进二氧化碳的排出及氧气的吸入。安静时一般人的呼吸频率为每分钟12～16次，而运动时的呼吸频率可达每分钟40～50次，呼吸深度为安静时的5倍，通气量每分钟可达70～120L（安静时为6～8L）。

儿童及青少年经常运动，能促进其呼吸系统的发育，增强呼吸功能。主要表现在呼吸肌发达，胸廓扩大，呼吸差增大，呼吸深度加深，肺通气量及肺活量增大，安静时的呼吸频率相应减慢等。瑞典学者安德森等的研究显示，在青春期进行游泳训练的女孩较一般女孩的肺总容量大12%，肺活量大13.4%，最大摄氧量大10.2%。还有相关研究表明，每周参加4～5次游泳训练、坚持2～5年的少年比每周只参加2次体育课的对照组少年肺活量年增长均值高200～300ml。

4. 运动对心血管系统的影响

儿童及青少年积极参加运动，可以促进心血管系统的发育，提高其机能水平。运动时可使血液流量增大，全身血液循环及冠状循环得到改善。经常运动，可增加心肌收缩力量和每搏输出量，静息心率和血压较一般人低，并且在定量负荷后，心率增加幅度较一般人小，恢复较快。

5. 运动对内分泌和免疫系统的影响

运动可以刺激脑垂体分泌生长激素、甲状腺激素、性激素等。研究表明，持续90min中等强度的运动，生长激素的分泌量比安静时增加2倍，并且白天从事适当的体育锻炼，到夜晚生长激素的分泌量更多。据调查，坚持1年体育锻炼的男孩其身高的增长要高于同龄不锻炼者1～2cm。运动时血清雄激素含量增高，可能是由于儿茶酚胺、前列腺素的刺激及睾丸血液循环加强所致。

运动可使人体非特异性免疫功能增强，经常进行运动的儿童及青少年，上呼吸道感染等疾病的发病率明显降低。从预防医学角度出发，可把运动看作是一种增强人体非特异性免疫的手段。

### （二）营养

营养是生长发育的物质基础，儿童及青少年在迅速成长发育的阶段，必须从外界吸收足够的营养素，尤其是足够的热量和优质蛋白、铁和钙、各种维生素和适宜的微量元素。生长发育阶段要保证同化作用超过异化作用，必须有充分的营养物质供应。儿童及青少年正处于生长发育阶段，体育锻炼、运动训练会消耗较多的能量，因此要特别注意营养物质的补充。研究表明，营养对儿童及青少年的生长发育会产生一时性和永久性的影响。营养丰富又平衡的膳食能促进儿童及青少年生长发育；反之，营养素缺乏的膳食不仅会影响发育，而且会导致疾病，影响学习和劳动能力。如缺锌可造成机体和骨骼生长发育不良；缺钙会影响骨骼和牙齿的发育，身材矮小，并容易引起抽筋和过敏性疾病；而铁、碘、维生素A缺乏，会导致孩子从幼儿至学龄时期的智力发育及学习能力的不足。供给含钙食物和补充维生素D，可预防佝偻病（软骨病）；牛奶或豆浆等食物，对生长发育可起到良好的作用。

2005年有调查结果显示，我国城乡学生中低体重及营养不良检出率进一步下降，儿童及青少年营养状况继续得到改善，中度营养不良基本消灭。但营养不良在我国所有中小学生群体中依然存在，而且乡村高于城市，女生高于男生的倾向非常明显。钙、铁、锌和维生素A等微量营养素的缺乏，是我国城乡学龄儿童普遍存在的问题。学龄儿童及青少年维生素A缺乏率较高，为44.1%，特别是农村学龄儿童及青少年，比城市高出19.4个百分点。营养不良造成儿童及青少年生长发育达不到正常标准，我国5岁以下的儿童身高达不到国际标准的人数高达32.8%，其中城市为20.3%，农村为35.8%；儿童体重达不到国际标准的占18%。

人们通常只注意营养缺乏，但是营养过剩同样会影响身体的发育。我国从1985年开始进行了四次全国青少年体质健康调查。2005年一项调查显示，中国城乡学龄儿童及青少年超重率分别为8.1%和3.1%，肥胖率分别为3.4%和1.3%。和国际标准比较，我国学生超重率增加了19.4%，肥胖率增加了5.9%。

### （三）疾病

急性疾病对儿童及青少年生长发育的影响较为明显。如急性病毒性脑炎，由于严重的病理变化，使大脑皮质的功能失常，以致出现动作迟缓和语言发育推迟等严重的后遗症。严重的慢性病、流行病和地方病，对儿童及青少年生长发育的影响同样很大。目前，近视眼、沙眼、龋齿、结核及蛔虫等疾病，在儿童及青少年中的患病率相当高；缺铁性贫血、维生素A缺乏症普遍存在；甲状腺功能低下导致的呆小症、生长激素分泌不足导致的垂体矮小症、风湿病、肝炎、肾炎、慢性扁桃腺炎和地方性甲状腺肿，也是影响儿童及青少年健康发育的常见病。

### （四）气候

气候等自然环境对儿童及青少年的身体发育有一定的影响。一般来说，生活在气候炎热的热带地区的儿童及青少年，性成熟期出现较早，身体发育水平略低一点；而生活在气候严寒的高寒地区的儿童及青少年，则性成熟期较晚一点，身体发育水平也略高一点。如我国北方和南方地区的儿童及青少年，在身体发育方面存在地区差别。

1979年、1985年全国学生体质调研数据绘制的身高和体重分布状况图，清晰地表明生活在北方地区城市的儿童及青少年身高较高，体重较重，而南方地区城市的儿童及青少年的身高相对较矮。在17岁年龄组学生中，北京市的儿童及青少年的身高最高，男生平均身高为173.13cm，女生平均身高为161.08cm；上海市的儿童及青少年的身高处于中等水平，男生平均身高为171.25cm，女生平均身高为159.87cm；广州市的儿童及青少年的身高较矮，男生平均身高为168.56cm，女生平均身高为157.50cm。日本学者调查发现，出生在日本而在美国加利福尼亚州长大的日本女孩，月经的初潮年龄早于出生在加利福尼亚州而在日本长大的日本女孩约一年半。同样，在加利福尼亚州长大的日本儿童，无论身高和体重都较在日本长大的更高、更重。但他们下肢与躯干的比例以及体重与身高的比例关系基本一致。1991年全国学生体质检测结果，根据身高的不同可将我国分为三个地区：高身高地区，大致分布在东北、华北地区；低身高地区，大致分布在西南、华南地区；其他为中等身高地区。

春、夏、秋、冬四季对人体发育也是有影响的。一般来说，春季身高增长最快，秋冬季体重增长最快。有研究发现，在身高增长较快的月份，新的骨化中心的出现要多于身高增长较慢的月份。

### （五）社会因素

社会因素对儿童生长发育的影响是综合性的。其中主要的决定因素是经济发展情况，以及与之有关的营养、居住、医疗等条件。在同样的经济条件下，家庭中子女的多少对生长发育的影响也很大。多子女的家庭，儿童的生长发育会受到明显的影响。

环境污染也是影响儿童及青少年生长发育的重要社会因素。环境污染对健康的影响主要是指噪音、中毒、感染和创伤等。如果儿童及青少年长期遭受噪音的刺激，可使内耳柯蒂氏器内的毛细胞遭受破坏，可致永久性损害。家庭吸烟环境也严重影响儿童的健康与发育，研究表明，家中吸烟成人越多，儿童健康越差。孩子患急性呼吸道感染，尤其是喘息性支气管炎与父母吸烟密切相关；孩子患风湿热的概率也与父母吸烟有关，吸烟者子女的风湿热发病率显著高于对照组。食物污染及有害物质也会影响儿童与青少年的生长发育。近年的一项调查表明，上海约有3万名性早熟儿童，性早熟使孩子提前停止生长，性早熟的主要原因是食物中所含催长剂等的刺激。过去，含高糖、高脂和高热量的快餐不利于儿童及青少年身体健康；如今，看电视、上网成为多数小孩放学回家后的主要活动，这也是儿童及青少年体质下降的原因之一。这些社会现象，是社会迅速发展引起的文明病。

### （六）遗传因素

遗传对儿童及青少年生长发育的影响是相当大的。遗传不仅影响子女的身高和体重，甚至在一定程度上决定着子女的体型等特征。当然，子女从父母那里得到的遗传物质各有不同，在生长发育上有很大的可塑性，无论在形态、功能和心理等方面也有所不同，这也说明后天因素促进生长发育的重要性。

综上所述，运动对人的形态、功能和适应能力可以起到明显的促进作用，从而增强人的体质。而缺少运动则会使体质下降，从我国2005年国民体质监测的结果来看，7～8岁儿童的肥胖率比2000年有较大幅度增加，而身体机能和身体素质（特别是肌力耐力和柔韧性）下降幅度较大，值得关注。2005年北京市学生体质健康调查表明，北京市的学生身高、体重、胸围等形态发育指标持续增长，但是肺活量持续下降，高中60%的学生血压偏高；学生肥胖率、视力的下降率为52%。

据专家分析，体力活动减少，好吃快餐等现代生活方式造成我国儿童及青少年体质下降。专家认为，儿童及青少年的生活方式“由动到静”，尤其是头脑运动取代了身体运动，对体质造成不良影响是必然的。

## 四、生长发育的分期与青春发育期

### （一）生长发育各年龄阶段的分期划分

根据生长发育的规律以及形态、生理和心理的特点，将儿童及青少年的年龄划分为以下几个时期：

婴儿期：出生后28天～1岁

幼儿期：2～3岁

学龄前期：4～6岁

学龄期：7～12岁

少年期：13～17岁

青年期：18～25岁

各年龄阶段之间并无明显界限，前一年龄段的发育为后一年龄段的发育奠定必要的基础。学龄儿童即通常所说的“儿童”，相当于小学时期。少年期相当于中学时期。7～17岁总称为儿童少年期，这是人体成长过程中的一个重要时期。在这段时期，儿童及青少年开始接受学校教育，接触社会实践，同时身体的生长发育变化也十分显著。进行正确的教育，科学安排运动，能有效地促进儿童及青少年的生长发育，增强健康和提高知识水平。

### （二）儿童少年各期特征

**1. 学龄前期**

这一时期的主要特征是：

①体格发育处于稳步增长状态；

②各类感觉功能已渐趋完善，空间知觉和时间知觉逐渐发育；

③智能发育更加迅速，理解力逐渐加强，好奇、好模仿；

④可用语言表达自己的思维和感情，思维活动主要是直观形象活动；

⑤神经系统兴奋过程占优势，抑制过程相对较弱，容易激动，喜欢喧闹，动作过多，注意力易分散；

⑥与同龄儿童和社会事物有了广泛的接触，知识面扩大，自理能力和初步社

交能力得到锻炼；

⑦初步对自己的性别有所认识。

**2. 学龄期**

这一时期的主要特征是：

①体格生长速度相对缓慢，除生殖器官外，各器官系统外形均已接近成人；

②认知功能继续发展，智力发育更加成熟，可接受系统的教育；

③思维能力开始由形象思维向抽象思维过渡；

④情感的广度、深度和稳定性都较之前提高，较高级的情感如道德感、理智感和美感开始发展；

⑤意志方面开始有了一定的自觉性、坚持性和自制力，但还很不稳定；

⑥个性逐渐形成，带着个人特征的气质倾向已逐渐显露，性格特征也开始明显。

**3. 少年期**

少年期也可称为青春发育期。由于现在青春发育期提前，所以青春发育期的年龄覆盖从小学高年级至20岁左右。青春发育期是由儿童及青少年期过渡到成人的一个迅速发育阶段，以快速生长为青春发育期开始的标志，以性成熟为结束。青春发育期开始年龄和结束年龄存在较大个体差异，可以相差2～4岁，女生的青春期开始年龄和结束年龄都比男生约早2年。青春发育期是生理和心理剧烈变化的时期。

青春发育期可分为三个阶段，如表9-1所示。

**表9-1 女生、男生青春发育期的三个阶段及发育特点**

| | 前期 | 中期 | 后期 |
|---|---|---|---|
| 女生 | 10～12岁 | 13～16岁 | 17～19岁 |
| 男生 | 12～14岁 | 15～17岁 | 18～20岁 |
| 发育特点 | 以身体形态快速发育为主，是人体成熟前的一个迅速生长阶段，也称为生长加速期 | 以第二性征发育为主，此阶段身体机能快速发育，身体形态的发育速度减缓，又称为性成熟期 | 身体发育达到完全成熟 |

在这个时期，人的身体逐渐发育成熟。身体各个部分都有很大变化，特别是身体的形态功能、生殖器官和性的特征等方面的突变更为显著，所以青春发育期是人

体发育的重要阶段。

此期的主要特征是：

①体格生长发育再次加速，出现第二次生长高峰。体型出现差异：女孩由于耻骨与髂骨下部的生长及脂肪堆积，臀围加大；男孩肩部增宽，下肢变长，肌肉变得强健。

②生殖系统发育加速并渐趋成熟。

③认知功能继续发育，注意、记忆、知觉和思维能力都有长足的进步，思维活动已能摆脱具体事物的束缚，进入抽象逻辑思维的阶段。

④个性的形成，开始自我探索、自我发现，个人价值观念逐渐形成，人生观和世界观初步形成。

⑤随着性的成熟、身材的陡长和第二性征的出现，心理上发生变化。

青春发育期的主要变化：

①内分泌的变化：青春发育期的特征表现为一系列的形态功能、内分泌及心理、智力和行为的突变，这一系列的变化是受人体内分泌腺活动影响的。

在婴儿和儿童期，性腺缓慢地随着身体成长而成比例地增大，无论是男孩或女孩都分泌少量的性激素，这些少量的性激素通过负反馈作用抑制了下丘脑促性腺激素释放激素的分泌量。目前，人们认为青春期的开始是由于丘脑下部对性激素的敏感性降低，使血液中性激素对下丘脑的负反馈作用减弱，从而使下丘脑分泌的促性腺激素释放激素增加，促使垂体分泌的促性腺激素增加，促性腺激素作用于人体的性腺，可使女性卵巢发育成熟，开始排卵、出现月经；使男性的睾丸发育成熟，产生精子。男女性腺发育成熟过程中，都能分泌性激素，卵巢主要分泌雌激素、孕激素和少量雄激素；睾丸分泌雄激素（主要为睾酮）及少量雌激素。青春期由于下丘脑的作用，垂体除了分泌促性腺激素，还分泌促甲状腺激素、生长激素。这些激素与人体生长发育密切相关，生长激素可加速骨的生长，特别对上下肢的长骨作用更显著。促甲状腺激素有促进甲状腺分泌甲状腺激素的功能，促肾上腺皮质激素能促进肾上腺皮质激素的分泌；甲状腺激素和肾上腺皮质激素都有促进人体新陈代谢的作用（如图9-1）。

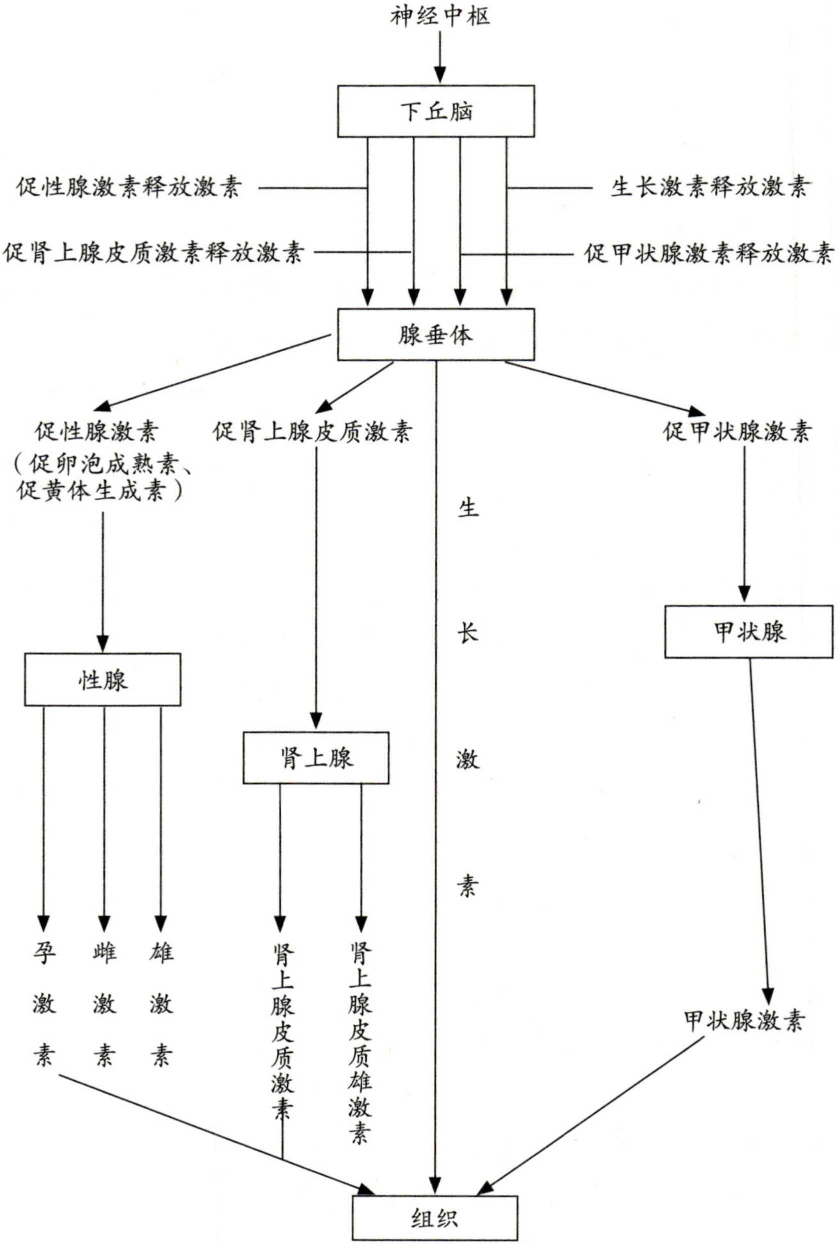


图9-1 青春发育期内分泌调节示意图

②身体形态、功能的变化：身体形态指标包括身高、坐高、手长、上肢长、足长、小腿长、肩宽、盆宽、胸围、上臂围、大腿围、小腿围、体重等。功能指

标包括肺活量、拉力、握力、呼吸、脉搏、血压、红细胞计数、白细胞计数等。

身体形态、功能发育特点如下：

①年龄：各项形态、功能指标（除心率外）都是随着年龄的增加而增加，增加的速度不一，出现快速增长期、缓慢增长期和趋于稳定期。

②性别：大多数形态指标都有两次交叉，第一次交叉在10岁左右，女生各项形态指标都超过了同龄的男生，说明女生的发育突增阶段早于男生。第二次交叉在13～15岁，交叉后男孩的形态指标超过同龄的女生，说明男生青春发育期发育的突增阶段开始时，女生已进入缓慢发育期。由于身体形态、功能方面的性别差异，使男、女生在体能上有所不同，从青春期开始在参加体育活动或训练时应注意男、女生的生理特点，区别对待。

③发育速度：人体生长发育大体分为三类：提早开始发育、正常开始发育和推迟开始发育。个别儿童可能在9～10岁进入生长发育期，称为性早熟。也有的在15～16岁甚至更晚才进入生长发育期，称为性晚熟。这种差异可能与遗传、营养、情绪及环境、社会经济因素等影响有关。性早熟或性晚熟虽然不一定是病态，但对人体的身高有一定的影响。一般性早熟的儿童及青少年个子长得矮小，而性晚熟的儿童及青少年又会成为颀长无力的体型。我国营养学家经过20年的研究发现，由于人们的饮食结构发生了变化，以植物性食物为主的结构中增加了大量的动物性食物，20年间，女性月经来潮的时间大概提前了4岁，这意味着女性体内雌激素水平的提高。

## 第二节　儿童及青少年体适能训练

### 一、儿童及青少年的生理特点与运动

#### （一）骨骼与关节

**1. 骨骼**

儿童及青少年软骨成分有较多的水分和有机物（骨胶原），无机盐（磷酸钙、碳酸钙）少，骨密度较低，骨富于弹性而坚固不足，不易完全骨折而易于发

生弯曲和变形。随着年龄增长，骨的无机盐增多，水分减少，坚固性增强而韧性减低，直到20～25岁骨化完成之后，骨不再生长，但骨的内部构造仍在变化。下肢骨在16～17岁以后骨化迅速，而脊柱椎体到20～22岁才完成骨化。

2. 关节

儿童及青少年的关节面软骨相对较厚，关节囊及韧带的伸展性大，关节周围的肌肉细长，关节活动范围大于成人，关节的稳定性相对较差，在外力作用下容易脱位。这些特点在运动中须加以注意。

根据儿童及青少年骨骼和关节的特点，在运动时应注意下列问题。

（1）养成正确的身体姿势和全面的身体运动。

儿童及青少年骨骼承受压力和肌肉拉力功能比成人差，如果长期处于不良身体姿势状态，其骨骼易弯曲变形。据调查，小学生中脊柱变形者占受检人数的20.9%，而脊柱侧凸的又占脊柱变形者的80.8%。因此，儿童及青少年应养成坐、立、走等的正确姿势，注意各种姿势的轮换。对一些单侧肢体活动较多的，要注意加强对侧肢体的锻炼，防止脊柱弯曲变形或肢体发育不均衡。

（2）力量训练时应注意负荷的重量。

儿童及青少年骨化过程完成较晚，骺软骨承受压力的功能比成人差，如果负重过大、静力性动作过多或剧烈的振动，容易造成脊柱弯曲、骨盆和腿形畸形，也会使骨化过程过早完成或骺软骨的损伤，影响骨的生长发育。在少儿期可以适当进行一些适合自身体重的力量训练，在15岁以后，再进行较大重量的力量练习，并应以动力性练习为主。进行必要的静力性练习时，也要控制时间，做到动静结合，同时不宜在过硬的场地上经常用力踏跳等。

（3）应预防关节损伤的发生。

儿童及青少年可充分发展关节柔韧性，但也要重视加强关节的稳定性，以预防关节损伤。在运动中，如发现儿童及青少年出现腰膝及肘部疼痛时，应引起重视，并及早进行诊断，做出适当的处理。

### （二）肌肉

儿童及青少年的肌肉水分比较多，蛋白质、脂肪和无机盐类少，收缩功能较弱，耐力差，易疲劳。随着年龄增长，肌肉中的有机物增多、水分减少，肌肉重量不断增加，肌力也相应增强。

儿童及青少年肌肉的生长发育不均衡，躯干肌先于四肢肌，屈肌先于伸肌，上肢肌肉先于下肢肌肉，大肌肉先于小肌肉。肌力的逐年增长也是不均匀的，在生长加速期，肌肉主要是纵向发育，长度增加较快，但仍落后于骨骼增长，所以，肌肉收缩力量和耐力都较差。生长加速期结束后，身高的增长变缓慢，肌肉横向发展较快，这时肌纤维明显增粗，肌力显著增加。女孩在15～17岁、男孩在18～19岁肌力增长最为明显，全身整体肌肉力量男子在25岁、女子在20岁左右达到峰值，肌力可保持到30～35岁才开始减退。

根据儿童及青少年肌肉发育的特点，在运动时应注意以下问题。

（1）根据年龄特点安排运动负荷。

在10岁以前，肌肉生长和肌肉力量的增长速度较慢，不宜进行负重练习，可采用自重训练，如蹲、跪姿俯卧撑，蜷腹等。在12～13岁时，肌肉体积和力量增长速度加快，可增加一些抗阻力（如拉橡皮筋或举哑铃等）的力量练习。15～18岁，肌肉体积和力量增长的速度最快，在练习中，可以增加阻力或负重，以有效地发展肌肉力量。

力量训练时，应以动力性力量训练为主，辅以适宜的静力性训练习。负荷不宜过大，组数不宜过多，训练结束后，注意做好整理活动。

（2）根据肌力发展规律安排训练。

由于儿童及青少年肌肉的生长发育不均衡，在运动训练中，应注意全面身体训练，在注意发展大肌群（如腹背肌肉等）的同时，也要注意发展小肌群的力量和耐力。在身高增长加速时，肌肉的长度增加较快，肌肉收缩力量和耐力都较差，宜采用伸长肢体训练，弹跳和支撑自身重量的力量训练，重负荷力量训练宜少采用。生长加速期结束后，身高的增长变慢、肌纤维增粗速度加快，肌力显著增加，可以适当增加抗阻训练负荷。

### （三）血液循环

儿童及青少年血液总量比成人少，但按体重的百分比来看，相对值则略高于成人。成人的血量约占体重的7%～8%，新生儿血量约占体重的15%，1岁时约为11%，以后随年龄的增长血液总量占体重百分比逐渐下降，15岁左右达到成人水平。新生儿的红细胞为每立方毫米550万个，血红蛋白含量为每100ml血15～23g，以后逐渐减少；儿童时期红细胞和血红蛋白一直保持较低水平，到了青春发育期逐渐上升而接近成年人水平。

新生儿白细胞是成人的2倍，数天后很快减少。随着年龄的增长，白细胞的总数逐渐减少，各类细胞的比例也有改变，至15岁时接近成人水平。9～10岁以前，中性粒细胞比例较低，且发育不成熟，因此这个年龄段易患传染病。

儿童及青少年心肌纤维较细，心脏的容积和重量均小于成人，心肌收缩力弱，每搏输出量和每分钟输出量比成人少，但相对值（即按体重的比值）却大于成人，这说明儿童及青少年的心脏在胜任短时间紧张的肌肉活动方面具有一定的潜力。心脏的重量随年龄逐渐增大，到青春发育期时，心脏已达到成人水平。

儿童心脏发育及神经调节还不够完善，而新陈代谢又比较旺盛，交感神经兴奋占优势，因而心率较快，出现心脏功能性收缩期杂音则比较多见，其占比为40%～60%。随着年龄的增长，心率逐渐减慢，20岁左右趋于稳定。

儿童及青少年心脏收缩力弱，血管壁弹性好，血管口径相对较成人大，外周阻力较小，因此儿童的血压较低。青春期发育后，心脏发育速度加快，血管发育处于落后状态，同时由于性腺、甲状腺等分泌旺盛，血压明显升高，一些人甚至出现暂时偏高的现象，称为青春期高血压。青春期高血压一般多见于身体发育良好、身高增长迅速的青少年，表现为收缩压较高，但一般不超过150mmHg，并有起伏，而舒张压在正常范围。据统计，青春期高血压始发年龄为11～12岁，随年龄增长而增多，高峰年龄为15～16岁，以后逐年减少。

年龄不同，运动时心血管功能反应不同，心血管功能的发育不一样，对运动的反应也不相同。儿童及青少年期交感神经调节占优势，心肌发育不完善，运动时主要靠加快心率来增加心输出量以适应运动的需要。

我们以100m/min的速度步行为测试项目，对不同年龄组的心率进行监测，其测试结果见表9-2。

**表9-2　不同年龄组以100m/min的速度步行时心率比较**

| 年龄 | 心率 |
|---|---|
| 8岁 | 170次/分 |

续表9-2

| 年龄 | 心率 |
|---|---|
| 10岁 | 164次/分 |
| 14岁 | 160次/分 |
| 18岁 | 150次/分 |
| 成人 | 134～146次/分 |

根据儿童及青少年血液循环系统的特点，在运动时应注意以下几个方面。

（1）合理安排运动负荷。

儿童及青少年的心血管能承受一定量的运动，但负荷量不宜过大，一般儿童及青少年对强度较大且持续时间较短的运动，如60m、100m和200m跑，各种活动性游戏，徒手操、哑铃等力量性练习，短距离游泳、跳水等运动。而对一些长时间紧张性运动、重量过大的力量训练及对身体消耗过大的耐力训练等，则不宜过多采用。

同时也要注意循序渐进和区别对待。同年龄的儿童及青少年，体格高大的，心脏的负担相对较大；性成熟发育迟缓的，其心脏的发育也较迟缓，在运动负荷方面应注意区别对待。

在体育运动中应尽量减少“憋气”、紧张性和静力性练习，以免造成心肌过度疲劳。如举重“憋气”时，胸腔和腹腔内压力加大，回心血量减少，心脏输出血量减少，对心脏本身的血液供应也会减少。“憋气”后，机体反射性地使呼吸加深，这时胸膜腔内压和腹内压突然降低，回心血量增多，使心脏负担加大。此外，倒立和背桥等动作由于头部朝下，头部血液回流困难，使心脏处在正常位置时的阻力加大，增加了心脏的负担。因此，对儿童及青少年来说，过多或长时间从事这类练习是不适宜的，但可以进行一些匀速的低强度的耐力练习，可以发展心肺功能。

（2）正确对待青春期高血压。

对出现青春期高血压的学生，如经常参加运动，且运动后又无不适反应者，可以照常参加体育活动，但运动量不宜过大，须定期检查，并加强医务人员的监督。

**（四）呼吸系统**

儿童及青少年胸廓狭小、呼吸肌较弱且呼吸表浅，肺活量、肺通气量较成人小，但其新陈代谢旺盛，因而呼吸频率快。随年龄的增长呼吸深度增加，呼吸频率逐渐减少而肺活量逐渐增大。

由于儿童及青少年氧运输系统的功能不如成人，在进行剧烈运动时，他们的最大通气量和最大摄氧量较低，有氧氧化能力和无氧分解能力都比成人低。因此他们对强度较大而持续时间较长的运动适应能力较低，容易疲劳。

根据儿童及青少年呼吸系统的特点，在运动时应注意以下几个方面。

（1）呼吸道卫生。

儿童及青少年的呼吸道比成人狭小，呼吸道的上皮薄而血管丰富，容易感染引起呼吸道发炎。因此，应教育儿童及青少年，平时要用鼻呼吸，运动时，若仅用鼻呼吸不能满足身体的需要，可用口鼻同时呼吸。

（2）呼吸与运动动作的配合。

一般来说，肢体伸展的动作便于吸气，而肢体屈曲的动作便于呼气；胸廓肩带需要固定的动作便于腹式呼吸，而腹肌用力和收缩的动作便于胸式呼吸；爆发用力和上下肢体大幅度活动的动作有时必须在呼气中进行或暂时屏息甚至憋气；周期性运动项目，如跑步、游泳和划船等，呼吸必须有一定节奏，长跑采取两步一呼、两步一吸或三步一呼、三步一吸等。人体呼吸运动受大脑皮质调节，教会儿童及青少年在运动中掌握正确的呼吸方式，使他们在运动中学会呼吸与动作配合，学会有意识地加深呼吸。

（3）多采用发展有氧代谢能力为主的练习。

在体育锻炼中，要采取积极手段发展呼吸功能。据研究，游泳、划船、长跑和篮球等项目能有效地增大肺活量，发展呼吸功能。随着年龄的增长及青春发育期呼吸肌的增强，儿童及青少年有氧代谢能力逐渐提高，也可适当安排一些稍短的长跑练习。

## （五）中枢神经系统

### 1. 神经系统的兴奋和抑制过程的特点

儿童及青少年的中枢神经系统的兴奋和抑制过程发展不均衡，神经活动过程不稳定，6～12岁兴奋过程明显占优势，兴奋容易扩散，表现为活泼好动，注意力不易集中，做动作不协调、不准确，易出现多余动作。年龄越小，神经元抑制过程不完善，其分化抑制能力也就差。

8岁以前，皮质细胞的精确分化能力很差，错误动作多；8岁以后，皮质细胞的分化能力逐渐完善，并接近成人；13～14岁时，皮质抑制调节功能达到一定强度，分析综合能力明显提高，能较快地建立各种条件反射，但由于分化抑制能力尚不完善，又受到小肌肉群发育较晚的影响，所以掌握复杂精细的动作比较困难；14～16岁时，反应潜伏期缩短，分化抑制能力显著提高。女孩的分化抑制能力发展较早，能够掌握复杂的高难度动作，在体操、花样滑冰等技巧项目中表现较为突出。

儿童时期神经细胞工作耐力差，容易疲劳，但由于神经过程有较大的可塑性，神经细胞恢复热能平衡的能力较强，因此疲劳消除较快。

### 2. 两个信号系统的特点

在儿童时期，神经活动中第一信号系统占主导地位，对形象具体的信号容易建立条件反射，而第二信号系统相对较弱，抽象的语言、思维能力差，分析综合能力发展还不完善；9～16岁时，第二信号系统功能进一步发展，联想、推理、抽象概括的思维活动逐渐提高；16～18岁时，第二信号系统功能已发展到相当的水平，两个信号系统的相互关系更加完善，分析综合能力显著提高。

根据儿童中枢神经系统的特点，在运动时应注意：

①体育课内容要生动、有趣，可穿插游戏和竞赛，尽量避免单调及静力性活动；要注意安排短暂休息，使学生情绪饱满，精力旺盛，不易疲劳。

②在教学中，既要注意采用直观形象的教法（如示范动作、图表、模型等），又要注意培养和发展学生的思维能力。

## 二、儿童及青少年身体素质发展的特征

身体素质是人体在肌肉活动中表现出的力量、速度、耐力、灵敏、柔韧、平衡及协调等机能能力的总称，也是人体各器官系统的功能在肌肉工作中的综合表现。儿童及青少年的身体素质随其生长发育而得到发展，从事体育训练可以得到进一步提高。在体育教学和训练中，教师和教练员应根据儿童及青少年身体素质发展的特点，采取科学的训练方法，促进他们身体素质的发展和运动技术水平的提高。

### （一）身体素质的自然增长

儿童及青少年各项素质随年龄的增长而增长，这种现象称为身体素质的自然增长。在不同年龄段，儿童及青少年的各项身体素质的增长速度不同，即使在同一年龄段，各自的身体素质的发展变化也不一样。在青春发育期（男生约15岁、女生约12岁）身体素质自然增长的速度快、增长的幅度大。在性成熟期结束时，身体素质增长的速度开始减缓，直到25岁左右身体素质的自然增长结束。此后，若不进行体育训练，身体素质一般不会再进一步提高。

### （二）身体素质发展具有一定的阶段性

身体素质的自然增长包括增长阶段和稳定阶段。身体素质发育的增长阶段是身体素质随年龄增长而递增的年龄阶段，包括快速增长阶段和缓慢增长阶段。增长阶段过后，身体素质趋于稳定，称为身体素质发育的稳定阶段。稳定阶段表现为随着年龄的增长，身体素质增长的速度明显减缓或停滞，甚至有所下降。女生在身体素质发育过程中，在快速增长阶段和缓慢增长阶段之间可能出现数年停滞的现象，称为身体素质发育的停滞阶段。儿童及青少年的各种身体素质发展趋势是由增长阶段过渡到稳定阶段，其年龄界限不完全一致，男女之间也有差别。增长阶段大约从7岁开始，而稳定阶段则会持续到25岁左右（如表9-3所示）。

表9-3　男、女生身体素质发展的两个阶段

| 身体素质 | 增长阶段 | | 稳定阶段 | |
|---|---|---|---|---|
| | 男生 | 女生 | 男生 | 女生 |
| 速度（如50m跑） | 7～15岁 | 7～12岁 | 15岁以后 | 12岁以后 |
| 爆发力（如立定跳远） | 7～18岁 | 7～18岁 | 18岁以后 | 18岁以后 |
| 柔韧性（如立位体前屈） | 12～18岁 | 11～20岁 | 7～12岁，18岁以后 | 7～11岁，20岁以后 |
| 肌耐力（如1min仰卧起坐） | 7～16岁 | 7～15岁 | 16岁以后 | 15岁以后 |
| 肌耐力（如引体向上） | 7～19岁 | 25岁 | 19岁以后 | 25岁以后 |

身体素质由增长阶段过渡到稳定阶段有先后之别，在不受训练等因素影响的自然增长情况下，先后顺序排列如下：

男生的速度、速度耐力、腰腹肌力量的增长优先，其次是下肢的爆发力，上肢静力力量、耐力的增长较晚。

女生各项素质的增长随年龄变化表现出不同的特点，7～12岁期间，与男生的增长是一致的；而在13～17岁期间，速度、速度耐力、下肢爆发力领先；其次是腰腹肌力量；上肢静力性力量、耐力的增长最晚，甚至可能出现不同程度的停滞和下降趋势。

### （三）身体素质发展敏感期

在不同的年龄阶段，各项身体素质增长的速度不同。身体素质增长速度快的年龄阶段叫作身体素质发展敏感期。身体素质发展敏感期如表9-4所示。

表9-4　男、女生身体素质发展敏感期

| 身体素质 | 敏感期年龄 | |
|---|---|---|
| | 男生 | 女生 |
| 速度（如50m跑） | 7～9岁，12～14岁 | 7～11岁 |
| 爆发力（如立定跳远） | 7～9岁，12～13岁 | 7～11岁 |

续表9-4

| 身体素质 | 敏感期年龄 | |
|---|---|---|
| | 男生 | 女生 |
| 柔韧性（如立位体前屈） | 12～13岁，14～16岁 | 11～13岁，14～16岁 |
| 肌耐力（如1min仰卧起坐） | – | 7～10岁 |
| 肌耐力（如引体向上） | 14～15岁 | – |
| 灵敏性（如10m×4折返跑） | 10～13岁 | 10～12岁 |
| 耐力（如12分钟跑） | 12～18岁 | 12～14岁，16～17岁 |

## 三、儿童及青少年身体素质训练的特点

### （一）力量素质训练

力量素质包括速度力量、绝对力量和相对力量、力量耐力。总的来说，儿童及青少年力量素质发展的敏感期为女生11～15岁、男生12～16岁。在青春期发育的前期，由于肌肉主要是纵向发育，肌肉长度增加，这个时期如果想使肌肉增加，效果不是很明显；而在青春发育的中后期，由于肌肉开始横向发育，此时肌纤维逐渐增粗，肌力逐渐增加，如果及时进行力量训练，肌肉增加的效果会比较明显。

儿童及青少年的速度力量（如50m跑）自然增长最快的时期为男生7～14岁、女生7～11岁，男生16岁以后，女生13岁以后趋于稳定。

绝对力量（如背力、握力）的自然增长，男生和女生都是15～17岁增长速度最快。

相对力量（如握力指数、背力指数）自然增长最快的时期为男生和女生都在10～14岁，16～17岁趋向稳定。

力量耐力的自然增长，男生7～17岁、女生7～13岁期间是持续上升的，但女生在15岁后则停止增长，甚至出现下降。

总的来说，儿童及青少年力量素质在自然增长过程中，速度力量增长率最低，说明速度力量更受遗传因素的影响。绝对力量的变化，除了随年龄的增长肌肉体积增加而增大，更受环境与训练的影响，即通过后天训练能有更大的提高。相对力量受遗传因素的影响较大，后天变化较少。

### （二）速度素质

速度素质包括反应速度、动作速度和位移速度。目前，人们认为速度素质发展的敏感期为7～13岁，这是提高短跑成绩的黄金时期，抓住这一有利阶段对儿童进行科学的教学和训练，可以充分挖掘其速度潜力。如果在这个黄金时期对儿童及青少年不开展体育训练，以后再想提高其步频几乎是不可能的。

反应速度作为速度素质的一种，其发展时期也较早，儿童及青少年在8～12岁时反应速度大幅度提高。国外的神经生理学研究结果表明，人的反应速度是天生的，是一个纯生理过程，这个生理过程主要是由遗传因素决定，在以后的训练中很难提高，训练只能把获得的遗传因素巩固下来。但是，注意力的集中和对信号反应的动作熟练程度也会影响反应速度，所以，后天训练仍是必要的，特别是对儿童及青少年注意力的培养和对动作熟练程度的训练，对提高他们的反应速度很关键。反应速度的提高在9～12岁时最为显著，这个时期应注重反应速度的训练。

动作速度和位移速度主要是依靠后天训练来提高的。速度的发展与动作频率有着密切联系。儿童从7岁起步频有较快的自然增长，13岁后趋向平稳，故7～13岁是训练动作频率的敏感时期，在此阶段可对儿童及青少年加强提高步频的训练。

### （三）耐力素质

耐力素质包括有氧耐力和无氧耐力。目前，人们认为儿童及青少年的有氧耐力发展的敏感期为男生10～17岁，女生9～14岁及16～17岁。如果是以提高心肺功能和整体健康为目的的有氧训练，其强度较小，可以较早进行，特别是青春发育期应给予着重发展。因为只有增强内脏器官的功能，才能提高身体健康的水平。如果是以提高耐力专项为目的的大强度训练，则应在相对较晚的时期（16～17岁）进行。

儿童及青少年的无氧耐力发展的敏感期为男生10～20岁，女生9～18岁。由于儿童及青少年的糖无氧酵解能力和无氧代谢能量储备不及成人，从而限制了他们对速度耐力训练的适应能力。一般来说，在青春发育期以后进行无氧耐力训练更为合理。

综上所述，我们认为儿童及青少年从8岁起可以进行有氧耐力训练，多采用慢跑的方法来进行心肺功能适应性的训练；11 ~ 12岁主要以有氧耐力训练为主，以改进氧气输送系统和肌肉代谢的功能；15 ~ 16岁可逐步增加无氧训练；16 ~ 17岁可进行大强度的有氧及无氧耐力训练，以增加心肺储备能力。

# 参考文献

陈佩杰，王人卫，胡琪琛，等，2005. 体适能评定理论与方法[M]. 哈尔滨：黑龙江科学技术出版社.

代毅，2006. 不同健身形式对女性体成分和骨代谢的影响[J]. 中国体育科技（2）：106-108，113.

代毅，许传明，刘英，2008. 运动与饮食干预对肥胖女性减肥效果评价[J]. 中国运动医学杂志（6）：715-718.

邓树勋，王健，2003. 高级运动生理学——理论与应用[M]. 北京：高等教育出版社.

国家体育总局，2003. 国民体质测定标准手册（成年人部分）[M]. 北京：人民体育出版社.

国家体育总局训练局国家队体能训练中心，2015. 身体功能训练动作手册[M]. 2版. 北京：人民体育出版社.

黎涌明，于洪军，资薇，等，2008. 论核心力量及其在竞技体育中的训练——起源·问题·发展[J]. 体育科学（4）：19-29.

刘志红，2009. 形体训练教程[M]. 2版. 北京：高等教育出版社.

美国运动医学学会，2015. ACSM运动测试与运动处方指南[M]. 9版. 王正珍，等译. 北京：北京体育大学出版社.

全国体育学院教材委员会，《运动医学》教材小组，1990. 运动医学[M]. 北京：人民体育出版社.

全国体育学院教材委员会，2001. 运动生理学[M]. 北京：人民体育出版社.

沈剑威，阮伯仁，2008. 体适能基础理论[M]. 北京：人民体育出版社.

田野，2003. 运动生理学高级教程[M]. 北京：高等教育出版社.

田野，陆一帆，赵杰修，等，2010. 国民运动健身科学指导系统研究与建立[J]. 体育科学（2）：3-10.

王健，何玉秀，2008. 健康体适能[M]. 北京：人民体育出版社.

王瑞元，苏全生，2012. 运动生理学[M]. 北京：人民体育出版社.

王卫星，李海肖，2007. 竞技运动员的核心力量训练研究[J]. 北京体育大学学报（8）：1119-1121，1131.

王晓英，张均田，2001. 突触可塑性与相关蛋白研究进展[J]. 中国药理学通报（4）：369-373.

王旭冬，2008. 体育健身原理与方法[M]. 北京：北京体育大学出版社.

王玉龙，2013. 康复功能评定学[M]. 2版. 北京：人民卫生出版社.

王正珍，田野，2005. 运动负荷试验和健身锻炼前的危险评价及防范措施——美国运动医学学会关于健身活动中的健康监测及危险分层的应用[J]. 中国运动医学杂志（3）：374-377.

张钧，张蕴琨，2006. 运动营养学[M]. 北京：高等教育出版社.

BRIONES T L, SUH E, JOZSA L, et al. Changes in number of synapses and mitochondria in presynaptic terminals in the dentate gyrus following cerebral ischemia and rehabilitation training[J]. Brain Research, 2005, 1033(1): 51-57.

UYSAL N, TUGYAN K, KAYATEKIN B M, et al. The effects of regular aerobic exercise in adolescent period on hippocampal neuron density, apoptosis and spatial memory[J]. Neuroscience Letters, 2005, 383(3): 241-245.

VAYNMAN S, YING Z, GOMEZ-PINILLA F. Interplay between brain-derived neurotrophic factor and signal transduction modulators in the regulation of the effects of exercise on synaptic-plasticity[J]. Neuroscience, 2003, 122(3): 647-657.

THOMS R. BAECHLE，ROGER W. EARLE，2011. 体能训练概论[M]. 朱学雷，等译. 上海：上海三联书店.